现代大学制度：

本原特性、中国语境与完善路径

谢凌凌　张琼　著

西南财经大学出版社

图书在版编目(CIP)数据

现代大学制度:本原特性、中国语境与完善路径/谢凌凌,张琼著.—成都:
西南财经大学出版社,2023.9
ISBN 978-7-5504-5937-3

Ⅰ.①现… Ⅱ.①谢…②张… Ⅲ.①高等学校—教育制度—研究—中国
Ⅳ.①G649.22

中国国家版本馆 CIP 数据核字(2023)第 171726 号

现代大学制度:本原特性、中国语境与完善路径

XIANDAI DAXUE ZHIDU:BENYUAN TEXING、ZHONGGUO YUJING YU WANSHAN LUJING

谢凌凌 张 琼 著

策划编辑:杨婧颖
责任编辑:杨婧颖
责任校对:雷 静
封面设计:杨红英
责任印制:朱曼丽

出版发行	西南财经大学出版社(四川省成都市光华村街 55 号)
网 址	http://cbs.swufe.edu.cn
电子邮件	bookcj@swufe.edu.cn
邮政编码	610074
电 话	028-87353785
照 排	四川胜翔数码印务设计有限公司
印 刷	四川煤田地质制图印务有限责任公司
成品尺寸	170mm×240mm
印 张	15.25
字 数	309 千字
版 次	2023 年 9 月第 1 版
印 次	2023 年 9 月第 1 次印刷
书 号	ISBN 978-7-5504-5937-3
定 价	88.00 元

前　言

自《国家中长期教育改革和发展规划纲要（2010—2020 年）》（以下简称《纲要》）明确提出完善中国特色现代大学制度的目标以来，学术界和高等教育实践界围绕现代大学体制机制变革开展了一系列卓有成效的研究和探索。这些工作的重心都是在回答什么是中国特色现代大学制度以及如何建设中国特色现代大学制度。应该说，对于如何建设中国特色现代大学制度是没有经验可循的，必须要在实践中加以研判和提炼，以总结建设现代大学制度的"中国路径"。因而，考虑到中国特色现代大学制度的全局性、系统性与复杂性、动态性共存的特点，研究团队尽可能在有限的研究期内尝试进行以下五个方面的探索：

第一，厘定核心主题与构建逻辑框架。由于现代大学制度既是一个宏观的学术概念，又是高等教育实践领域的微观范畴，因此，本书在厘定现代大学制度的核心要素时主要是通过梳理学术界共同关注的研究点、访谈教育行政主管部门与高校领导对现代大学制度建设重点和难点的考虑以及大学发展过程中的利益相关者的不同诉求，选取了府校关系及其权责界定、大学与社会互动机制、大学治理结构及权力运行以及大学内部体制机制改革等作为本书的核心主题，并基于探讨"完善什么—谁来完善—怎么完善—完善效果"的问题导向，构建了本书的逻辑进路与基本框架：研究设计（理论适切与逻辑框架）→理论认知（现代大学制度的中国意涵）→成效问题（现代大学制度试点运行剖析）→比较借鉴（国内外现代大学制度设计及运行启示）→路径选择（现代大学治理结构、权力运行与社会服务优化）→行动策略（现代大学制度具体设计）。

第二，确保研究内容的张力与聚焦相统一。本书在主要内容的总体把控上突出两个依据：一是按照选取的核心研究主题来展开，二是紧密结合现代大学制度试点运行存在的问题及对策来论述。在研究内容的具体呈现上既观照宏观的战略分析，又聚焦现代大学建设过程中的政策实践。例如，在对大学治理结构进行理论探讨的基础上，以高等教育综合改革的"放管服"政策解读来探讨大学外部治理调整，以构建高校党政学共治框架来探讨完善大学内部治理的路径，并在某大学治理结构、治理过程与治理文化深度调研和分析的基础上，对大学治理能力的探索性评估做出定性判断。又比如，本书在探讨大学权力这个核心主题时，还就大学权力运行中的一些异化现象做了专题分析，如学术权力行政化和市场化的风险表征及规避问题。

第三，着力把握现代大学制度的"中国问题和中国路径"。本书的逻辑出发点和归宿点是推进现代大学制度建设的"中国特色"。因此，在遵照现代大学发展的世界普遍趋势和基本规律的前提下，重点是如何提炼我国建设和完善现代大学制度进程中的真实问题并对症下药。比如党委领导下的校长负责制的制度设计及权责界定的理论阐述，民国时期教授治学与教授治校所体现的校务决策治理上的启示，行政学术"双肩挑"群体所暗含的权力运行风险，二级学院党政联席会制度与大学党政学共治的建构等，力求从这些实际问题的剖析中找到完善现代大学制度的"中国方案"。

第四，突出研究方法和内容呈现形式的多样性。综合运用规范与实证相结合、定量分析与定性描述相结合的研究方法是本书的一个特点。考虑到现代大学制度的多元化特点，对于不同的研究对象选取不同的研究方法是本书的另一个特点。例如，对高等教育"放管服"改革前后的政策进行文本分析，对学术权力运行现状的判别则是以问卷调查来做评判的，对优化大学治理结构中的治理能力评估则是从某大学章程、管理架构、决策程序以及文化认同等角度来进行案例深描等，以确保研究方法的精准性。此外，本书在文本呈现上除了传统的文字陈述外，还特别注重将一些重要观点以图、表、专栏等方式进行表达，尽可能在研究内容上做到形神兼备。

第五，注重研究的时代性。虽然真正意义上的中国现代大学制度已有百余年历史，但真正强调建设现代大学制度的"中国范本"是近十年才出现的，特别是《纲要》做出顶层设计后，伴随其后的现代大学制度试点、高等教育综合改革、高校创新驱动发展、高校人员总量管理及内控改革等，尤其是近些年推动的"双一流"建设对完善中国特色现代大学制度又提出了新的更高要求。因此，这一系列新的问题、新的政策、新的实践又不断"倒逼"本书立足于现代大学发展过程中的本质规律，抢抓研究热点，破解现实难题。

总体来说，现代大学制度包罗万象，但是改革是建设和完善中国特色现代大学制度进程中的一条核心主线。本书也正是在这个逻辑指引下来探讨中国特色现代大学体制机制变革的问题，并试图在某些领域开出"中国药方"。当然，囿于研究条件和研究水平，本书对一些理论问题的思考可能还流于表面，对一些政策实践的理解和建议可能还有纸上谈兵之嫌，这同时也是我们继续深入推动这一领域研究的动力。

　　由于笔者水平有限，书中不足之处在所难免，恳请专家及同行批评指正。

谢凌凌　张琼

2023 年 7 月

目　录

1　绪论 / 1

  1.1　研究背景与意义 / 1

    1.1.1　研究背景 / 1

    1.1.2　研究意义 / 5

  1.2　理论基础与适切性 / 5

    1.2.1　组织制度主义及其适切性 / 5

    1.2.2　权力理论及其适切性 / 8

  1.3　研究假说 / 11

  1.4　研究目标、逻辑框架与研究内容 / 13

    1.4.1　研究目标 / 13

    1.4.2　逻辑框架 / 14

    1.4.3　研究内容 / 16

  1.5　研究方法与技术路线 / 17

2　现代大学制度：研究进展、理论认知与核心要素 / 20

  2.1　国内外研究综述 / 20

    2.1.1　国内研究综述 / 20

    2.1.2　国外研究综述 / 36

2.2 现代大学制度的理论认知 / 41

    2.2.1 现代大学制度的历史演变与共性特征 / 41

    2.2.2 现代大学制度在西方的起源及变迁 / 43

    2.2.3 中国建设现代大学制度的回顾与梳理 / 45

2.3 现代大学制度的中国语境与特定意涵 / 50

    2.3.1 为何要寻找中国现代大学制度中的"特色" / 50

    2.3.2 如何去把握中国现代大学制度中的"特色" / 51

2.4 完善中国特色现代大学制度应考虑的核心要素 / 53

    2.4.1 府校关系及其权责界定 / 53

    2.4.2 大学与社会良性互动机制的构建 / 54

    2.4.3 大学治理结构及权力运行 / 54

    2.4.4 大学内部管理制度改革及保障机制 / 55

3 我国建设现代大学制度的成效与问题：试点院校（地区）的探索及实践 / 57

3.1 我国建设现代大学制度试点工作的基本成效 / 57

    3.1.1 以大学章程为核心的科学决策机制初步构建 / 59

    3.1.2 优化大学组织结构与运行机制的步伐不断加快 / 61

    3.1.3 大学内部管理制度改革的效率与效能稳步提升 / 63

    3.1.4 大学民主管理与依法治校实现提质增效 / 65

    3.1.5 基于协同创新的人才培养质量逐步提升 / 66

3.2 我国建设现代大学制度试点工作的主要问题 / 69

    3.2.1 对试点改革的全局性和系统性认识不够 / 69

    3.2.2 高校自主权的政策设计和制度供给不足 / 69

    3.2.3 大学章程及制度设计的公信力有待提升 / 70

    3.2.4 师生的中心或主体地位仍需进一步凸显 / 72

3.2.5　教师及学术组织对学术事务的决策影响力有限 / 73

3.2.6　利益相关者的协调尚待进一步平衡 / 78

4　完善中国特色现代大学制度：国外借鉴与历史启示 / 79

4.1　中外现代大学制度设计与运行机制的对比启示 / 79

4.1.1　中外大学外部制度设计：基于府校关系的对比 / 79

4.1.2　中外大学内部制度运行：基于学院制与学科分类的
对比 / 83

4.1.3　国外建设现代大学制度的启示 / 87

4.2　民国时期大学校务决策的基本范式及治理启示 / 89

4.2.1　民国时期主流高校校务决策的典型案例 / 90

4.2.2　教授治校制度框架下西南联大校务决策的案例 / 93

4.2.3　学术为本：民国时期主流大学校务决策的范式与
治理启示 / 95

5　优化现代大学治理结构的基本路径与行动方略 / 99

**5.1　大学外部治理的调整：基于高等教育"放管服"改革的
解读与构建 / 99**

5.1.1　高等教育"放管服"改革之于现代大学外部治理
调整的要义 / 100

5.1.2　高等教育"放管服"改革之于府校新型关系构建的
路径思考 / 103

5.2　大学内部治理的完善：基于高校党政学协同共治的框架与对策 / 107

5.2.1　现行大学内部治理结构形态及缺陷 / 107

5.2.2　从行政主导走向多元共治：中国大学内部治理结构的
完善方向 / 112

　　5.2.3　完善中国大学内部治理结构的框架设计与对策构想 / 115

　5.3　大学治理评估的案例：基于大学治理结构、过程与文化的分析 / 127

　　5.3.1　大学治理体系与治理能力评估的技术考量 / 128

　　5.3.2　对南方某省 L 学院文本和运行的调查分析 / 129

　　5.3.3　对 L 学院治理体系和治理能力评估的结论 / 140

6　规范现代大学权力运行的框架、机制与制度保障 / 141

　6.1　基于破解大学权力失范和大学权力异化的框架设计 / 142

　　6.1.1　大学权力配置中的"失范"状况 / 142

　　6.1.2　大学权力运行中的"异化"表征 / 146

　　6.1.3　党政学协同的大学权力框架构建 / 153

　6.2　构建以学术为本位的大学权力运行机制：基于教授治学的思考 / 155

　　6.2.1　学术研究意义上的教授治学运行机制 / 156

　　6.2.2　参与校务治理意义上的教授治学运行机制 / 158

　6.3　突出大学权力协同运行制度保障：基于教授配权及决策的视角 / 161

　　6.3.1　构建大学内部"底部沉重"的分级分权管理体制 / 162

　　6.3.2　建立利于教授参与决策事务的权力运行组织机制 / 163

　　6.3.3　赋予享有对大学校长等行政群体的推荐考评权力 / 164

　　6.3.4　提升学术资源配置在相关事务决策中的影响效应 / 164

　　6.3.5　推动大学行政领导及职员职业化的人事行政制度 / 165

　　6.3.6　增强学术本位组织文化对大学权力谱系的话语权 / 166

　　6.3.7　建立强调以规范教授集体治学权的制度规则体系 / 167

7　"双一流"建设背景下的现代大学创新与社会服务的方向
　　和路径 / 168

　7.1　"双一流"建设与现代大学创新的定位与目标 / 168

7.1.1　现代大学创新在国家创新体系中的定位 / 168

7.1.2　推动"双一流"建设与现代大学科技创新目标 / 171

7.2　我国大学创新资源配置的问题与优化路径 / 176

7.2.1　大学创新的人力资源配置状况及优化 / 176

7.2.2　大学创新的财力资源配置状况及优化 / 178

7.2.3　大学创新的物力资源配置状况及优化 / 181

7.3　我国大学社会服务的模式、困境与优化方向 / 187

7.3.1　现代大学社会服务与"双一流"建设的关系 / 188

7.3.2　现代大学社会服务的典型模式与面临的困境 / 189

7.3.3　"双一流"建设背景下优化大学社会服务的路径 / 198

8　中国特色现代大学制度若干具体设计的思考 / 204

8.1　治理架构层面 / 204

8.1.1　完善党委领导下的校长负责制及履责机制 / 204

8.1.2　健全二级学院党政联席会议制度 / 205

8.2　内部管理层面 / 206

8.2.1　完善高校人员总量管理制度 / 206

8.2.3　优化大学财务内控制度 / 208

8.3　社会互动层面 / 213

8.3.1　建立健全大学科技成果转化的知识产权制度 / 213

8.3.2　大学决策咨询制度建构：新型高校智库设计 / 217

参考文献 / 220

1 绪论

1.1 研究背景与意义

1.1.1 研究背景

一般来说，中国建设现代大学制度的早期实践可以追溯到清末洋务运动和维新运动时期建立的新式学堂。100 多年来，建设现代大学制度的实践不断探索，取得了很多成绩，也走了一些弯路。新中国成立以后，随着我国社会经济性质的完全改变，必须要建立与之相适应的社会主义高等教育体制。于是，无论在教育制度方面，还是在教育理念层面上，当时苏联的较为成熟的社会主义教育体制就成为我们学习的对象。经过几年的改革，我国大学基本建成了适应社会主义政治制度和计划经济体制的集权管理和条块分割的高校模式。改革开放以来，随着我国经济社会从计划走向市场，从粗放走向集约，从集权走向分权，现代大学制度的去行政化改革陆续被提出并持续获得广泛关注。建立大学自治、学术自由的现代大学制度成为时代发展的必然要求，以及高等教育发展的内在需要。

近些年来，政府、高校和社会各界基本厘清了对现代大学制度的理论认知，基本建立了相应的主体框架、制度规范和治理结构。但是，如何将大学自治、学术自由与我国政治经济体系有机结合，与党委领导下的校长负责制这一高等教育管理体制相结合，不断完善中国特色现代大学制度，则是我们面临的一项长期课题与挑战。

第一，从世界高等教育发展的趋势来看，完善中国特色现代大学制度是顺应国际高等教育发展潮流、提高我国高等教育办学水平的必然选择。自 1810 年普鲁士教育部长威廉·冯·洪堡提出"学术自由、学术与教学相统一"的现代大学理念，并受命组建柏林大学，现代大学的办学思想在世界各国广为传播。目前，大多数大学在组织架构、制度设计以及课程设置、教学安排等方面都实现了大学自治和学术自由的原则，符合大学这一学术组织发展的内在要求，有力地提高了学术科研水平。只有学习借鉴国外现代大学制度建设的先进经验，不断推进我国高等教育体制深化改革的实践，尽快完善中国特色现代大学制度，才能在更广的领域、更高的层次上与世界一流大学开展学术合作、人才交流，进而又好又快地提高我国高校的办学水平；才能更好地培养和造就一大批学术科研水平高、自主创新能力强，既有坚定的理想信念又有广阔的国际视野的复合型国际化人才，为我国经济社会发展提供有力的人才支撑，增强我国综合国力和竞争力，提高国际话语权。

第二，从我国现代大学发展的桎梏来看，建立和完善中国特色现代大学制度是妥善解决存在的问题、提高高等教育质量和人才培养水平的必由之路。高等教育作为教育事业的重要组成部分，在培养专门人才、科学研究、服务社会等方面发挥着不可替代的作用。改革开放后，我国高等教育体系呈现出全方位、多层次、学科门类齐全的总体格局，为我国经济社会发展提供了强大的智力支持和人才保障。然而，我国高等教育发展和世界先进水平还有较大差距，高等教育体制还存在很多问题。在体现大学与政府关系的高等教育行政管理制度方面，政府管理的行政色彩较重，教育部门的角色定位不准确、职能转变不彻底、服务指导不合理、教育法规不健全，大学的自治权受到一定程度的限制；在体现学术权力与行政权力关系的高等学校内部管理制度方面，学术研究的独立性、自主性和学校管理的民主化还有一定的提升空间，高校内部管理体制需要不断改革与完善。高等教育体制中存在的一些问题影响了我国高校的教学质量、科研能力和办学水平。为了更全面、系统、有效地解决上述问题，必须坚持和深化教育体制改革，改革宏观的高等教育行政管理体制和微观的高等学校内部管理体制，明确政府、高校和社会在高等教育发展中的角色和定位，厘清高校内部行政、学术、管理之间的逻辑关系，扩大高校办学自主权，完善内部治理结构，优化大学生态，彰显办学特色，不断完善中国特色现代大学制度。

此外，国家出台的一系列重要政策为完善中国特色现代大学制度提供了难得的历史机遇和坚实的政策保障。近年来，高等教育体制中存在的问题引起了党和政府的高度重视，就进一步改革高等教育体制、完善中国特色现代大学制度采取了一系列措施。例如，2010 年 7 月 29 日正式颁布的《国家中长期教育改革和发展规划纲要（2010—2020 年）》从完善治理结构、加强章程建设、扩大社会合作、推进专业评价等方面阐述了完善中国特色现代大学制度的措施及要求。为了将改革教育体制落到实处、取得实效，同年 10 月 24 日，《国务院办公厅关于开展国家教育体制改革试点的通知》出台，其中详细规定了改革高等教育管理方式、建设现代大学制度的重点任务、试点地区和高校等。2017 年，教育部等五部委联合颁布了《关于深化高等教育领域简政放权放管结合优化服务改革的若干意见》，建议高校根据办学实际需要和精减、效能的原则，自主确定教学、科研、行政职能部门等内设机构的设置和人员配备；完善学术评价体系和评价标准，推动学术事务去行政化。除了一系列对中国教育体制改革和现代大学制度建设具有重大指导意义的战略性政策、文件颁布之外，国家领导人还多次在各种讲话中反复强调建设中国特色现代大学制度与世界一流大学的重要性。例如，2021 年 4 月 19 日，习近平总书记在清华大学考察时强调，"我们要建设的世界一流大学是中国特色社会主义的一流大学，我国社会主义教育就是要培养德智体美劳全面发展的社会主义建设者和接班人"。2022 年 4 月 25 日，习近平总书记在与中国人民大学师生代表座谈会中明确指出，"扎根中国大地办大学，走出一条建设中国特色、世界一流大学的新路"。为进一步推进高校去行政化进程，去除构建现代大学制度的思想和体制障碍，促进高等教育协调发展，2015 年教育部出台了《教育部关于深入推进教育管办评分离促进政府职能转变的若干意见》，强调教育治理体系和治理能力的现代化，实行管、办、评分离，明确政府、高校、社会三方权责的关系，建立系统完备、科学规范、运行有效的制度体系，形成决策、执行、监督相互协调、相互制约的教育治理结构。2015 年 10 月，国务院出台《统筹推进世界一流大学和一流学科建设总体方案》，进一步明确了建设一批世界一流大学和世界一流学科的基本构想。2017 年春，教育部等三部委在《统筹推进世界一流大学和一流学科建设实施办法（暂行）》中更是明确提出建设世界一流大学和世界一流学科的时间进程以及质量要求。2020 年 7 月，教育部发布《关于进一步加强高等学校法治工作的意见》，为推进高校治理体系与治理能力现代化、加强高等学校法治工作做出了具体指向。2022 年，党的二十大报告提出，以中国式现代化全面推进中华民族伟大复兴的使命任务，高等教育现代化则是中国式现代化的重要构成要素。可见，有关建设现代大学制度的政策设计已呈体系化发展。

第三，从高等教育理论研究的趋势来看，现代大学制度的相关研究一直是学术界观察和剖析高等教育综合改革领域的重要命题。在中国知网以"核心期刊"和"CSSCI 期刊"为搜索对象、以"现代大学制度"为主题或关键词进行文章检索，结果发现，我国关于"现代大学制度"的研究大致始于 2000 年（该年仅查询到 4 篇文章），2000—2010 年发文量一直呈波浪式上升趋势，2010—2013 年发文量骤然上升，2013 年发文量达到峰值，之后发文量呈现逐年下降的趋势（见图 1-1）。同时，随着高等教育内涵式发展的深入推进以及教育政策的相关保障支持，学术界对于现代大学制度的研究逐渐转向高校治理，文献研究更聚焦、更微观。为此，在中国知网以"高校治理"作为主题或关键词，并选择"核心期刊"和"CSSCI 期刊"进行文章检索（见图 1-2）。由此可见，在 2011 年之前，关于"高校治理"的文献发文量较为式微，在 2011 年之后的文献发文量虽时有下降倾向，但总体呈螺旋式上升态势。

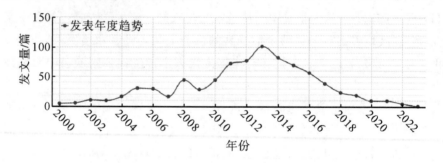

图 1-1　"现代大学制度"期刊文章发表年份分布

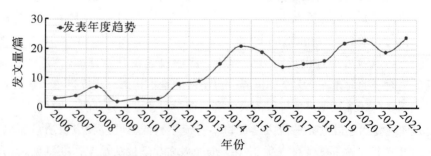

图 1-2　"高校治理"期刊文章发表年份分布

1.1.2 研究意义

建设现代大学制度既是一个理论命题，更是一个实践问题。在知识经济方兴未艾、中华民族为实现伟大复兴而努力奋斗的今天，借鉴民国时期大学治理的成功之道和国外一流大学建设的有益经验，探索和建立中国特色现代大学制度，研究与完善大学治理体系和治理能力的现代化，既是对高等教育理论的有益补充，又是对现代大学理论的切实丰富，同时也为中国高等教育体制的改革提供理论指导、为寻求建设现代大学制度的"中国路径"提供政策建议。

从理论层面来看，本书从重温现代大学的理论原点和基本内涵，重识现代大学的发展历程与本质特征，重塑现代大学制度的应然逻辑和实然诉求，重构高等教育的内在机制和政策设计，重建现代大学理论的"生长点和延伸点"出发，对建设和完善中国特色现代大学制度进行更深层次、更系统化的思考，尝试为高等教育理论的丰富和现代大学理论的发展做出有益补充。

从实践层面来看，本书立足我国处于全面深化改革的新的历史阶段，对于高等教育领域的综合改革也处在"深水区"的特定时期，拟通过梳理、对比中外建设和完善现代大学制度的历史进程、价值诉求、制度设计和路径选择等，重点结合当前我国完善中国特色现代大学制度进程中的治理结构、权力运行以及创新服务等难点热点问题，查找反思我国高等教育管理体制与运行机制的不足，学习借鉴世界一流大学建设现代大学制度的成功经验和先进做法，为进一步完善中国特色现代大学制度的顶层设计以及实践工作提供科学、合理的对策与建议。

1.2 理论基础与适切性

1.2.1 组织制度主义及其适切性

制度分析历来是社会科学领域里的重要分析范式。近年来，新制度主义凭借其对原有理论的建设性扩展和对现实问题的合理性解释，逐渐成为制度分析的主流理论①。在高等教育学的研究中，经常采用多学科的研究方法，而制度分析研究方法的兴起和发展，为高等教育学的研究提供了一种重要的理论视角。近年来，我国高等教育研究领域里的现代大学制度分析成为研究的热点和焦点，许多学者批判地采用新制度分析的理论框架，借鉴新制度分析的解释逻辑，增强了中国特色现代大学制度研究的理论穿透力和说服力。

以"制度"为主要研究对象的"制度主义"肇始于19世纪末20世纪初，其后一直以主流的姿态活跃于政治学、经济学、社会学乃至整个社会科学，直到20世纪五六十年代，行为主义独占鳌头，制度被视作预先存在的外生变量而遭忽视。20世纪七八十年代，由于行为主义无法兑现当初的宏图伟志，新制度主义裹挟了对制度2 000多年的积淀与冷静，以"重新发现"的眼光，成为社会科学领域研究范式转型的最重要产物，登上历史舞台。作为政治学、经济学以及其他社会科学领域热烈讨论的主题，新制度主义超越单一学科范畴，演化出不同风格和流派，如规范制度主义、历史制度主义、经验制度主义、社会学制度主义、利益代表制度主义和国际制度主义等。对这些不同学科、不同领域的制度探讨，共同构建了具有扩展性的新制度主义理论体系。其中，影响最大的是社会制度主义、历史制度主义和理性选择制度主义。社会制度主义认为，制度不仅包括"正式系统"的规则、程序和规范，还涵盖"意义框架"的象征系统、认知模式和道德模块；历史制度主义强调过去的历史对现在发展的影响，强调政治制度变迁和巩固存在的"路径依赖"对现代化进程所起的作用；理性选择制度主义则以美国国会制度为分析蓝本、"理性人假设"为逻辑起点，重点探讨制度与行为之间的相互影响。尽管各派之间观察制度的立足点不同，对制度内涵的解释各异，但归属于新制度主义的各个流派之间依然表现出"关注规则、重视正式制度、强调动态、秉持批判价值、凸显个体论、发展镶嵌性"的共同取向，也一致认可"制度是一种对人们行为产生约束的规则或规范"的理论解释。其中，美国学者理查德·斯格特对"制度"界定具有广泛的代表性和很强的借鉴意义。理查德·格斯特认为，制度是一种稳定的社会结构，包括社会符号、社会活动和物质资源三个层次，包含法令规章、规范、文化-认知三大要素，并梳理出各层次与各要素的内容、基础与价值，

---

① 朱其训，缪榕楠. 高等教育研究的新制度主义视角 [J]. 高教探索，2007 (4)：33-37.

以及各层次与各要素之间的逻辑机制等。具体如表1-1所示。

表1-1　制度的要素及逻辑机制

	法令规章	规范	文化-认知
命令的基础	法令条文	共同期望	共同的认知框架
服从的基础	权宜之计	社会义务	建立在共同理念基础上的不假思索性
发生机制	外在强制力	内在规范性	模仿
逻辑	工具性	得体性	正统性
指标	法律、规则和奖惩制度	证书与认证	流行的概念与行为
合法性基础	法律认可	符合道德要求	为社会文化所理解、接受和支持

资料来源：W RICHARD SCOTT. Institutions and organizations ［M］. California: Sage Publications, 2001: 52.

　　理查德·斯格特对制度的分析启示我们，制度不仅有硬性的法律、法令、规章等显性制度，还有一系列内在规范，更包括人们的文化观念、思想认知等隐性模块。在研究和完善中国特色现代大学制度的过程中，对于现代大学制度的理解和发展，不能仅仅局限于法律、法令规章、规定等显性制度，不能仅仅依靠外部的强制力，更要关注到大学作为一个学术组织所具有的内在规范性和大众与内部人员对现代大学有关理念的文化认同。

　　可以说，当前建立中国特色现代大学制度不仅成为我国高等教育系统的核心组成，而且是中国高等教育生态圈调整的目标。在建设现代大学制度的若干要素中，权力的资源配置无疑占据着核心地位，因为中国特色现代大学制度的建立必然也包含着大学权力的制度化设计与建构。尤其是对于当下高度行政化的中国大学组织系统来说，识别学术权力的运行风险以及学术权力的制度化建构将遏制其行政化膨胀、敦促其回归学术本位。因为世界一流大学的发展与实践早已证明：学术权力的制度化建构过程，不仅深刻地影响和显著地优化大学组织内部的权力资源配置、组织决策管理与监督，而且有益于大学组织及其利益相关者的价值取向与角色期待、行为规范与文化认知乃至行为标准的匡正，进而有助于现代大学理念的坚守、大学精神的展现、大学制度的巩固和大学文化的传播。可见，厘清大学权力的分配以及大学学术权力的制度化构建，对正处于现代化进程中的中国大学而言，不仅意味着一种意义重大的制度创新，而且预示着一场深刻的组织变革。或者说，这本质上就是完善中国特色现代大学制度过程中的一种组织变革与制度创新的双重转型，因而有必要同时从组织和制度层面进行深入的考察，这也是全面剖析这样一个重大的理论与实践问题的最佳视角。

综上所述，在这些问题上引入组织分析的视角和新制度主义的研究视角，不仅在理论依据和逻辑思路上具有适切性，而且紧跟了国内教育组织的制度分析的研究路向，这也使形成某些开拓性的研究价值成为可能。借用《北京大学教育评论》编辑部学者的话：处于经济转轨和社会转型期的中国，容易出现各种制度的废除、重建、调整、移植、扩散等现象，教育领域亦然。但是，围绕深化改革，通过系统学习和充分借鉴，中国教育研究者在国外制度理论和研究方法的基础上开展的教育制度变迁分析，可看作他们对理论回应和实践关切的独特贡献，也可期许其研究成果对真实制度实践产生积极影响①。

1.2.2　权力理论及其适切性

权力是社会发展的永生变量和永动力量，在人类生活中占据着重要位置，是历久弥新的话题。古往今来，学术界不同学科、不同领域、不同流派对其概念、特征、内涵有不同注解和阐释，足见其复杂性。一般而言，当前的权力研究正呈现出从突出政治权力到彰显社会权力②，从关注宏观权力到强调微观权力的演进路径，并在此逻辑思路下区分出政治权力与社会权力的二元框架③。

1.2.2.1　政治权力

在此二元框架下，政治权力实则是一种国家权力。国家权力探讨的是，国家和政府作为权力的主体，如何促进权力形成以及如何进行宏观调配。例如，罗伯特·菲尔麦（Rboert Filmer）认为，君主的权力源于神授，臣民或奴隶无从选择和同意④。斯宾诺莎（Spinoza）则认为，绝对的国家权力并不意味着绝对的个人掌控，最合理有效的方式是在理智的原则之

---

① 新制度理论与教育研究 [J]．北京大学教育评论，2007（1）：1.
② 社会权力在这里是一种泛指，并不是单指社会学学科视角下的权力。
③ 张广济，许亚萍.社会学权力理论内在进路述评 [J]．社会科学战线，2011（1）：219-222.
④ 洛克．政府论 [M]．刘晓根，译．北京：北京出版社，2007：112.

上，由社会的大多数共同掌权，君主只获取有限的行政范围①。应该说，这种权力观不仅反映了国家权力形成的民主思想，而且折射出权力配置的分权思想。因为正如霍布斯所担心的，人的本性太过自私，无法避免对"自然权利"的过度追求②。当然，我们熟知的分权学说中，最著名的莫过于三权分立。最初，英国学者洛克将国家权力划分为既彼此分离又相互制约的立法、行政和外交三个模块，随后，孟德斯鸠、卢梭、杰斐逊等人对此进行了丰富和发展。尤其是孟德斯鸠，他进一步明确了三权分立的思想，将三权确立为立法权、行政权和司法权，分别归属于议会、君主和法院，以此相互制衡③。美国第三任总统杰斐逊上任后，将三权之间的制衡落到实处，提出了立体分权策略，如三权之间的分立、联邦政府与地方政府之间的分权、政党之间的分离、军权之间的分散，等等。一言以蔽之，政治权力理论的发展，明显表现出由神授走向契约、由专制走向民主的治理思路和发展脉络。

由此观照当前推进的中国特色现代大学制度，其核心运作不外是权力的运行与配置。具体来说，即是如何在大学内部克服始终占据主导地位的行政权力的"越权"与"越位"，建立合法合理的"契约让渡"机制，保证学术权力从个人到集体的顺利迁移。同时，如何借鉴政治权力的"分权"思想，厘清大学权力生态中行政与学术两大核心权力主体的边界和范围，化解两者的矛盾对立，从而有效避免行政权力的"脱缰"和学术权力的"异化"。

1.2.2.2 社会权力

关于社会权力的来源，一直处于众说纷纭的状态。弗伦奇（French）认为组织中的强制权力、法定权力、奖赏权力、参照性权力和专家权力恰恰对应不同的权力来源。美国学者唐·荷尔瑞格（Don Hellriegel）等进一步指出，权力来源主要有三类：人际的、结构的和情境的④。我国学者林志杨参照韦伯的权利类型将组织中权力的来源分为两种类型：制度性权力和非制度性权力。三种权力：以职位为基础的权力、个人魅力型权力和基

---

① 斯宾诺莎. 神学政治论 [M]. 温锡增，译. 北京：商务印书馆，1963：218-219.
② 霍布斯. 利维坦 [M]. 黎思复，黎廷弼，译. 北京：商务印书馆，1985：130-136.
③ 孟德斯鸠. 论法的精神 [M]. 孙立坚，译. 北京：商务印书馆，1982：180-183.
④ 唐·荷尔瑞格，等. 组织行为学 [M]. 胡英坤，等译. 长春：东北财经大学出版社，2001：234-244.

于个人在组织中客观位置与关系形成的权力。其中，以职位为基础的权力是制度性权力，其他两种权力是非制度性权力①。

在社会权力的结构方面，有学者将权力看作一种使资源在系统中流动的能力，并将其界定为"为了实现系统目标的利益，使资源流通的一般能力"②。帕金斯对此并不认同，他提出了权力的结构功能主义观点，奠定了组织权力运行架构的理论基础，并由安东尼·吉登斯对其进一步深化，发展出权力的"行动与结构"二维结构化理论，提出"权力不等于资源，资源是权力的媒介，权力依赖资源尤其依赖权威性资源和配置性资源③"的著名观点。至此，关于权力现象的解释更客观、科学和全面，权力不仅是资源，同时具备行动与结构的双重性，当且仅当权力通过支配结构产生转换能力时它才得以利用④。

当然，权力的资源属性决定了社会权力的配置历来都是讨论的焦点。韦伯主张社会权力参照专业分工和等级权威之下的制度、条例、程序加以配置；巴纳德（Barnard）从权力对象的角度着重考虑配置过程中行使权力者与接受权力者之间的差异⑤。福莱特（Follett）从权力运行和岗位设置出发，提出了用"共享权力"替代"正式权力"⑥的理论设想，成为后续权力包容理论的逻辑起点。尽管理论纷呈，但在我国单位制组织生态，包括大学行政系统中，完备的科级制度和森严的等级权威是一贯的传统，看起来比较接近韦伯的理论构想。实际上，在具体运行过程中，我国的权力配置往往强调了权力来源的合法性，却忽视了权力运行的规范性。所以，在谈论大学学术权力的科层制弊病时，没有重视大学行政组织之于科层制的"形"似而"神"离的真实状态。

所谓社会权力的运行，按照福柯的说法，就是权力如何被运用以及运用权力的微观技术⑦。所以，权力是技术，人是权力运作的产物。福柯还认为，规训性权力是一种权力运行机制，是通过层级监视、规范化裁决和

---

① 林志杨. 论企业组织中的权力运用 [J]. 厦门大学学报（哲学社会科学版），2003（1）：36-40.

② 帕金斯. 现代社会的结构与过程 [M]. 梁向阳，译. 北京：光明日报出版社，1988：34.

③ 权威性资源是指实施对人控制的能力，配置性资源是指对物控制的能力。

④ ANTHONY GIDDENS. Central problems in social Theory [M]. London：Macmillan Press, 1986：29.

⑤ 切斯特·巴纳德. 权力理论 [J]. 中国人才，2003（1）：27-29.

⑥ 丹尼尔·A. 雷恩. 管理思想的演变 [M]. 赵睿，译. 北京：中国社会科学出版社，2004：332.

⑦ 曹唐哲. 基于不同哲学基础的权力理论探析 [J]. 广东行政学院学报，2009（2）：33.

严格检查三个范畴来诠释权力的运行的①。其中，按照福柯的解释，知识与权力是同构的，权力产生知识，知识体现规训，两者相互作用，共同建构。这一观点，对于我们窥探大学组织结构的微观权力无疑提供了崭新的思路和有益的借鉴。

总体来看，社会权力理论中的这几个方面均可为大学权力的生成机理和运行机制提供适切的分析视角。例如，社会权力来源的理论可以为大学权力的来源与大学组织化形态的生成提供视角；社会权力"结构"和"配置"的理论可以为学术权力组织化形态提供运行架构的启示；社会权力的运行理论可以扩展大学权力的分析视角，尤其是福柯关于微观权力的观点和关于知识与话语的规训性权力的建构为重新分析大学权力的运行机制提供了新的理论框架。当然，需要指出的是，本书的主题是针对完善中国特色现代大学制度背景下的权力生成与运行的问题。所以，尽管这种分析逻辑需要借助政治权力与社会权力的二维框架，但又不应完全依赖两者界分的一般性视角，而必须聚焦现代大学制度的核心运作即学术权力组织化形态的生成与运行风险防控以及学术权力的制度化建构的独特视角，即学术权力生成与运行务必要符合现代大学发展的内在规律和学术演进的基本逻辑。

1.3　研究假说

假说1：制度化是各种制度性行动者为了实现其各类诉求而进行的政治努力的结果。换言之，制度化的顺利实施与作为结果的制度所形成的形式，也取决于各种影响它的行动者的权力。

在制度演变尤其是制度创立的过程中，作为行动者的人所产生的能动作用必须加以考虑。尤其是在外部的制度环境的自我利益的驱动下，不同类型的行动者往往都会基于各自的利益诉求展开权力博弈乃至冲突，同时也可能最终在规则的制定问题上达成妥协、形成共识。如此，制度安排得以产生，并在制度发展的过程中和制度内化的基础上对组织生活发挥着规范性的作用，以至于组织及其成员的行为形成特定的秩序和规则。所以，

---

① 米歇尔·福柯. 规训与惩罚［M］. 刘北成，杨远婴，译. 北京：生活·读书·新知三联书店，2003：340-353.

制度的创设及其制度化的过程往往都是各种行动者为实现其目的而进行的政治过程的客观结果，它彰显了组织的利益与各种行动者的相对权力及他们之间的关系。在这些制度性的行动者中，通常国家专业性组织、专业人员、社会精英是最基本的类型。此外，对于大学组织而言，文化也是一种至关重要的制度化施动者。但这里所言的文化并不是抽象的概念，而是特定制度行动者的思想观念、价值取向、行事方式乃至利益诉求的反映或表现，它既是某种制度化变迁发生的具体文化背景，也是推动这种制度化变迁发生的基本动力之一。

假说2：在中国的大学演进史之中，产生过许多富有特色的大学制度。例如，教授治校制度作为经典的学术权力制度形式，不仅具有价值层面的合法性与优越性，也具有技术层面的合理性与可操作性。因此，这种大学制度的产生和发展是完善中国特色现代大学制度价值的合法性与技术合理性的最有力证明。

制度是某种社会生活发展到一定阶段由内在需求的驱使所产生的，制度体现了人类对共同社会生活的自我规划和巧妙安排。大学是典型的制度化产物，其内在发展逻辑在于学者对真知的渴求，这是大学学术本位的制度逻辑的本质所在。实际上，自中世纪大学开始，大学在自身演化的过程中自然而然地确立起了教授治校的学术权力制度逻辑。千百年来，教授治校仍是中外诸多大学的管理理念、核心价值。尽管随着大学利益相关者多元治理的组织属性的凸显以及大学共治的兴起，教授治校制度的基本内涵和行动规则不断变化，甚至社会上还形成了一股"教授治学"优于"教授治校"之风，但其核心价值和制度安排并未发生根本性改变，从世界上大多数主流大学的发展来看，仅仅只是依照大学外部制度环境和组织生态变化而对具体的规则层面做了适应性调整。就这个角度而言，教授治校制度不仅是一种具有顽强生命力的中国特色现代大学制度，而且具有相当强大的可塑性和适应性。它不但适合于中世纪时代的"学者行会"型的大学组织，而且适合于现代"具有多元利益主体以及社会轴心机构"的大学组织。事实上，只要囊括在科学合理的大学治理结构之中，从教授治学发展到教授治校制度依然能够能满足现代大学内在发展逻辑和外部社会的需求。

1.4 研究目标、逻辑框架与研究内容

1.4.1 研究目标

总体而言，本书以社会主义市场经济条件下教育国际化大趋势下高等院校必然的选择为坐标，在客观分析新时期我国高等教育改革的方向和发展的必然要求的前提下，旨在通过"体制变革—民主参与—机制创新—和谐有序"的理论框架寻求完善中国特色现代大学制度的问题，以提升现代大学制度的责任和能力为目标诉求，并基于政策调适、机制优化、体制建构等方式和手段，最终为我国探索建立国家创新体系中"建设高等教育强国"提供制度基础。具体而言，本书的研究目标包括理论目标、应用目标和学术目标。

第一，理论目标。本书将对"体制变革—民主参与—机制创新—和谐有序"的理论框架进行多维度的阐释，将其实质性内涵界定为社会主义市场经济条件下教育国际化大趋势的要求，为我国建立和完善符合中国特色现代大学制度的选择提供理论支持，为全面调整我国高等教育质量阶段的政策提供依据，以区别于西方发达国家和其他发展中国家的大学管理体制与政策。

第二，应用目标。本书将探索完善以政府、大学、社会等多方参与、多元合作的、以三大治理体制（解决现代大学制度主体单一化问题"监管评估体制"、解决权力配置问题的"协同制衡机制"、解决社会协调和大学参与问题的"民主治理体制"）为中枢的、以和谐有序为目标的中国特色现代大学制度，并将这一创新的现代大学制度转换为一套考评指标体系或运行机制。

第三，学术目标。本书将以制度理论和治理理论为资源，首先对现代大学制度范畴、中国现代大学制度的历史与理论等基本问题做出前提性研究。在此基础上，本书将对现代大学制度领域若干学术前沿问题进行研究，在规范性层次阐述清楚中国特色现代大学制度的内涵和特质，并在社会主义市场经济条件下教育国际化大趋势下的国家创新体系建设（国家战略目标）、建设高等教育强国（高教管理体制改革目标）和"党委领导、校长负责、教授治学、民主管理、社会参与"的中国现代大学制度格局之间，做出合理的理论总体解释；在经验研究层面，将对中国特色现代大学治理结构、大学章程、大学评价模式和大学管理体制机制创新等分散的议题进行整合，从而推动大学管理的研究汇入完善中国特色现代大学制度中去。

1.4.2　逻辑框架

本书的总体思路建立在马克思主义历史唯物主义方法论的基础上，紧紧扣住"鲜明的中国特色与显著时代特征相结合"这一前提去思考我国现代大学制度建设问题。也就是说，我们将自觉地从中国当前所处的特定发展阶段以及国际国内环境出发，既立足于当今中国的实际，又充分借鉴世界各国的先进经验，以社会主义市场经济条件下教育国际化大趋势背景中高等学校的必然选择为着眼点，努力建构面向未来的中国特色现代大学制度。具体的逻辑框架可以概括为"体制变革—民主参与—机制创新—和谐有序"，目标是探索完善中国特色现代大学制度的路径。

本书提出的"体制变革—民主参与—机制创新—和谐有序"的逻辑（理论）框架是一条如何完善中国特色现代大学制度的研究思路，相信框架中的四个理论要素研究能够找到影响并最终决定中国特色现代大学制度得以构建和完善的路径。体制变革既是现实前提又是约束条件。一方面，这一阶段中国大学的内外管理问题较突出，需提上国家政策的议程或落实国家的政策议题；另一方面，当前需要准确把握教育体制变革阶段中完善中国现代大学制度的范围和重点，不能脱离社会现实和简单移植西方国家大学制度。因此，构建基于科学发展观的现代大学制度，是体制变革阶段完善中国特色现代大学制度的前提。民主参与意味着现代大学应该担当社会发展的责任、意味着大学的变革与成长是国家—社会关系的一种过程重塑。机制创新要素指的是现阶段完善中国特色现代大学制度的路径依赖，机制创新的标准在于是否充分维护了大学利益相关者的利益、是否选择了有效的体制机制并及时回应社会公共需求、是否满足了协调大学变革与持续发展的要求。和谐有序侧重在建设和完善中国特色现代大学制度的进程中，要达到解决日益增加的大学内外的各种矛盾和冲突、提高高等教育质量的结果，最终在促进大学"依法办学、自主管理、民主监督和社会参与"的过程中符合高等教育发展规律并体现大学的本质。上述总框架具有十分显著的价值分析特点。

本书的研究还将在"体制变革—民主参与—机制创新—和谐有序"的逻辑框架下去探讨"完善什么—谁来完善—怎么完善—完善效果"的问题，分析中国特色现代大学制度的主体结构、内容结构和目标结构，探索塑造工具理性与价值理性相统一的完善中国特色现代大学制度的路径。上述对逻辑（理论）框架的阐释及其在完善中国特色现代大学制度行为上的落实如图1-3所示。

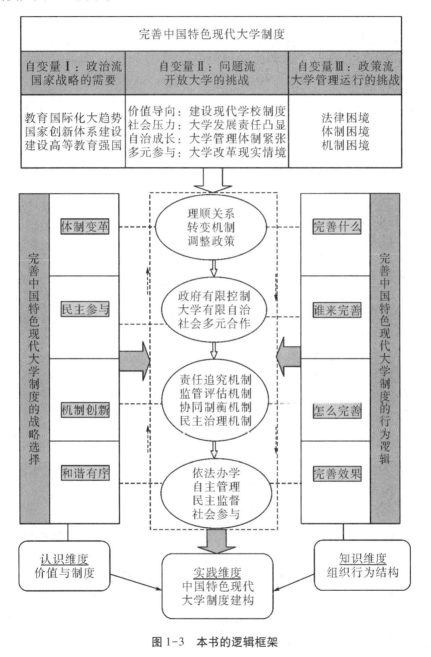

图 1-3　本书的逻辑框架

依据本书确立的逻辑（理论）框架，完善中国特色现代大学制度行为体系中的"完善什么"问题，应以体制变革为前提，落实在维护大学各利益相关者的利益、促进大学有序运行以及高等教育持续发展的范围中，重点解决大学管理体制不规范和大学内外关系失衡这些问题，并由此构建健全的大学政策领域；"谁来完善"的问题则需要以民主治理理论为指导，发挥政府的引导、协调职能，既强调政府的有限控制，又强化大学的有限自治，建立社会多元合作的关系；完善中国特色现代大学制度行为体系中"怎么完善"的问题需要落实在制度安排上，其法律层次需要确立大学自主权的框架边界，体制层次需要形成功能互补的大学管理机制模式，操作层次需要提高对民主治理工具理论和责任监管作用认识并做出审慎性选择；完善中国特色现代大学制度行为体系中"完善效果"的问题，需要落实在对现代大学主体责任担当和管理行为的绩效获取以及社会文化重塑上，以形成体现中国转型阶段特殊性的现代大学制度建设的目标。

1.4.3 研究内容

本书的研究对象是如何完善中国特色现代大学制度问题。基于研究的总体框架和思路，紧紧围绕上述研究目标，本书的研究内容包括以下三个方面：

第一，基础理论模块。本书以西方现代大学建设理论为参照，但主要以制度理论和治理理论为基础，为本书的研究寻求合理的理论支撑，并同时在大学文化与制度构建的比较中为完善中国特色现代大学制度寻求价值支撑。相关的内容体现在以下三个子专题中。

子专题一：现代大学制度的范畴、历史、演变（变迁）与影响因素；

子专题二：现代大学制度的中国语境与特定意涵；

子专题三：中国特色现代大学制度的核心要素。

第二，宏观分析模块。本书将在"体制变革—民主参与—机制创新—和谐有序"的逻辑框架中，对中国现代特色现代大学制度的两大规定性问题展开研究，即如何在高等教育结构或格局以及教育政策制定中充分体现中国特色现代大学的体制特质。相关的内容体现在以下七个专题中。

子专题一：完善中国特色现代大学制度——试点探索实践；

子专题二：完善中国特色现代大学制度——历史启示；

子专题三：完善中国特色现代大学制度——国际国内比较；

子专题四：完善中国特色现代大学制度——治理结构优化；

子专题五：完善中国特色现代大学制度——权力规范运行；

子专题六：完善中国特色现代大学制度——创新资源配置；

子专题七：完善中国特色现代大学制度——开放服务创新。

第三，微观分析模块。本书从行为逻辑层次深入分析如何将中国特色的体制特质融入现代大学制度建构和完善的主题中。相关的内容体现在以下七个专题中。

子专题一：中国特色现代大学内部治理结构的制度设计与完善对策；

子专题二：中国特色现代大学创新体系建构及运行机制研究；

子专题三：完善中国特色现代大学党政学共治制度研究；

子专题四：中国特色现代大学制度背景下完善教授治学制度的方向与路径研究；

子专题五：中国特色现代大学制度背景下学术权力运行风险与学术权力制度化建构研究；

子专题六："双一流"建设背景下优化现代大学社会服务研究；

子专题七：完善中国特色现代大学专项制度（党政联系人事、财务、决策咨询等）研究。

1.5 研究方法与技术路线

就本书的研究范式而言，整体上主要突出规范研究的范式，在局部根据需要采取实证研究的范式。结合研究内容，根据研究思路，本书综合运用了制度分析法、文献分析法、历史分析法、案例研究法、访谈调查法等研究方法。具体的研究方法主要有以下五种：一是制度分析法。本书的研究对象是中国现代大学制度，因此必然会运用到制度分析法。制度分析法作为一种渐趋成熟的研究方法，它强调将制度置于具体历史情景中进行考察，寻求制度产生的根源以及影响制度变迁的变量，并质疑制度安排的合法性，同时探寻计量制度本身的成本与收益。这是一种针对制度问题的跨学科综合分析方法①。在本书中，研究者系统探讨了西方现代大学制度的

---

① 缪榕楠. 学术组织中的人 [M]. 南京：南京师范大学出版社，2008：36-37.

产生和演变，分析影响相关制度的因素，并结合当前我国大学运行的基本特征和内外部生态格局，厘清中国特色现代大学制度的真实命题；最后根据新制度主义组织理论的核心观点与分析框架，提出完善中国特色现代大学制度建设的具体方案。二是文献分析法。对西方国家大学及民国时期大学现代大学制度产生及演化的历史分析，对相关历史文献（如英、美等国家的大学法律法规、大学的规章制度、民国时期大学的相关学术文献材料等）的运用和分析。三是历史分析法。"高等教育不能回避历史，中国特色现代大学制度必须摆在高等教育历史中去研究"，比如对大学权力的研究同样难以割裂历史渊源而独立地探讨当下的权力制度与运行机制的现状。对当下中国大学权力制度化建构的探讨，既离不开对西方国家大学权力形成和发展的历史考量，又须联系到对中国大学权力的历史审视。所以，采取历史分析法就是要通过对中外现代大学制度的历史考察来总结大学制度要素间的内在规律以及制度运行的历史经验，以作为当下中国特色现代大学制度建构的必要参考。四是案例研究法。对制度的分析不能完全停留于宏观与中观层面而缺乏具体案例的支撑，否则将使研究显得缺乏深度，使相关论证缺乏力度。笔者拟对西方国家大学及民国时期大学制度化建构的典型案例进行深入解剖，从中总结相关的经验教训；同时，对南方某省的地方高校等在探索中国特色现代大学制度的实践中的具体举措进行组织结构、治理过程与文化环境的深度剖析，深入分析适合中国国情的现代大学制度的模式及路径选择，提炼可资借鉴之处，作为当下完善中国特色现代大学制度的案例参考。五是访谈调查法。在实地调查研究方面，通过对江苏、湖北、江西和广西四个省区的六所高校权力的实证分析，对大学党政决策部门的成员、大学学术委员会、教授委员会等学术组织及其成员的访谈调查等，探讨中国大学权力运行及制度化建构等问题，以获得一手素材。

本书的研究技术路线如图1-4所示。

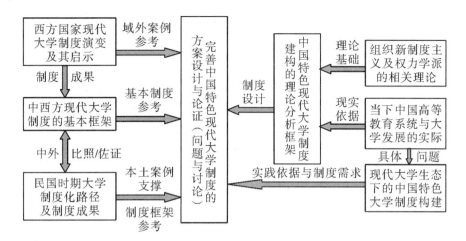

图 1-4　研究技术路线

2　现代大学制度：研究进展、理论认知与核心要素

2.1　国内外研究综述

2.1.1　国内研究综述

国内有关"现代大学制度"的研究始于 20 世纪 90 年代。总体而言，这一时期的研究方法和研究内容缺乏系统性，研究方法及研究范式较为单一，研究成果也较为零散。自《纲要》颁布以来，建设和完善中国特色现代大学制度的相关问题正式进入国家政策议程，学术界和高等教育实践界对于"现代大学制度"的研究高度关注总体上体现出多元化的发展态势。可以说，对现代大学制度的探讨已经成为我国高等教育理论研究和高等教育综合改革实践探索领域均受关注的话题。

2.1.1.1　基本内涵研究

（1）现代大学制度的起源

洪堡时期的柏林大学是现代大学制度的"起源"，这是国内学者们的一般主张。别敦荣教授等认为，现代大学的雏形是当时的哈勒大学和哥廷根大学（始于 18 世纪末期的德国）[1]；随后，柏林大学在洪堡的倡议下开创了大学进行研究的先河，将教学与研究并举[2]，创设了现代大学制度的基本理念，奠定了现代大学制度的学术根基，由此成为现代大学的公

---

[1]　别敦荣，徐梅. 论现代大学制度的公正性 [J]. 山东社会科学，2012（8）：101-188.

[2]　董云川. 明确各自社会责任构建理想和谐的现代大学制度 [J]. 中国高等教育，2006（19）：22-27.

认典范。在 19~20 世纪相当长的时间内，柏林大学对世界各国大学体系的建构都产生了广泛的影响。据此，学者王洪才指出，现代大学制度的原型是洪堡，现代大学制度泛指沿着洪堡创立大学的思路设计的所有大学制度①。

（2）现代大学制度基本意蕴的探讨

理清在现代大学制度领域里各个学者的观点，对于我们把握现代大学制度的内涵及本质有积极的帮助。所谓"制度"即规程，是要求成员共同遵守的、参照执行的办事程序。其中，著名的教育家夸美纽斯的论述比较有代表性："制度是学校一切工作得以顺利进行的灵魂。哪里的制度发生变革，哪里的工作就发生变动；制度松垮很可能就导致工作松动②。更进一步地说，制度成为人类社会的延续发展、个体价值的自我实现、组织机构的正常运转，不可不依赖的有效保障。大学作为脱离……的独立存在，维护正常的办学秩序，发挥完整的教研功能，同样有赖于……的制度保障③。对此，周作宇教授关于制度的观点值得参考。他认为：一方面，制度是规范人们行为与集体秩序的规则体系；另一方面，人也具有超越制度的能力以及重构制度的主动性。制度与人相互影响、相互作用、相互调节④。现代大学制度既不是既成的制度，也不是建立在市场经济体制下与企业制度等量齐观的一项制度，它是在中国语境下被赋予"现代性"，立足动态化、本土化的立场，包含一系列具体制度建设的总体框架设计⑤。其中，学术权力与行政权力的运行是否协调是关联着高校内外部治理现代化、科学化的核心要素，也是现代化大学制度可持续发展的关键要点⑥。还有的学者认为现代大学制度主要包括两个维度（邬大光，2006）：宏观层面的国家高等教育制度以及微观层面的入学内部运行机制⑦。综上所述，尽管国内学者对大学制度的界定呈现百花齐放的状态，但在以下三个方面其意见是基本上一致的：一是把现代大学制度看作一种规则体系，师生等

---

① 王洪才. 现代大学制度：世纪的话题 [J]. 复旦教育论坛，2011，9（2）：24-34.

② 夸美纽斯. 夸美纽斯教育论著选 [M]. 北京：人民出版社，1990：242.

③ 别敦荣，徐梅. 论现代大学制度的公正性 [J]. 山东社会科学，2012（8）：101-188.

④ 周作宇. 现代大学制度的实践逻辑 [J]. 国家教育行政学院学报，2011（12）：7-15

⑤ 赵祥辉，刘强. 一流大学建设视域下现代大学制度的诠释与建构 [J]. 黑龙江高教研究，2018，36（11）：1-5.

⑥ 张江琳，徐伶俐. 现代大学制度：学术权力回归的必然逻辑 [J]. 教育学术月刊，2021（12）：31-36.

⑦ 邬大光. 论建立有中国特色的现代大学制度 [J]. 中国高等教育，2006（19）：13-15..

制度内成员发挥着秩序保障的作用；二是将现代大学制度视为一种动态发展机制，强调适应社会发展的动态性过程；三是认为现代大学制度具备一定的维度结构特征，是大学组织内部治理和国家宏观管理的集合体。

（3）涉及现代大学制度范畴的讨论

根据别敦荣教授的研究，国内学者对现代大学制度的研究基本上可以划分为理念和精神范畴论、中国语境范畴论以及一般意义范畴论三个基本类型①。

第一，理念和精神范畴论。持这一主张的多为从事高等教育研究的专家，如杨东平、邬大光、王洪才、李少华等。学者们主要从大学的理念和精神出发探讨现代大学制度的形成。其基本观点是，现代大学制度的内核从古典大学发展至今都体现在积淀的基本理念和重要精神上。比如，杨岭博士认为，自由给予人无限的勇气，鼓励人的创造精神与创新思维，因而现代大学制度的构建则需要重塑大学的自由精神②。唐世纲教授对此表示认同并进一步指出，现代大学制度是一套促进大学办学目的与使命实现的制度，是始终维护学术价值的制度，也是不断彰显现代大学理念与精神的制度③。杨东平教授认同大学制度与大学精神的内在关系体现在"精神形成于制度与制度守护精神"这个范畴中④。学者李少华对此表示认同并进一步指出，制度必须以理念为先导并始终捍卫理念。因为先进制度产生于先进的理念，先进的大学理念表征了人本主动、质量观、教育目的的外在表达⑤。用邬大光教授的话说：现代大学制度植根于现代大学理念，制度折射理念并对理念进行保护；现代大学理念升华出现代大学制度，理念影响制度并对制度产生观照。简言之，现代大学制度不能脱离现代大学理念，现代大学理念也不能摒弃现代大学制度，两者互为不可或缺的依存关系⑥。因此，现代大学制度的价值属性则在于追求学术自由、大学自治、

---

① 别敦荣. 论现代大学制度的基本范畴 [J]. 现代教育管理, 2013 (10)：1-9.

② 杨岭. 中国特色现代大学制度的构建：基于自由与秩序平衡的视角 [J]. 高教发展与评估, 2020, 36 (2)：1-12, 109.

③ 唐世纲. 现代大学制度的两重属性及其中国境遇 [J]. 国家教育行政学院学报, 2019, 255 (3)：33-40.

④ 杨东平. 现代大学制度的精神特质 [J]. 中国高等教育, 2003 (23)：15-16.

⑤ 李少华. 大学理念与现代大学制度 [J]. 北京大学教育评论, 2005 (12)：18-20.

⑥ 邬大光. 论建立有中国特色的现代大学制度 [J]. 中国高等教育, 2006 (19)：15-17.

教授治校、校长负责、依法治理等大学精神，最终为高等教育现代化建设服务①。

第二，中国语境范畴论。持这种观点的既有高等教育领域的学者，也有政府教育部门的领导和高校管理人员。他们从中国的现实处境出发，坚持认为现代大学制度是一个"中国化命题"，只有在坚持中国特色社会主义根本制度的背景下，中国现代大学制度才能逐渐完善，才能彰显中国特色②。而外国的研究并没有与此相对的语境。同时，尽管"中国的'主题话语'之一是现代大学制度，但我国目前对于现代大学制度的研究与实践还停留在'移植''复制'西方模式层面，在制度创新上既缺乏理论引导，也缺乏大胆探索"③。在去行政化的背景下，高等学校政校分开、管办分离创新现代大学制度的研究，不仅是中国特色现代化大学制度的基础，也是促进我国高等教育快速发展、实现高等教育内涵式发展的重要助力④。当前，摆脱行政化倾向，跳出大学行政化管理的怪圈依然是最重要的课题⑤。

中国语境下的诸多学者型官员是一股不容忽视的力量，其使有关现代大学制度的研究从理论走向实践，对建立中国特色现代大学制度有积极的意义和正面的作用。但需要指出的是，"保持本国特色"和"借鉴他国经验"是研究天平的两端，要保持两者的平衡，需处理好两者的关系，不能有所偏废⑥。

第三，一般意义范畴论。持这种观点的代表性学者包括别敦荣、周作宇、袁贵仁、邬大光、潘懋元等。他们主要从一般认识论和一般原理出发，言及的通常是一般意义的大学制度。如潘懋元认为，现代大学制度的构建是大学使命得以实现的前提，其中包括组织结构的建构、治理机制的形成及制度自身的创新等⑦。袁贵仁则认为，明晰大学法人的权力和责任，

① 郭一凡. 高等教育现代化进程中的现代大学制度建设：契合点、地位与路径 [J]. 扬州大学学报（高教研究版），2021，25（6）：10-19.

② 邓多文，申艳婷. 从思想到制度：党对高校全面领导制度化研究 [J]. 党政研究，2020，163（4）：73-80.

③ 柳友荣. 新时代中国特色现代大学制度的学理阐释与实践理路 [J]. 复旦教育论坛，2018，16（4）：17-23.

④ 王宝义，方晨晨，徐明波. 去行政化背景下现代大学制度的创新研究 [J]. 黑龙江高教研究，2019，37（12）：24-28.

⑤ 周川. 现代大学制度及其改革路径问题 [J]. 江苏高教，2014（6）：22-26.

⑥ 徐少华，张竞. 中国特色现代大学制度的内涵与要素 [J]. 大学教育科学，2011（1）：13-17.

⑦ 潘懋元. 走向社会中心的需要建设现代大学制度 [J]. 国家行政学院学报，2001（2）：5-7.

应聚焦现代大学制度建设中的学校与教师、学生与学生、学生与学校、学校与政府、学校与社会的多维关系问题①。相较于理念和精神范畴论、中国语境范畴论，一般意义范畴论站在更加宏观、广泛的视角，跳脱具体情况的束缚对现代大学制度进行全面论述，具有更高的外在效度。因为无论是中国的现实语境还是外国的经验借鉴，制度建设的本质都是相通的。在这一点上，一般意义范畴论显然更具有现实意义。

综上所述，三个现代大学制度的分类范畴，既相互交叉又各自独立，既表明立场和态度又彰显意义和价值，从本质上来说并不矛盾。我们之所以不断分解和重构现代大学制度的核心理念、一般意义、时代精神和现实语境，就是希望通过尽可能全面地分析、阐述和理解，把握不同领域下的制度研究内涵，做到基于一般意义范畴论，既立足中国现实语境又挖掘共性的精神理念。

（4）有关现代大学制度的组织特性或内在属性的探讨

现代性、先进性和未来性是现代大学制度的典型特征。其中，现代性是基本特性，对现代性的延伸和拓展则体现为先进性和未来性。

第一，现代大学制度的现代性。学者们普遍认为，现代大学制度的"现代"并非指"现在"，而是一种时空的传承和积累。周川从历史观出发强调现代大学制度是对历史的承继，是对一些古已有之的基本要素的秉持、调整和改造②。刘献君则认为，所谓"现代性"，确切地说应该是一种"适应性"，适应社会的发展、适应时代的变化、适应特定的环境③。一个国家的制度只有立足国情，顺应时代发展的需求，该制度才能凸显"现代性"的强大功能④。因此，在学者眼中，现代性应该是现代大学制度在历史发展中不断自我完善所表现出的适应和调整。

第二，现代大学制度的先进性。如果说"现在"是一种时间观念，那么"现代"虽与时间相关，却明显高于时间，指涉了价值范畴，表征了人们心向往之的美好⑤。这种美好不仅反映当前的"实然"，更憧憬未来的"应然"，代表的是日趋完善的先进和价值。用李少华的话说：先进的大学

---

① 袁贵仁. 建立现代大学制度推进高教改革和发展 [J]. 中国高等教育，2000 (3)：21-23.

② 周川. 现代大学制度及其改革路径问题 [J]. 江苏高教，2014 (6)：22-26.

③ 刘献君. 现代大学制度建设的哲学思考 [J]. 中国高教研究，2011 (10)：7-11.

④ 王绽蕊. 中国特色现代大学制度建设：愿景、任务与路径 [J]. 复旦教育论坛，2018，16 (4)：5-10.

⑤ 周作宇. 现代大学制度的实践逻辑 [J]. 国家教育行政学院学报，2011 (12)：7-15.

理念必将催生先进的大学制度。这种先进归纳起来就是独立性、服务性、开放性和可评价性①。

第三，现代大学制度的未来性。它表明现代大学制度不仅是现实的"既成"，更是理想的"动向"②和美好的愿望，即"现代大学制度应具有国际性、开放性、未来性、鲜明性等特征"③。现代大学制度在完善的过程中，要吸取前期经验，绘制未来建设蓝图、路线、时间表，对未来现代大学制度建设具有清晰的认识，才能逐步推进、层层深入④。从这个意义上说，可以认为大学制度的"现行"制并不是"现代"制，真正的"现代"制是"诗和远方"的大学制度。

（5）现代大学制度精神实质的探讨

学者们对现代大学制度精神实质的分析基本相同，但也略有差别。王洪才教授认为，捍卫现代大学精神是现代大学制度建设的最终目的，而现代大学精神，无论是学术自由、大学自治还是教授治校⑤、学者自律以及行政管理⑥，都已悄然融入现代大学制度中的学校与学生、学校与学术、学校与社会以及学校与政府四层关系⑦。何玉海等则指出，现代大学制度在实践中形成，并承载着具有共识的大学精神与文化特征，以此支撑与维系现代大学运行，是一个由微观与宏观大学制度共同构成的制度系统⑧。黄泽龙则指出，现代大学制度的内涵应该包括行政分权、大学自治、学术自由、教授治学、现代管理及科学高效⑨。秦秋田从政治互动的视角出发，强调了现代大学制度基本内涵体现在自主管理、依法办学、民主监督和社会参与四个层面⑩。还有学者认为，现代大学制度以促进知识生产为目的，

① 李少华. 人学理念与现代大学制度 [J]. 北京大学教育评论，2005：18-20.
② 王洪才. 论现代大学制度的雏形 [J]. 中国高等教育，2007（22）：33-35.
③ 杨科正. 论现代大学制度的现代性 [J]. 教育评论，2012（1）：15-17.
④ 别敦荣. 我国建设现代大学制度的实践探索与时代使命 [J]. 高等工程教育研究，2017，166（5）：83-89.
⑤ 王洪才，赵琳琳. 现代大学制度：缘起、界定与突破 [J]. 江苏高教，2012（3）：31-33.
⑥ 蒋华林. 去行政化就能建成现代大学制度？[J]. 高教探索，2012（6）：10-15.
⑦ 王洪才. 论现代大学制度的雏形 [J]. 中国高等教育，2007（22）：33-35.
⑧ 何玉海，王传金. 现代大学制度：本质内涵、基本结构与建设路径 [J]. 上海师范大学学报（哲学社会科学版），2016，45（3）：41-48，75.
⑨ 黄泽龙. 高校先行：我国建立现代大学制度的突破口 [J]. 黑龙江高教研究，2008（8）：28-30.
⑩ 秦秋田. 从利益相关者需求论现代大学制度及其构建策略 [J]. 商业时代，2012（6）：114-115.

以保护学术自由为起点①。总而言之,研究者对现代大学制度精神实质的探讨呈现多元化态势。一些分歧是源于立场或方法的差异。其中,学术自由、大学自治以及教授治校是被普遍认同的精神内涵。这在现代大学的发展史中得到印证和体现。由此,现代大学的"现代性"具有明显的历史继承性得到确证。这提示我们,在构建现代大学制度的进程中,无论我们用何种方式探寻何种内涵,我们始终坚持的精神和必须把握的准绳是"学术自由、大学自治和教授治校"。

2.1.1.2 现代大学制度的价值取向与功能研究

从学理上看,价值和功能的内涵相互依存,价值由功能反映,功能由价值决定,两者既互为表里,又相对独立。

（1）现代大学制度的价值取向的阐释

本书将现代大学制度的价值取向归纳为四个方面:学术、政治、市场以及人本四个取向。

第一,学术取向。学术界基本认可现代大学制度的价值之本是学术取向。纵观世界高等教育的发展历史,大学在欧洲中世纪就成为传播知识的学习场所。在洪堡的倡议下,柏林大学把教学与研究称为大学学术的双翼延续至今从未动摇。因此,从这个角度而言,建构现代大学制度的关键依旧在于确立以学术为本的价值取向②。这种取向,不仅将现代大学制度建设看成一种技术操作,更视为一种价值渗入的社会实践活动,目的在于实现学术追求③。用张继明的话说,"学术本位作为现代大学的制度逻辑,从学术本位出发的大学制度则是现代大学制度的精神实质。"④ 然而,理论的追求往往凸显实践的缺失,当前,我国高校学术权力组织处理学术事务的方式具有一定的行政化色彩,挤压了学术权力的活动空间⑤。我国大学面临一定行政色彩的问题,学术价值本体地位有所撼动。对此,李华从"学术权利"和"学术权力"的异同给出了解决方案。他指出,建构现代大学制度的适切路径是学术"权力的权利化":监督会随着学术上升为"权力"

① 王洪才,刘隽颖. 学术自由:现代大学制度的奠基石 [J]. 复旦教育论坛, 2016, 14 (1):50-57.

② 马廷奇. 现代大学制度:理念支撑与实践建构 [J]. 中国高教研究, 2008 (6):6-8.

③ 唐世纲. 现代大学制度建设的价值意蕴 [J]. 当代教育科学, 2015 (1):31-33.

④ 张继明. 学术本位:现代大学制度的基本意蕴 [J]. 大学教育科学, 2013, 1 (1):11-15.

⑤ 赵世奎,卢晓斌. 教授治学:自下而上配置学术权力 [J]. 中国高等教育, 2016, 558 (2):55-57.

被削减，腐败将会滋生；而有效制约行政权力则是将"权力"转化为"权利"，进而规范学术秩序，促进学术发展。张蒹认为，现代大学制度必然要体现大学自治、学术自治与科学管理的精神，调动其学术组织成员的积极性、主动性。她指出，高校法人制度的确立是实现学术自由的前提，完善民主管理制度是实现学术自由的必然要求①。除此之外，不应对师生的行为进行过分行政干预，必须保证师生的学术与学习自由②。只有这样，才能保证大学真正恪守学术本位的精神实质，永葆现代大学制度的价值本真。

第二，政治取向。政治取向的含义主要是基于国家的立场来研究现代大学制度的价值问题。任何一个国家的制度建设都必须依赖该国的政治制度、经济制度和文化传统，大学也不例外。与其他国家相比，中国大学的制度建设沉淀着更为悠久深厚的政治体制和文化传统③。中国社会主义政治制度和传统文化决定了大学制度设计所应彰显出"中国特色"④。中国语境下现代大学制度政治取向的法理来源——《国家中长期教育改革和发展规划纲要（2010—2020 年）》明确指出，公办大学必须坚持和完善党委领导下的校长负责制。持"政治取向"的学者大多也是从中国高等教育的现实需要出发，探讨自由、秩序、管理、治学对于中国现代大学制度建设的意义。何毅明确指出，中国现代大学制度的价值主线是"秩序"与"自由"，终极目标是在秩序与自由之间建立平衡，最终达到"有秩序的自由"⑤。周光礼则从法律角度解读现代大学制度的政治取向，并建议国家在实现高等教育大众化后，应参照世界各国以法律规范主体之间关系的普遍经验，来建设我国的现代大学制度⑥。例如，包括国家宏观层面上的面向社会依法办学以及微观层面上的高校党委领导下的校长负责及其内部运行机制⑦。总之，政治在我国现代大学制度中的显而易见是"行政"，政治取向必然带来行政干预，由此催生秩序与自由的矛盾。当然，这并不是中国

① 张蒹. 学术自由与世界一流大学建设 [J]. 江苏高教，2016，189（5）：28-31.
② 王洪才. 现代大学制度：世纪的话题 [J]. 复旦教育论坛，2011，9（2）：24-34.
③ 苟振芳，汪庆华. 国家主义下中国现代大学制度的建构逻辑及审思 [J]. 清华大学教育研究，2015，36（2）：37-44.
④ 郫大光. 论建立有中国特色的现代大学制度 [J]. 中国高等教育，2006（19）：13-15.
⑤ 何毅. 自由与秩序：现代大学制度的价值博弈 [J]. 现代教育管理，2013（10）：10-14.
⑥ 周光礼. 我国现代大学制度构建的法律视界 [J]. 中国高等教育，2007（20）：26-28.
⑦ 段存升. 现代大学制度下"学习型"大学建设的诉求与要点分析 [J]. 教育探索，2012（6）：5-7.

2   现代大学制度：研究进展、理论认知与核心要素 ｜ 27

独有，而为世界所共有，因为现代大学组织的复杂特性决定其不可能没有行政架构及其运行来支撑。

第三，市场取向。对现代大学制度的价值的经济学分析是市场取向。在我国，大学是否应该采取市场化运作还存在争议。但无法否认的是，自我国实行市场经济以来，市场对大学的影响不断加深。因此，做好现代大学制度的市场取向分析是我们无法回避的课题。对此，薛澜和刘军仪认为，市场机制的引入对现代大学制度建设的益处颇多，不仅可以转移和补充政府管理权力，增强大学办学的自主性与灵活性；而且能够增强大学与社会的互动，增加经费来源，使大学的人才培养与社会需求相衔接①。毕竟"社会服务和资源配置已成为现代大学制度最基本的时代特征。现代大学建设的终极目标是建立在教学科研基础上的大学运行效率以及民众参与上"②。在此意义上，大学必须面向社会与市场办学，社会与市场不仅是办学资源的主要来源，而且大学只有通过在市场竞争才能锻造实力，获得更多的办学资源③。高等教育更应让市场对资源重新进行配置，"去掉""上下主从的行政命令式"的管理模式，以凸显大学的主体地位④。

第四，人本取向。人本取向是从心理学延伸至教育学并影响现代大学制度的一种价值逻辑。这种观点认为，在现代大学制度的以人为本、民主与和谐三个价值维度中，如果以人为本是前提，那么民主就是核心，和谐则是目标追求⑤。在处理大学与社会、市场以及政府的关系时，必须在尊重大学发展基本规律的前提下，恪守以人为本的价值诉求，才能真正更好地为人类社会进步服务⑥。徐金花和查永军认为，其中的核心是强调学生权利。因为对于现代大学制度的各种关系，学生既是推动民主和法治的保障，也是平衡权利的纽带。因此，在大学章程中也应具有体现学生权力的相关规定，以赋予大学生更多的学校事务参与权和决策权。在凸显学生权利中学习如何优化组织管理和推进制度变革。吴晓琴认为，高校学生组织有创新发挥联系高校与青年学生桥梁和纽带的作用，现代大学制度建设要

① 薛澜，刘军仪. 建立现代大学制度改革高校人才培养体制与机制 [J]. 清华大学教育研究，2011 (10)：1-8.
② 晏成步. 现代大学制度的经济学分析 [J]. 国家教育行政学院学报，2012 (2)：16-20.
③ 马廷奇. 高等教育市场竞争及其规制 [J]. 大学教育科学，2016，160 (6)：29-34.
④ 蒋华林. 去行政化就能建成现代大学制度？ [J]. 高教探索，2012 (6)：10-15.
⑤ 何爱华. 大学的使命与现代大学制度的价值取向 [J]. 人民论坛，2010 (8)：268-269.
⑥ 杨科正. 论现代大学制度的现代性 [J]. 教育评论，2012 (1)：15-17.

注重关注学生组织建设发展的内涵要求，立足"学生为本""大学自治""科学管理"等理念，为高校学生组织注入新的活力①。总而言之，"以人为本"的价值取向将现代大学制度的建构从形式上的"学术""市场"和"政治"聚焦到"人本"的精神上，突出"外在价值"上的"内在意蕴"。归结起来，一代代"大学人"坚守、传承、发展与创新的精神和理念，一直是大学引以为傲的财富。基于此，大学精神的内核被"人本取向"一击即中，寓意深刻、发人深省。

纵观现代大学制度的四种价值取向，既相互排斥又彼此融合，在不同时空之间、不同语境之下、不同文化之中，相互影响、相互渗透，并在制度建构过程中转化成与学术取向、政治取向、市场取向和人本取向相对应的四种权利：学术权利、政治权利、市场权利和人的权利。对于前三种权利，学者张锟曾提出运用政治、经济（市场）和学术"三元逻辑"间的"动态制衡"机制，去避免权力与利益的膨胀以及权力与利益的割裂。我们认为，这一思路同样适合扩展到四种权力的运行。建立现代大学制度实际上就是要想方设法促使学术、市场、政治和人在权利配置上的动态制衡。

（2）现代大学制度的多维护功能研究

作为社会制度的其中一种的现代大学制度，具有所有制度共有的监督、约束等规制价值。但与一般社会制度相比，精神、文化层面的社会功用是现代大学制度所特有的：弘扬大学精神、维护大学使命、实践大学理想以及捍卫大学尊严②。毕竟现代大学的根本任务在于推动人才培养，其最终目的也就是要促进人才培养质量的提升③。因此，大学制度的建构必须以人才培养和学术创新为导向④。据此，王洪斌、杨晓宁将现代大学制度的功能区分为两个层面：一是创新文化传承的功能，包含建设校园文化、坚守大学理想、创造先进文化等内容；二是人才培养和服务社会的功

① 吴晓琴，孙大永. 现代大学制度视域下高校学生组织的创新发展 [J]. 思想政治教育研究，2017，33（1）：98-101.

② 别敦荣，徐梅. 论现代大学制度的公正性 [J]. 山东社会科学，2012（8）：101-188.

③ 王浩. 行业企业举办的高职院校现代大学制度建设的逻辑思考 [J]. 职教论坛，2017（36）：29-32.

④ 马陆亭. 现代大学制度建设与创新人才培养 [J]. 中国高等教育，2010（5）：22-24.

能，包括培养人才和传播知识、发展科学和创新技术、服务社会和发展经济等①。董云川则将现代大学制度的功能归纳为：促进教育公平的义务；传播先进文化的职能；培育高素质人才的使命；捍卫道德底线的担当；创新知识振兴民族的重任②。大学理念的实现，一旦脱离现代大学制度的支撑，根本无法付诸现实③。综上所述，学者们对现代大学制度的功能基本达成以下两点共识：一是自洪堡开创大学研究的先河后，又发展了大学的社会服务职能。自此，形成了教学、研究和社会服务的三大基本使命。现代大学对使命的坚守，表现为对大学教学、研究和社会服务等基本使命的制度保障。大学自诞生之日起就是传播高级知识的场所。因此，现代大学制度的功能主要体现在对现代大学基本使命的制度保障上。二是现代大学制度的保障表现在"人才培养""学术创新""社会服务"三个层面。无论是"培育人才"与"传播知识"的教学使命，还是"科学研究"与"创新知识"的大学使命，抑或是"促进教育公平"与"促进社会和人类进步"的社会服务使命，都必须依赖制度对使命的有力保障和有效执行。

2.1.1.3 关于现代大学制度的实践逻辑研究

一般认为，现代大学制度的实践逻辑包括两个模式（实然模式和应然模式）、三个层次（政府的宏观管理、社会的互动参与和大学的内部治理）。

（1）政府的宏观管理

现代大学制度运行的实践首先面对的问题是大学与政府的关系研究，原为"建设现代大学制度的基础虽在大学自身，关键却在政府作为"④。一方面，政府通过直接管理的方式即以行政命令，如任免、控制财务等决定大学的方向；另一方面，政府通过拨款、投资等间接管理的方式支持和引导大学的发展。王洪才教授指出，这两种方式在近代高等教育的发展史中均有表现。在欧洲如法国、德国的大学，基本上是建立在政府直接管理的方式下，最有力的证明就是大学教师成为公务员。美国则主要采用间接的管理方式，在联邦宪法和州宪法的约束下大学实行自治，政府不直接干预

---

① 王洪斌，杨晓宁. 现代大学制度的建立及其社会功能探析 [J]. 辽宁教育研究，2006 (12)：12-14.

② 董云川. 明确各自社会责任构建理想和谐的现代大学制度 [J]. 中国高等教育，2006 (19)：18-21.

③ 王英杰. 治理结构：现代大学制度的基石 [J]. 比较教育研究，2012 (2)：85-87.

④ 袁贵仁. 建立现代大学制度推进高教改革和发展 [J]. 中国高等教育，2000 (3)：21-23.

大学。相比较而言，王洪才教授更倾向以美国为代表的间接管理模式，更主张美国在处理大学与政府关系上的制度设计，因为据他观察，间接管理方式更易于调动大学的主动性、创造性和积极性①。因此，政府在处理与大学关系时也应积极进行角色转变，从"全能政府"转变为"有限政府"，更多地发挥"公共性""市场性"和"绩效性"②。除此之外，还有学者考察了德国现代大学制度。王保星以哈勒大学与哥根廷大学作为案例研究对象，发现德国哥根廷大学不同于当时大学所创设的一般模式，它探索出了一套独特的大学管理模式：政府组建"大学总务处"全权处理一切大学校务管理事务，无须教授参与；教授们负责大学的教学与科研工作，力求专心治学，心无旁骛③。左惟认为，加拿大中央一级政府主要采用首席科学家制度、设立研究基金和资助建立私立性的研究院来实现对高等教育的支持。具体的管理职能主要通过所在省级政府立法、任命、拨款、监督等方式实现宏观管理④。

（2）社会的互动参与

大学与社会的关系在现代大学制度上的表现是互动参与。不少学者对此进行过专门论述。徐少华等认为，社会是大学宏观管理层面的重要构成⑤。薛澜等指出，大学和社会更像一种合作关系，要加强大学与社会外部的联系，必须引入市场机制⑥。王洪才强调，社会参与大学管理是处理大学与社会关系可供参考的一个方案，美国大学的董事会制度可作为借鉴。一方面广泛吸纳社会力量参与大学事务，另一方面整合董事会的社会资源，推动董事会发挥决定性作用（如选拔大学校长和审议学校重大议题），由此使大学封闭的"内部人治理"局面从根本上得到改变⑦。此外，还有诸如大学董事会、评议会、社会信息监督就是阿尔伯塔大学吸纳社会参与的三种途径。其中，董事会作为大学的最高决策机构，由主席、荣誉主席、校长、社会公众代表以及由省级教育部门负责人任命的校务委员会

---

① 王洪才. 论现代大学制度的雏形 [J]. 中国高等教育, 2007 (22): 33-35.

② 张慧洁. 监督、问责: 评估与现代大学制度 [J]. 清华教育研究, 2005, 26 (5): 42-47.

③ 王保星. 德国现代大学制度的发轫及其意义映射: 基于哈勒大学和哥廷根大学创校实践的解析 [J]. 中国高教研究, 2018, 301 (9): 41-46.

④ 左惟. 加拿大现代大学制度及其启示 [J]. 江苏高教, 2009 (2) 139-141.

⑤ 徐少华, 张兢. 中国特色现代大学制度的内涵与要素 [J]. 大学教育科学, 2012 (1): 13-17.

⑥ 薛澜, 刘军仪. 建立现代大学制度改革高校人才培养体制与机制 [J]. 清华大学教育研究, 2011 (10): 1-8.

⑦ 王洪才. 论现代大学制度的雏形 [J]. 中国高等教育, 2007 (22): 33-35.

代表组成；评议会则由学院院长委员会代表、教师代表、研究生会和学生会代表以及非教学人员代表和校友会代表来共同组成。其是社会不同领域代表构成的独立性机构，广泛参与大学工作是其主要职责，架起桥梁，沟通连接大学与社会。最后充分发挥社会的监督职能，监督大学运行。据此，左惟建议大学应建立社会参与机制，并发挥社会服务职能①。

（3）大学的内部治理

如果说现代大学制度的外部因素是政府管理和社会参与的相互关系，那么内部因素则是大学组织自身的治理问题。在有关大学内部治理结构的探讨上，龚怡祖教授曾这样论述：企业治理是大学治理结构的胎盘，公司治理理论是其理论源头②。尚洪波认为，高校内部治理结构改革是在坚持中国特色社会主义大学的办学方向下，不断探索和寻找大学内部治理结构的科学性、合理性和中国特色社会主义适应性的过程。从性质上来说，是一种授权治理；从改革路径来说，是一种"嵌入式改革"③。薛澜、刘军仪认为，大学的内部治理是一种内部制度结构，是为了完成大学使命而设计的，如教学研究的激励机制、科学管理的决策机制、学术质量的保障机制等。涉及不同力量关系的角色重构，不同利益群体的责、权、利之间的调适，以及不同问责制度的调整④。因此，王英杰认为，大学内部治理结构的设置及优化是现代大学制度的核心要素，如果大学内部治理结构出现问题，将会引发大学系统的诸多连锁反应。以我国大学的运行实践为例，治理结构失调是许多问题的根源⑤。

总之，政府管理、社会参与、大学治理既是现代大学制度实践逻辑的三个关键层面，反映的是大学、政府、社会的要素配置及其效果。在这些关系中，合理的内部治理是大学的基础，也是大学有效运行的基本保障；政府的间接管理更能激发大学的积极性和主动性；大学与社会的良性互动反而更能助推大学使命的实现，从而确保社会的有效参与和监督。

---

① 左惟. 加拿大现代大学制度及其启示 [J]. 江苏高教, 2009 (2)：139-141.
② 龚怡祖. 大学治理结构：现代大学制度的基石 [J]. 教育研究, 2009 (6)：22-26.
③ 尚洪波. 高校内部治理结构改革：改革开放四十年来的回顾与展望 [J]. 国家教育行政学院学报, 2018, 251 (11)：23-28, 86.
④ 薛澜, 刘军仪. 建立现代大学制度改革高校人才培养体制与机制 [J]. 清华大学教育研究, 2011 (10)：1-8.
⑤ 王英杰. 治理结构：现代大学制度的基石 [J]. 比较教育研究, 2012 (2)：85-87.

2.1.1.4　现代大学制度的实现路径研究

一般来说，现代大学制度的具体实现路径包括基本原则、突破口、切入点和策略四个维度。目前，国内关于现代大学制度实现路径的研究基本立足"中国语境"，探索具有中国特色的对策建议或行动策略。

（1）基本原则

在中国语境下探讨的现代大学制度的相关问题，比如要遵循中国的根本政治原则。"中国现代大学制度，从本质上说是社会主义大学制度，是中国特色现代大学制度。"具体而言，即在政府宏观管理框架下的以学校自治、校长治校、教授治学、科学管理为基本特征的中国特色现代大学制度①。不难看出，新时代背景下现代大学制度是与新时代中国特色有机结合、相互协同关系存在的具体表现，也是与新时代中国特色系统环境等本质关系的集中反映②关于建构中国特色现代大学制度，基本的政治原则始终是"坚持社会主义方向""坚持党的领导"③。

（2）去行政化

近年来，国内高等教育改革的先锋话语和高频词汇是"去行政化"，也是当前现代大学制度研究中的热点和难点。厘清"行政化"的含义成为解析"去行政化"的必要条件。行政化是与行政管理紧密联系的概念。孙和义指出，古今中外的大学都有行政管理，它是一所大学实现组织目标的具体模式管理方法。行政化则是指在运用行政权力管理和治理大学的过程中出现的行政管理过度和权力关系失衡，主要表现在两个层面：一是政府将大学作为附属机构，体现行政管理特征，大学办学自主权得不到真正落实；二是大学内部治理层面里行政权力仍然或明或暗占据主导地位，造成行政权力与学术权力的分割、对立。因此，行政管理并不等于行政化，两者并非殊途同归，而是要在必需的行政管理中规避可能的行政化倾向。有的学者甚至认为，由于行政权力与学术权力的运行模式、内在动因、主体行为等有较大差异，如何处理两者的关系，成为构建有中国特色现代大学制度的核心议题，"去行政化"必将成为必然选择④。许多学者对此深表认

---

① 邬大光. 论建立有中国特色的现代大学制度 [J]. 中国高等教育, 2006 (19)：13-15.

② 马德益. 新时代中国特色现代大学制度价值机理阐释 [J]. 重庆交通大学学报（社会科学版），2021, 21 (6)：70-76.

③ 王冀生. 现代大学制度的基本特征 [J]. 高教探索, 2002 (1)：13-18.

④ 刘献君. 现代大学制度建设的哲学思考 [J]. 中国高教研究, 2011 (10)：7-11.

2　现代大学制度：研究进展、理论认知与核心要素 ┊ 33

同。他们认为，行政权力的泛化已经成为中国现代大学制度的顽疾①。但他们同时也指出，坚定的"去行政化"不应遮蔽现代大学制度的本质。与繁复庞杂的制度建设工程相比，"去行政化"只是构建现代大学制度进程中的必要步骤和环节，不能单纯将制度建设的希望寄托于"去行政化"，也不能以行政化为托词消极应付制度建设②。不得不说，这样一种辨证论治的中庸思维不仅全方位解读了"去行政化"对于我国构建现代大学制度建设的重要性，而且昭示了建设现代大学制度的一个重要突破口就在于大学如何"去行政化"。

（3）关于切入点的讨论

所谓"切入点"即出发点，是建设现代大学制度应该最先进行突破或变革的地方。对此，学术界形成了三种观点。

第一种观点认为，建立现代大学制度应该高校先行。而体制改革的困境和痛点在于，宏观管理体制改革的进程总是落后于微观的自身变革。鉴于此，当前建立现代大学制度的唯一选择应当是"高校先行"。按照黄泽龙的观点，大致思路如下：首先明确身份，重构理念；其次科学发展，政学分离；再次科学决策；最后现代管理，提升实效③。龚放教授补充指出，当前我国创建世界一流大学的举措是建立现代大学制度的重要契机。高水平大学更应积极借鉴国外大学的制度运行经验，在校际交流与合作中寻求我国高等教育制度创新的路径，以深度推进现代大学制度建设。张茂聪教授补充指出，"双一流"建设为高校管理制度改革提供了良好的发展契机，有助于规范学校成员的行为，充分发挥制度的约束功能；有利于促进决策科学化与民主化，使大学各项工作有章可循，实现内涵式发展④。

第二种观点认为，现代大学制度改革志在中层突破。持这种观点的研究者认为，大学体系过于庞杂，利益相关者过于繁复，"高校先行"存在重重障碍，不如将改革的落脚点放在"学院"，实现"中层突破"。龚放教授是这一观点的第一提出者。如周川教授所言，从学院治理结构入手，作

---

① 许杰. 规范行政权力：我国现代大学制度建设的基本逻辑 [J]. 国家教育行政学院学报，2013（12）：19-24.

② 蒋华林. 去行政化就能建成现代大学制度？[J]. 高教探索，2012（6）：10-15.

③ 黄泽龙. 高校先行：我国建立现代大学制度的突破口 [J]. 黑龙江高教研究，2008（8）：28-30.

④ 张茂聪. "双一流"建设中的现代大学内部管理制度 [J]. 山东师范大学学报（人文社会科学版），2019，64（3）：90-96.

为高等教育改革和发展的突破口，未必是理想的改革之路，但也可以成为在自上而下改革路径行不通时的"权宜之计"①"实现管理重心下移"。

第三种观点认为，建立现代大学制度要制定章程。章程作为组织或机构的规范性文书，实质上是一种根本性的规章制度。"各类高校应依法制定章程，依照章程规定管理学校"，这是《国家中长期教育改革和发展规划纲要（2010—2020）》中明确提出的要求。此要求中建立现代大学制度以章程制定为切入点，这为破除大学行政化倾向提供了学理依据和政策保障。许多学者对此表示赞赏。马陆亭教授认为，大学章程的制定是大学"法治化"管理的开始，对于我国现代大学制度的建设具有重要意义。大学章程既是大学自我约束的基础，又是处理内外关系的准则，也是大学的"宪法"②。储朝晖更是将大学章程的制定上升到极高的地位。他认为，大学只有再次找回章程才能最终踏上常态化发展的道路，才能真正触碰现代化建设的门槛。当前，大学章程需要鼓励更多的校内外力量参与到现代大学的建设中，以求从文字转化为实践③，也必须"把大学章程制定与实行作为各项工作的重中之重"④。还有学者把大学章程表述为学校各种学术组织的权利和义务的总规约，以确保教授的审议权和决策权，为真正意义上的教授治学提供支持⑤。

（4）推进现代大学制度建设的基本策略

基于中国特色现代大学制度的重要性和关注度，学术界提出的对策多种多样。邓传淮主要从党的领导、依法治校、教育立法以及"放管服"四个层面，深入论述了中国特色现代大学制度建设的实现路径⑥。董云川主要从"政府—社会—大学"三个维度进行设计，主张政府应成为"有限的政府"，社会应成为"开放的社会"；而大学应力争"自主的大学"⑦。王洪才同样提出了三条策略，但显然更加具体明确。他指出：重塑大学与政府关系的突破口是探索新的大学校长选拔制度；大学"去行政化"是优秀

---

① 周川. 现代大学制度及其改革路径问题 [J]. 江苏高教，2014（6）：22-26.

② 马陆亭. 从高等教育体制改革到现代大学制度建设 [J]. 中国高等教育，2013（21）：19-22.

③ 储朝晖. 大学章程亟需从纸上走到路上 [N]. 中国教育报，2014-10-10（02）.

④ 崔智林. 以学术委员会章程制定为契机着力推进现代大学制度建设 [J]. 高教探索，2014（6）：17-19.

⑤ 孙和义. 克服行政化倾向推进现代大学制度建设 [J]. 中国高等教育，2012（1）. 15-16.

⑥ 邓传淮. 推动中国特色现代大学制度建设 [J]. 中国高教研究，2020，318（2）：6-8.

⑦ 董云川. 明确各自社会责任构建理想和谐的现代大学制度 [J]. 中国高等教育，2006（19）：23-28.

大学管理模式的关键；推动大学评价自主是我国大学的一个特色。具体而言：以学术为本要贯穿大学的全部理念；政府与大学、市场之间要互动制衡；应保障学术权力能够按自身逻辑运行[①]。赵俊芳将其总结为十六字方针：识读大学、因时变革、分权共治和法人建设[②]。钟秉林等也认为，中国特色现代大学制度建设更多缺乏的是细节内容。他给出的建议是：加强宏观管理；完善领导体制；优化组织结构；保障民主管理；拟定大学章程；引入专业评价[③]。

总结学者们的研究，建设现代大学制度的基本策略包括以下三个方面：一是在治理上，强调政府的引导服务、社会互动参与和大学自治相结合，并走向"分权共治"；二是在理念上，强调大学职能发挥的理念；三是在方法上，倡导大学运行的多样化与多元化，释放大学多主体的活力。

综上所述，目前国内关于"现代大学制度"的研究可谓百花齐放。学者们从各个视角，使用各种方法，参考各种理论提出了自己的见解和对策，为后续研究的开展打下了坚实基础。但研究成果还存在一些不足：一是侧重理论研究、实证探讨较少。当前的研究以思辨、经验反思和定性分析为主，真正在调研访谈和数据分析上的成果明显缺失。二是注重国内情况研究，国外大学的实践跟踪较少。目前，绝大多数学术成果聚焦在我国现代大学制度的基本问题的探索，对于国外现代大学制度的最新情况掌握得还不够，仅有的国外研究大多集中在美国、法国、德国等高等教育发展强国，鲜见对其他国家的反思和借鉴。三是重归纳、少创新。现代大学制度随着社会的发展和时代的进步而变化。但考察文献发现，国内关于现代大学制度的研究仍停留在总结归纳阶段，具有独创性的观点产生缓慢，学术动力还不足。

2.1.2 国外研究综述

2.1.2.1 关于大学理念与制度的研究

作为构建制度的关键基石，理念对于任何制度都至关重要。大学理念与大学制度的关系也是如此。国外学者中，对于大学理念研究较为深刻的

---

① 易娟，杨强. 我国现代大学制度的价值取向 [J]. 教育学术月刊，2013 (7)：54-56.

② 赵俊芳. 现代大学制度的内在冲突及路径选择 [J]. 高等教育研究，2011 (9)：30-36.

③ 钟秉林，赵应生，洪煜. 中国特色现代大学制度建设：目标、特征、内容及推进策略 [J]. 北京师范大学学报（社会科学版），2011 (4)：5-12.

是罗纳德·巴尼特（Ronald Barnett）。他强调高等教育的主要对象是人，因此学生是教育的立足点和根本出发点。他指出，以"自由高等教育理念"为本质特征的高等教育历史观，本身高等教育的终极目标对于高等教育深层结构和发展可能具有深层次的影响。借助"概念考古学"的指引与调查，根据高等教育理念的演化历史，推演出该论题的内部核心——"高等教育解放观念"①。这对于我们的启示在于，构建大学制度要突出以学生为本的核心；思想的变革是大学理念的主流，因而解放思想、不拘一格成为大学制度构建中不可或缺的主要元素。

关于大学和制度的联系。诺斯等认为，在我们所处的文明社会中，任何制度皆是由人建构起来的（包括政治、经济或社会制度），这些混合的制度发挥着各自的人文功能。而这些由不同行为规则、价值信念等组合起来的结构，成为人们目标计划的出发点或路径选择②。雅斯贝尔斯在对"大学作为一种制度"的命题分析时认为，在一定的制度框架范围操作模式成为大学理念的具化表现，并且使得大学在制度范围执行它的使命③。由此可以看出，大学是与大学制度相伴而生的，是基于制度对于"由人构建"的大学的必然规制性。除此之外，"现代性"成为制度下另一个热门论题，在学者福柯的思想中"现代性"是一种将自身与未来相勾连的态度。这种指向突出于先进理念和进步精神，是一种超越自我的意识④。学而用之，也启示着大学制度的未来性、进步性以及变化性。

2.1.2.2　关于大学学术的研究

如果说理念是基石，那么大学制度构建的内核之一是大学学术。大部分研究指出，义化的差异是构成行政、学术之别以及各自行为趋同和趋异现象的一个根源，这也使得大学呈现出不同的精神风貌⑤。由此产生了不同的大学学术判断。例如，德里克·博克指出，基础科学研究质量的因素有：高质量的职位成为科学研究领域吸引青年才俊加入的重点；先进的设备和仪器成为为确保一流科学家正常开展研究工作保证高水准质量的物质

---

① 罗纳德·巴尼特. 高等教育理念［M］. 蓝劲松, 译. 北京：北京大学出版社, 2012：69.

② 科思, 诺斯, 威廉姆森, 等. 制度、契约与组织：从新制度经济学角度的透视［M］. 北京：经济科学出版社, 2003：15.

③ 雅斯贝尔斯. 大学之理念［M］. 邱立波, 译. 上海：上海世纪出版集团, 2007：57.

④ 福柯. 福柯集［M］. 杜小真, 译. 上海：上海远东出版社, 1998：533.

⑤ 罗伯特·伯恩鲍姆. 大学运行模式［M］. 别敦荣, 主译. 青岛：中国海洋大学出版社, 2003.：68-71.

基础；营造良好的外部环境成为科学研究不可或缺的外因；高度的学术自主权赋予一流科学家是研究质量保证的信任基础；着实有效的科学研究评价机制为；高尚的学术道德以及健康的价值诉求构成行为规范等①。

"学术自由"一直是大学学术关注的核心话题。爱德华·希尔斯（Edward Shils）认为，不以损害社会地位、学术身份及公民身份为目的的学者们的活动，可以看作学术自由；学者们对于授课内容、研究课题以及著述内容的自由选择，视为学术自由；学者们独特的学术立场、选择特定的研究路径得以坚持，视为学术自由②。而学者德里克·博克认为，学术自由不是简单的社会言论自由，真正的学术自由是突出于师生利益以及维护大学声誉的。但从现实中来看，学术自由的损害不可避免，大学俨然与政府和企业形成了获得与提供研究资助的依赖关系。时代发展的需要导致社会对于研究型大学的过高期待和投入，使得原本判断学术自由的准则成为如今学术界的难题③。

2.1.2.3　关于大学与政府、社会关系的研究

世界范围内受到人们关注的教育体系是相较于欧洲成立较晚的美国教育体系。例如，曾有学者感叹，大学校园的围墙推倒成为美国之于世界高等教育的最大贡献。"大学的边界就是国家的边界"讲述的就是美国高等教育史上的一场重要变革，威斯康星大学时任校长范海斯的此番言论以其史实性开启了世界范围内高等教育的新浪潮④。这是一场大学与政府、社会等外在因素的充分融合，一次良性互动的结果。

美国大学与政府和社会的联系的成功不是偶然，也不是创新，古已有之。哈罗德·珀金（Harold Perkin）直接指出，纵观古今，发达的文明皆源自高等教育对于统治层以及社会精英的培养。古代的中国、印度等国的类似高等教育机构早在千万年前就独具一格并日趋完善和成熟。从某种程度上而言，被视为现代意义的大学产生于中世纪，这些被推崇的学术自由

---

① 德里克·博克. 走出象牙塔：现代大学的社会责任 [M]. 徐小洲，陈军，译. 杭州：浙江教育出版社，2001：161-163.

② 爱德华·希尔斯. 学术的秩序：当代大学论文集 [M]. 李家永，译. 北京：商务印书馆，2007：217.

③ 德里克·博克. 走出象牙塔：现代大学的社会责任 [M]. 徐小洲，陈军，译. 杭州：浙江教育出版社，2001：7.

④ 德里克·博克. 走出象牙塔：现代大学的社会责任 [M]. 徐小洲，陈军，译. 杭州：浙江教育出版社，2001：73.

权利、专门从事教学与研究活动并且拥有法人身份的独立机构，其原型是来自古希腊的雅典娜神庙和吕克昂学园。政治是上层建筑，不论是对于社会组织还是对于大学，其都是无法回避的。罗伯特·达尔（Robert Dahl）曾指出，任何人所处的特定政治体系都无法被彻底超越，无论人们是否愿意。人们只是在特定的时空、借助特定的方式逐步深入渗透到其特定的政治体系中并使其自身与政治充分地融合。从古至今，人类社会无以回避的客观存在之一就是政治。曾有学者尖锐地指出，实际上，利己原则使得政策成为各个利益团体明争暗斗的焦点。站在政府的角度看，高等教育为国家和地区的繁荣昌盛贡献自己的力量的公益性是其存在的重点①。既然如此，政府更偏向通过财政支持来实现这些目的。但是大学也不一定会去"迎合"。例如，耶鲁大学第五任校长克莱普坚称，殖民地政府对于学院而言只是投资人而非合伙人。作为一种资助行为，政府投资是值得感谢的②。当然，其出发点多是基于倡导"学术自由"的考虑。

关于大学与社会的关系。克拉克·科尔指出，高等教育的使命体现在以下几个方面：人类思想的沿袭和传承；精英人才的教育与培养；新知识的创造和创新；特定的高雅文化的传播；既定的社会道德的弘扬；社会功能的改造③。其他研究者还提及，大学特有的精神面貌、特立独行的思想文化和生活方式等④。大学想要激发自身活力的必由之路就是走向开放。正如部分研究者所言，应用性研究、教育质量以及社会性评价这些活动对于人类社会而言无比重要，但成为大学的与世隔绝的沉重代价⑤。

2.1.2.4　关于大学治理结构的研究

约翰·范德格拉大在《学术权力——七国高等教育管理体制比较》中将高等教育制度体系划分为系（所）、学部（学院）、大学、联合大学、州政府和中央政府六个层级。该书是对英、美、德、法、意、瑞、日七国的

① 雅基·西蒙，热拉尔·拉萨热. 法国国民教育的组织与管理 [M]. 安延，译. 北京：教育科学出版社，2007：192.

② JOHN BRUBACHER WILLIS RUDY. Higher Education in Transition：A History of American College and University，1636—1968（4thedition）[M]. New Brunswick：Transaction Publishers，1997：32.

③ 克拉克·科尔. 高等教育不能回避的历史：21世纪的问题 [M]. 王承绪，译. 杭州：浙江教育出版社，2003：212-213.

④ 德里克·博克. 走出象牙塔：现代大学的社会责任 [M]. 徐小洲，陈军，译. 杭州：浙江教育出版社，2001：247.

⑤ 德里克·博克. 走出象牙塔：现代大学的社会责任 [M]. 徐小洲，陈军，译. 杭州：浙江教育出版社，2001：83.

管理体制进行比较研究，基于六个层级的群体、各种决策机构及其组成情况、官僚机构的程度和等级制与内聚性作为考察重点。与此同时，该书并做了以下六大领域的论述：预算与财政、总规划与决策、课程与考试、招生方法与入学机会、高级与初级人员的聘任、研究的决策模式①。该书对于国外大学治理机构的研究影响深远。

在大学的宏观治理领域，政府拨款方式成为国外大学的研究主流，美国成为首当其冲的典型代表。有人认为，拨款的方式不会对学术机构的独立性和自主权造成干预和影响，并对这种方式持乐观态度②。然而，另一些人则显得忧心忡忡，"利益和校外捐赠者或基金会的优先权都会对大学和教授产生一定的影响，利益驱使性也会对学术自由和大学自治产生误解"③。

在大学的微观治理领域，曾有如此描述：大学是典型的"有序的无政府组织"的代表，因为人员流动频繁、目标不明、技术模糊④。可以看出，这也是大学治理的困惑所在。珀金斯指出，当代社会中大学组织结构最为复杂，也可能落后于其他社会组织，尤其是结构上的权责对等及其与制度难以完全契合，体现出大学功能可能存在的守旧性。大学组织陷入困境集中体现在教学、科研、社会服务以及民主建设不同的使命相互冲突⑤。从这种意义上来说，大学要尽量发挥其组织运转机能、实现自身使命的唯一途径是不断地自我变革以较好的状态去适应不断变化的社会。也有一些学者提出，大学破解治理难题的节点在于发挥其非正式结构的作用。例如，沃尔德认为，非正式的私下结构更有利于利益诉求的达成，组织中的成员借助权力层直接建立个人关系来满足个人利益，并不希求整个群体的整合行动，这是正式的组织或社会机制无法比拟的。关于内、外部相机治理影响下的大学，有专家分析："纵观古今数千年，来自校园外的威胁特别是对学术自由与学术自治权的不利影响更为直接地冲击着高等教育；与此同

① 约翰·范德格拉夫. 学术权力：七国高等教育管理体制比较 [M]. 王承绪，等译. 杭州：浙江教育出版社，2001：55.

② 德里克·博克. 走出象牙塔：现代大学的社会责任 [M]. 徐小洲，陈军，译. 杭州：浙江教育出版社，2001：262.

③ 德里克·博克. 走出象牙塔：现代大学的社会责任 [M]. 徐小洲，陈军，译. 杭州：浙江教育出版社，2001：302.

④ MICHAEL D COHEN, TAMES G MARCH, JOHAN P OLSEN. A Garbage Can Model of Organization Choice [J]. Administrative Science (Quarterly), 1972, 17 (1)：1-25.

⑤ JAMES A PERKINS. University as an Organization[M]. New York：Mc Graw Hill, 1973：3-14.

时，防范外部力量渗透高等教育的内在规定性还没有引起高等教育的内部反省和足够重视，无法做到内外兼修。"①

总体来看，"微观视域"一直是国外关于大学制度的研究侧重点和方向，内部性的审视研究领域较广，具有理论研究深度，研究成果体现了历史的积淀性。当然，也存在研究短板，比如缺乏针对"现代大学制度"的专题研究、宏观观照制度运行的成果较少、关于现代大学制度内在变化趋势的研究还不充分。

2.2　现代大学制度的理论认知

2.2.1　现代大学制度的历史演变与共性特征

"大学"的英语翻译为 university，实际上这源于拉丁语 universitas。拉丁语 universitas 的原意为行会，后特指学者行会，因此中世纪的 universitas 所暗含的学术意蕴并不是将大学作为一个组织机构。大学的拉丁语词根是 niversus，从字面上理解可以看作"一个特定的方向"，实则涵盖"整体、全体、全部"的内容，其表明大学具有良好的辩论旨趣和批评意识的传统。在现代西方话语体系中，大学的英语词汇是 university，法语是 université，德语是 universität，这些词汇彰显了传统大学到现代大学的称谓变迁，仍然体现着大学某些本质属性②。

在大学从传统走向现代演变的过程中，大学的理念也随之变化。关于对大学的理念的系统认识，纽曼教授曾在他《大学的理念》一书中提出："大学是一切科学知识和事实原理的探索发现场所，也是实验和思索过程中的高级保护力量。"这其实也符合哲学上现代大学代表一种理念的观点。所谓理念，是指人们对于大学这一特有的基本看法和普遍认识。现代大学的理念则反映了人们对现代大学的使命愿景、本质特征、服务功能等维度的认识或理解。伴随现代大学制度的建立、发展和完善，人们对大学的理念的认识也大致经历了三个阶段：第一个阶段，中世纪时期。这时现代大

---

① 克拉克·科尔. 高等教育不能回避的历史：21世纪的问题［M］. 王承绪，译. 杭州：浙江教育出版社，2003：160.

② 孟丽菊. 关于"现代大学"内涵的整合性思考［J］. 教育科学，2005（6）：37-39.

学尚未形成，大多数时候大学被视为"学者行会"，也就是学者们自由探讨高深学问、追求学术以及进行精神交往的场所。现代大学的"学术自由、大学自治、学者治校"原则实际上就是在学者们的自由精神与自由交往中形成的①。第二个阶段，从18世纪末19世纪初到20世纪六七十年代。在这个阶段，建立在新人文主义哲学基础上的德国经典大学理念盛行全球，它继承了中世纪大学追求的知识本身就有价值的理念，鼓励人们为了探求知识和真理而进行自由的研究，以实现人的价值。第三阶段，20世纪六七十年代以后。在这个阶段，关于学术化知识和职业化知识的功利实用主义兴起，尽管高等教育界批评这种极度职业化的变化趋势，甚至时任哈佛大学校长博克也认为大学要担负起现代大学的社会责任②。然而，这一时期的现代大学仍然遵循着在学术精神和社会责任间寻求平衡的理念，将学术的价值维度和工具维度相结合，在职能定位上体现教学、科研、社会服务三位一体的现代大学理念。

总体来看，"大学"一词在现代社会中有广义和狭义两个层面的意思。前者所述的"大学"泛指实施高等教育的各类学校，涵盖了综合性大学、独立学院、高等职业院校以及专业学校等。后者所述的"大学"实际上是特指多科系的高等学校，即英文单词"university"，原则上其必须满足三个基本条件：一是必须实施本科及研究生层次的正规的学历教育；二是必须包含多学科以及综合性的维度，即国家规定的学科门类至少开设有三个，同时将其作为主要学科；三是必须是全日制高校。总之，只有具备以上三大条件，才能称为严格意义上的"大学"。本书所指的"大学"为后者。

基于以上认识，本书对现代大学与现代大学制度的理解是：

现代大学与传统大学的差异在于，教师在学术上有了自由权即现代大学具备了充分的自治权；科研成为现代大学的重要职能和主要内容，知识由"信仰"转变为"理性"；教学、科研、为社会发展服务是大学的功能，也是现代大学的核心。

现代大学制度是指大学自治、学术自由、教授治校、通才教育和学生

①　张应强. 现代大学精神的批评与重建：为刘亚敏《大学精神探论》而作 [J]. 高等教育研究，2006（7）：11-26.

②　周谷平，张雁. 我国创新型大学建设中的理念引领：兼论经典大学理念与现代大学理念间的张力 [J]. 教育研究，2006（11）：29-34.

自治五个维度及其之间的关系。起源于中世纪的大学制度，在不同的历史阶段，融合不同的政治、经济、社会、文化，衍生出差异化的体制机制和发展模式。从一般意义上来说，大学制度是处理大学与国家（政府）、社会以及大学内部关系的各种规则、机制以及约定的共同体。而现代大学制度是非既成事实，代表了大学制度建构的方向和理想的性质。所以，不一样的国情、不一样的时代、不一样的学校，在构建现代大学制度的理念、重点、模式路径都是不尽相同的。

2.2.2　现代大学制度在西方的起源及变迁

大学的起源来自人类对真理的追求，大学组织在开拓人类认知、解放人类思想、引领人类发展方面发挥了不可替代的功能或作用。哈佛大学前校长洛韦尔说过："大学的存在时间超过了任何形式的政府、任何传统思维、法律科系的变革和科学思想理念，因为它满足了人们的永恒的憧憬和需要。在人类的各类创造之中，没有任何东西比大学组织更经得起时间磨砺的考验。"[1]

欧洲早期的大学。古代欧洲的大学起源于古希腊的学园（一种早期的学术组织）。柏拉图于公元前 387 年在一座用来纪念希腊英雄阿卡德谟（Akadcmos）的花园里创办了一所名为"Academy"的学院，当时开设了天文、算术、几何等课程，数百年来其在教育和学术上都取得了不俗的成就，这也成为当时古希腊重要的学术中心。在此后的 1 000 多年里，以罗马帝国大学和君士坦丁堡大学为代表的大学以培养医学、法律和建筑类的专门人才为目标，并传授讲解拉丁文、修辞学、教父和经院哲学等相关课程。

中世纪的大学。在西欧经济、政治、文化和社会快速发展的 10~11 世纪时期，一些新型大学逐渐发展壮大起来。在这个阶段，教师和学生多是对知识的追求和对探索精神的向往而自由组合成研习共同体，具有典型的行会的性质，这既在一定程度上摆脱了社会及宗教的束缚，也可以维护师生的共同利益。在这一时期，大学的诉求主要体现在两个方面：一是对知识的求索和精神的丰富，二是维护自由言论、自主管理的权益。在这一时期，大学在教学内容和方法、大学组织结构以及学位制度等方面也逐渐趋于完

---

① 约翰·布鲁贝克. 高等教育哲学 [M]. 王承绪，郑继伟，张维平，等译. 杭州：浙江教育出版社，1987：27.

善，这对后来的现代大学制度形成和发展也产生了重要的影响。但是，值得指出的是，由于中世纪大学的职能还比较单一，主要是进行人文社科知识的传授和人才的培养，大学仍然还是"自我组织化"的发展模式。

现代大学制度的建立和发展。从 14 世纪中叶开始，伴随文艺复兴、宗教改革、科学革命和启蒙运动相继爆发，人们的思想大大解放，科学技术不断进步，随之而来的是人们认知结构的极大改变。在这一时期，原来中世纪的大学仅仅注重知识传授的机制或模式已很难再满足社会对探索新知的渴望与诉求，研究和创造新理念、传授或生成新知识已经成为大学最紧迫的时代使命，这也是催生教研并重的现代大学制度建立的社会背景条件。到了 19 世纪初，威廉·冯·洪堡提出了著名的现代大学的理念："学术和教学自由""教学与学术研究相统一"等，并受命组建柏林大学，这也成为现代大学的开端。洪堡认为，大学不应该只定位为一个教学场所或机构，而应该成为一个研究性组织，科学研究可以成为大学的第二种组织职能。洪堡的这些办学思想和理念在世界各国广为传播，也使得很多大学在组织架构、制度设计、机制运行等方面得以改进和完善。20 世纪初，美国威斯康星大学时任校长查理斯·范海斯提出了著名的"威斯康星思想"，首次把服务社会作为大学的除教学和科研外的另一种重要职能，大学第三种职能由此诞生。自此，现代大学制度正式建立的标志为：大学开始同时具备了人才培养、科学研究、社会服务三种职能。雅斯贝尔斯在 1946 年出版的《大学之理念》中明确反对大学功能的单一化，强调在大学中学术、文化、生活的相互融合。这也是德国所构建的现代大学制度在世界高等教育体系中的基本表征之一。

西方现代大学制度的变迁充分说明：到 20 世纪 50 年代，其现代大学制度的基本框架已经初步形成，传统大学在向现代大学发展演变的过程中，大学从最初的最大范围基于知识交易的学术自由与大学自治的场所，历经注重知识传授、知识传授与科学研究并重、知识传授及科学研究与服务社会相结合三个发展阶段。尽管现代大学的功能在不断延伸，但西方现代大学制度的制定都是与体现学术组织特性息息相关的，不管是大学内部的治理结构安排还是宏观的大学制度设计都是如此。因此，西方大学制度始终是基于这一核心主题所做出的修整和调适，进而适应不同诉求，不论社会差异或变化的需求以及社会环境各种变化，大学的应变都是以此为核心逻辑的，突出变革的常态化。

2.2.3 中国建设现代大学制度的回顾与梳理

中国"大学"教育也历经数千年多个朝代的变迁。伴随中国现代化进程百年的脚步的发展，高等教育制度在传统与现代中交替转变，因而，现代大学制度自清朝末年设立以来的实践历史需要做一个简单的回顾和梳理。

2.2.3.1 现代大学制度的起点——清朝末年至 1949 年以前

洋务运动和维新运动是我国大学制度在现代意义上的起源助推器[①]。1862 年，中国政府（清政府）建立的第一所近代新式学堂——京师同文馆。维新派代表康有为、梁启超等人在变法运动中提出废除科举制，建立近代学校。近代最早的高等教育机构——"学堂"在他们的提倡和推动下逐渐建立，比较有名的如清朝政府创办的京师大学堂、天津的西学学堂（1896 年更名为北洋大学堂）等，中国近代大学由此拉开了新篇章。"癸卯学制"——中国近代第一个在全国范围推行实施的系统学制等一系列章程与规定几乎在同一时间纷纷出台。1903 年，清朝政府命令荣庆、张百熙、张之洞拟定学堂章程；1904 年，清朝政府先后颁布了一系列现代意义上的大学管理制度，如《高等学堂章程》《大学学堂章程》《通儒院章程》《学务纲要》《各学堂管理通则》等文件。模仿日本明治学制，癸卯学制在教育机构和教学内容等方面逐步形成，我国现代大学制度的框架在此基础上基本确立，亦是我国现代意义上的大学制度开端的标志[②]。

1911 年 10 月 10 日，中国 2 000 多年的封建君主专制随着辛亥革命的爆发结束了。民国政府建立初期，借鉴国外政府管理高等学校的做法成为当时政府教育行政机关教育部的主要方向，但仅仅是通过制定相关教育宗旨和学制、拨付教育经费等管理学校，学校的专业设置、人事任免等完全由学校决定。自由度比较大成为这一时期中国高等教育管理的突出品质，有必要对其由此构建的发展模式做进一步探索和研究。

1912 年，"壬子癸丑学制"由时任中华民国临时政府教育部长的蔡元培在教育会议上提出。规定大学 6~7 年＝其中预科 3 年+本科 3~4 年，大学之上还设有没有年限规定的大学院，"壬子癸丑学制"借此由"壬子学制"与稍后颁布的各种学校法令共同构成了当时的学制体系。1922 年，教

[①] 张俊宗. 现代大学制度：高等教育改革与发展的时代回应 [J]. 北京：中国社会科学出版社，2004：219.

[②] 刘绍怀，等. 现代大学制度理论与实践研究 [M]. 北京：高等教育出版社，2013：128.

育部在济南召开学制会议并制定了《学校系统改革案》。中国开始向美国学习，采用了国际上流行的"六三三学制"、取消了大学预科、规定大学适用选科制等成为"壬戌学制"的主要成果。

在民国时期，多元化的高等教育办学体制随着公办高校和私立高校不断发展逐步形成。"私人或私法人亦可设立大学"这是除国立高校、省立高校由政府出资支持明确规定外，私立高等学校的合法性在法律上第一次被承认了；不仅如此，政府还会给办得好的私立高等学校给予一定补助。此外，"教授治校"的初步模式也在这个时期被提出来。1924年，《国立大学校条例》颁布。该条例明确规定："国立大学设置由历任校长、教育部指派官员、校长推荐学术代表组成的校级董事会，主要负责学校目标、决议、计划、预算等重大事项的审议。"

一批著名的教育家在宽松的办学环境下，不断探索现代大学制度建设的模式与途径，为中国建设现代大学制度做出了重要贡献，致力于努力实现学者治校、学术自由。自1917年开始担任北京大学校长的蔡元培构建起通过改革集权的管理体制，设立了以评议会、各科系教授会、行政会议、教育会议和教务处等"教授治校"为鲜明特征的"北大模式"；1919年担任东南大学（当时为南京高等师范学校，1988年改为东南大学）校长的郭秉文构建起了以校董会为标志的学校领导体制"东大模式"，使校董会逐步成为学校的最高立法和决策机构。

2.2.3.2 现代大学制度建设的探索时期——1949年以后至1978年以前

（1）1949—1956年中央集权的管理体制和校长负责制

新中国成立初期，高等教育事业在经济社会发展百废待兴中也急需重建和发展。1949年12月，在北京召开的第一次全国教育工作会议明确了改革教育的步骤和发展新教育的方向，确立了全国教育建设的总方针。三个建设新教育的途径在此次会议上被提出：以老解放区尝新的教育经验为基础，以旧教育中的有益探索为经验，以苏联教育的先进经验为借助[①]。在社会主义改造的大背景和政府的行政命令下，作为社会主义制度的有机组成部分的中国高等教育制度，也在有条不紊地建立、推进与发展。1950年，政务院出台了新中国最早制定的关于高等教育管理体制的文件——

---

① 董节英. 50年代高等教育制度改革的先导：课程改革［J］. 首都师范大学学报，2008（6）：78.

《关于高等学校领导关系的决定》，主要体现出高等教育管理体制中浓厚的中央集权色彩，并且明确了全国高校的中央领导机关是教育部。教育部不仅对全国的高校负有领导责任，同时各军区、文教部门也统一归属教育部管理。1953年，政务院进一步做出教育部对全国高等教育进行统一领导、集中管理的规定，并出台了《关于修订高等学校领导关系的决定》，明确指出，全国的高校都应按照教育部的统一部署和指挥，有效执行并推进学校的建设，以及生产实习的落实①。

在内部治理中模仿苏联，实行校长负责制。1950年4月，教育部做出相关指示，校长拥有人事、奖惩和财政等方面的决策权力。具体指示如下："校长由国家任命，直接向中央教育行政部门负责，是学校行政的最高负责人""凡已由中央人民政府任命的高等学校一律实行校长负责制"。

（2）1957—1976年教育管理权改革与党委对高校事务的领导

在随后的20年中，由于高度集中的高等教育管理体制对大学发展的极大地束缚，如何处理中央和地方关于高等教育管理权的问题，成为新的不断探索的对象。首先，1956年，在全国人民代表大会上"高等教育管理权下放、分级管理"的建议被教育部部长杨秀峰提出。1958年，中共中央开始调整对高等教育的管理，出台了《关于高等学校和中等技术学校下放问题的意见》，明确中央和教育部只对少数综合性高校、某些专业技术学院和部分中等技术学校进行直接领导，其余全部下放地方"②。这一调整方案，实际上给予了地方实质性的办学权，是多级办学体制的大胆尝试，成为新中国成立以来对高度中央集权的教育管理体制的改革。但是，随之而来的地方办学出现了较大的盲目性，大学数量激增、办学质量参差不齐等现象，这是由于缺乏统一的协调机制和相应规范所导致的。针对这类现象，同时随着1961年"调整、巩固、充实、提高"的经济社会政策的实行，中央于1963年重新收回下放的部分权力，实行中央对高校统一领导，并与地方一起共管的管理策略③，由此办学自主权在地方政府上受到很大

---

① 马钦荣，刘志远，应望江.中国特色现代大学制度探索与实践［J］.上海：华东师范大学出版社，2012：76.

② 中共中央.关于高等学校和中等技术学校下放问题的意见［EB/OL］.（2014-08-20）［2023-05-03］.http：//www.china.com.cn/chinese/zhuanti/rcbg/901591.htm.

③ 新华网.中共中央、国务院关于加强高等学校统一领导、分级管理的决定（试行草案）［EB/OL］.（2014-08-21）［2023-05-03］.http://news.xinhuanet.com/ziliao/2005-01/27/content_2515737.htm.

限制。1969 年 10 月，中共中央下发《关于高等学校下放问题的通知》，强调隶属国务院各部门的各高等院校，属地北京的仍由国务院各部门直接领导，属地地方的则归属所在地革命委员会。紧跟着，1971 年决定中央机关仅对少数院校进行直接管理；部分院校由中央与地方共管，以地方管理为主；大部分院校应由地方负责，实行领导和管理。并形成《全国教育工作会议纪要》，成文出台①。

1956—1976 年，是中国特色现代大学外部管理制度的重要实践不断探索的年代。在此期间，中国高等教育管理权经历了下放、收归中央、再次下放的反复、循环的历程。

中国确立并逐渐加强了党委对高校事务的领导权是 1956—1976 年调整大学内部治理结构的重头戏。"大跃进"初期的高校党委负责制，党员对学校思想政治、行政管理、生产实践等的领导、参与和协调等的相关规定于 1958 年在《关于教育工作的指示》中被明确提出②。党委从此时开始对政治思想、教学科研、行政管理、生产管理等方面的工作进行领导，成为学校的最高领导、管理和决策机构。1961 年 9 月，《教育部直属高等学校暂行工作条例（草案）》出台，明确规定了党委与行政的分工和职能。中国高等教育党委领导下的校长负责制开启。校长获得明确、合法的领导地位，成为被国家任命的大学行政长官，主持学校工作。同时，校长作为学校校务委员会的首席执行官，召集讨论并决定学校工作中的重大问题。这一条例的出台，既保证了党委对思想政治、大政方针的领导，又实现了以校长为首的校务委员会在学校行政事务中发挥积极、重要的作用，较为合理地明确了党委和行政的职责分工。然而，这种"党委领导下的以校长为首的校务委员会负责制"在"文化大革命"期间由于全国高校基本上都建立了"革命委员会"作为学校的行政领导机构，而遭到破坏。

2.2.3.3　现代大学制度的改革完善建设时期——1978 年以来

改革开放后，大学发展不再仅仅是政府行为，而成为多元利益主体共同推动的进程。党的十一届三中全会以后，政府开始逐步改革高度集中的政治经济制度，也减少了对大学的行政控制。

---

① 李庆刚. 建国以来我国高等教育管理体制改革演变略论［J］当代中国史研究，2001（3）：55-63.
② 新华网. 中共中央、国务院关于教育工作的指示［EB/OL］.（2014-08-21）［2023-05-03］. http://news.xinhuanet.com/ziliao/2005-01/05/content_2419375.htm.

1963 年出台的《关于加强高等教育统一领导、分级管理的决定（试行草案）》在 1979 年 9 月被重新修订。该决定中明确规定了两级政府对高等学校的管理权限，并重新确定了对高等学校实行中央和省（自治区、直辖市）两级管理的制度。同济大学校长李国豪、复旦大学校长苏步青、华东师范大学校长刘佛年等于同年 12 月在《人民日报》上共同发表了《给高等学校一点自主权》一文，关于大学办学的自主权引发了国内的极大关注，对于高度集权的高等教育管理体制改革起到了极大的推动作用。

1985 年，关于中国高等教育办学自主权事宜开始讨论，并在一些事项中开始下放办学自主权利，中央、省（自治区、直辖市）、地方三级办学体制也随着《中共中央关于教育体制改革的决定》颁布实施。1999 年，《中华人民共和国高等教育法》（以下简称《高等教育法》）正式实施，这是我国第一次以法律的形式规定并明确高等教育办学自主的相关权益，填补了行政管理条例方面的空白和不足。具体而言，《高等教育法》从招生、机构设置和人员配备、教学、国际交流与合作、科学研究和社会服务、财产管理和经费使用七个方面规定了高校办学自主权的内容。对扩大高校办学自主权起着积极的推动作用，使我国高等教育走上了依法治教的轨道。而后，高校自主招生制度相继出台，《关于进一步深化普通高等学校招生考试制度改革的意见》更使我国高等教育的办学自主权得以加强。直至第四次全国教育工作会议召开和《国家中长期教育改革和发展规划纲要（2010—2020 年）》（以下简称《纲要》）发布，更将现代大学治理与治埋能力现代化、现代大学制度建设与完善等问题推向高潮。《纲要》的核心在丁明确提出了建立现代学校制度，构建政府、学校、社会之间的新型关系的目标。

总之，欧美等西方国家的现代大学制度是在相应的外部制度环境下，通过不断调适、修整而自动生成或自然形成的，具有典型的遗传和环境的产物的特性，属于早发内生型现代大学制度。而中国是后发外生型现代化国家，自动生成现代大学制度几乎是不可能的，后发外生型现代化国家的现代化运动和社会改革必须由政府来担当。所以，想要通过变革原有的制度、更新已有的文化来达到现代大学制度的目标有一定的难度。在中国现行语境下，建立和完善现代大学制度，不仅需要变革原有的制度、更新已有的文化，还需要其他各方的制度与文化能与之匹配，协同推进。

2.3　现代大学制度的中国语境与特定意涵

2.3.1　为何要寻找中国现代大学制度中的"特色"

尽管《纲要》对完善中国特色现代大学制度提出了明确指向，但是，在实现这一目标的过程中，如何理解现代大学制度的"中国特色"与"普遍共识"之间的关系？为什么要探寻建设现代大学制度中的"中国特色"呢？这对中国高等教育的改革进程以及建设世界一流大学又有何作用呢？

从某种意义上来说，寻找和把握现代大学制度的"中国特色"，是完善中国特色现代大学制度的着力点和突破口。在高等教育的发展历程中，逐渐形成了对现代大学制度相关办学理念、制度设计、管理体制、运行机制和治理方式等的共识。因此，在聚焦完善中国特色现代大学制度的重要节点上，应吸取世界各国建设现代大学的优秀经验，以为我们提供重要的案例参考和智力支持。只有这样，才能够使我国的现代大学制度契合主流趋势。由此可知，真正意义上的现代大学实际上起源于19世纪，主要标志始于普鲁士教育部长威廉·冯·洪堡提出的"学术和教学自由""教学与学术研究相统一"等办学思想。此后的200多年里，现代大学的思想和制度不断发展、传播，为世界各国普遍接受。但是，由于政治、经济和社会文化等方面存在差异，不同国家的现代大学制度在具体设计和实施过程仍存在较大差别，都凸显出了与本国经济社会发展相适应的"特色"。例如，欧洲主要国家的政府集中管治大学的模式、美国的政府分权治理大学的模式，一些英联邦国家对大学治理的分散型管理模式等，其最大的特点在于大学自治受到的约束程度有所不同。从另一个层面也反映出，各国的现代大学制度各有特色，没有一个完全相同的、适合各国的现成模式，这也是世界各国寻求自身建设和完善现代大学制度"特色"的根源所在。

我国推动建设现代大学制度起步较晚，且探索实践过程又历经政治制度、经济社会环境和思想文化的变迁，使得探索之路较为曲折。100余年来，我国近代大学的发展都是伴随特殊的时代条件和历史背景曲折前进的，其中的一个显著特点是大学不能游离于国家发展之外的而处于社会边缘。因此，长期对政府的依附，大学的科层式组织结构和运行逻辑成为大学发展的制度性安排。尽管自实施科教兴国和人才强国战略相当长的一段时间以来，我国仍然处于现代大学制度的探索期，但如何充分发挥大学知识传播、人才培养、科学研究、社会服务中的重要作用，如何进一步推动高等教育综合改革向纵深发展，如何推动把"双一流"建设成为我国推进现代大学制度的标杆等，都涉及大学与政府、市场、社会等不同主体的有效互动及其大学内部的制度设计，这些问题仍然需要积极的探索与努力的实践。因此，在当前高等教育综合改革的新阶段、新形势下，必须在准确把握我国政治、经济和社会文化特点的基础上，不断学习借鉴国外建设现代大学制度的优秀成果，将其有益经验为我所用，坚持探索适合我国国情和教育发展规律的、具有中国特色的现代大学制度。在这个过程中，也必须深刻认识西方各国不同大学制度设计与本国国情的关系，一定要在中国政治、经济和教育发展的历程中把握我国高等教育变革和发展的规律，不能照搬照抄西方国家的制度设计，把建设和完善现代大学制度的"中国风格"和"中国路径"打造成世界高等教育生态格局中的一张名片。

2.3.2 如何去把握中国现代大学制度中的"特色"

大学自治和学术自由是由中世纪欧洲大学传承下来的大学教育最根本的两大价值观。时至今日，"学术自由、教授治校"也已经被视为现代大学的普适精神，探求学术真理和做有用学问被看成现代大学的主流价值诉求。这些年来，在建设和完善中国特色现代大学制度的进程中，从国家政策导向和高校的实践来看，也彰显出一直在努力追求现代大学制度的这些内在精神和核心价值。

早在 1997 年 11 月，中国政府就对联合国教科文组织发布的《关于高等教育教学人员地位的建议》投了赞成票，其核心在于认同学术自由和高等教育的机构自治对于教育及科学研究氛围的重要性。在大学自治和学术自由两个现代大学制度最根本的问题上与世界各国达成了最广泛的共识。此外，国家通过制定相关法律也推动了现代大学制度建设中学术自由和大学自治的实现。《高等教育法》也明确了高校取得法人资格及其科学研究等方面的创作自由，还提出了七个方面的学校办学自主权；后来在《纲要》中就高校资助开展教学、科研、社会服务以及自主收支、自主管理方面还进行了详细的政策设计。

但是，需要注意的是，建设现代大学制度不能单纯地追求大学自治和学术自由，必须与中国的历史发展与现实需要相结合。在我国，中国共产党是中国特色社会主义事业的领导核心。我国作为社会主义国家，高校也必须要贯彻党和国家的教育方针政策，必须以培养社会主义事业的合格建设者和可靠接班人为目标导向。中国大学的相关教职人员，包括校级领导层不论其是否为共产党员，都需要上级党委（党组）按照有关规定和程序选拔、委派。因而，在坚持党的领导以及坚持社会主义办学方向的前提下，党委领导下的校长负责制是我国现代大学制度的最大特色。《高等教育法》以及《关于坚持和完善普通高等学校党委领导下的校长负责制的实施意见》都对此做了明确的规定。

在此，还需指出的是，理想的大学自治并非政府不管不问大学的相关事务，而是说不能用行政的思想和套路来管控大学；更不是说大学完全按照自身的理念和逻辑来处理内部事务；强调学术自由，也并不是说师生的学术研究可以超然于政治和社会责任之外，而是侧重按照学术的逻辑和大学的规律来进行教育和创造，摒弃急功近利的自由式的研究状态，从而以大学自身的学术创新方式来服务于国家和社会的发展。

党委领导下的校长负责制之所以成为我国现代大学的制度特色，是因为我国大学自治的历史传承与根基不同于西方发达国家。西方国家大学的自治权也是大学与政府关系变迁的逻辑结果，其特点首先是根植于大学的内在自发的自治思想，而后逐步融入社会的发展之中，并在社会的自治文化和环境中得以强化①。但从我国的历史演变来看，并没有西方国家大学那样的自治传统，尽管民国时期高等教育历史上也有很多名家在北京大学、清华大学践行"学术自由""教授治校"的理念，但终因政治变革、社会动荡而未能发展延续。直到 20 世纪 80 年代《中共中央关于教育体制改革的决定》作为一项教育的顶层制度变革提出后，我国大学进而从政府的附庸逐渐拥有了办学自主权。随后，通过颁布《高等教育法》《中国教育发展和改革规划纲要》等重要法律文件，不断推进以扩大大学办学自主权、完善大学内部治理结构为主要内容的中国特色现代大学制度建设。可以看出，这种由政府自上而下来推动高等教育管理体制机制改革的方式，是与西方国家大学建立之初就自下而上争取自治权、维护自身的权利不受侵犯的过程是截然不同的。基于此，在我国推进现代大学制度建设，必须要考虑外在的制度安排，但不能忽视现代社会对大学制度文化以及价值形

①　全林，赵俊和，马磊. 大学自主与学校自主招生［J］. 西南民族大学学报，2010（12）：11-15.

态转变的新要求。如果说现代大学制度创新必须根植于大学发展的基本规律和组织特性外，那么如何立足我国的现实国情则显得更为重要。进而可以说明，在新的历史条件和新形势下，中国特色现代大学制度建设和完善的过程就是在中国共产党领导下，如何贯彻和落实"党委领导下的校长负责制"，如何通过高等教育管理体制改革、下放大学管理权限、扩大办学自主权和优化及改善大学治理结构，如何推动大学的开放合作和社会服务，并在这个过程中探索属于中国高等教育的独特做法和实践，为世界范围内的现代大学制度提供"中国范本"，可以说这是中国建设现代大学制度的最重要特色。

2.4 完善中国特色现代大学制度应考虑的核心要素

2.4.1 府校关系及其权责界定

尽管《高等教育法》明确了高校的主体地位，包括相关的办学自主权限，但从我国大学的实际运行来看，严格意义上的大学独立法人地位与独立法人制度仍然没有真正建立起来。这与我国高校长期以来对政府的依附关系不无相关。一方面，政府对大学的掌控有利于集中力量办大事，比如通过高效扩招完成了"精英教育"到"大众化教育"的过渡，从"211工程""985工程"到协同创新中心以及目前的"双一流"建设等，加快了高校的教学、科研以及创新体系的建设进程。另一方面，政府的干预时常超越"政策边界"，极容易导致高校规范、结构失调，很多时候在质量评估中的"一刀切"不可避免形成千校一面的情况。因此，从某种程度上说，这均是政府强力管控的结果。其不仅对高校的自主权造成负向影响，甚至对高校的自我生存发展都极为不利，很多大学缺乏与世界其他高校的竞争力也源于此。值得欣喜的是，2017年4月，经国务院同意，教育部、中央编办、发展改革委、财政部、国家人社部联合印发了《关于深化高等教育领域简政放权放管结合优化服务改革的若干意见》。该意见的焦点落在高教改革发展中的学科专业、编制、岗位、进人用人、职称评审、薪酬分配、经费使用等方面的深层次问题，进一步向地方和高校放权。尽管落实和扩大高校自主权的改革很难一步到位或一招见效，但是"放管服"的政策出台也说明政府放权、高校接权与高校用权对于现代大学制度的变革起一定促进作用，可以说是对府校关系及权责的一次改革的实验，也为进一步彻底改革放权奠定基础。可见，未来的中国特色现代大学制度建设，首要需要考虑的是如何在政府与大学的权责上做进一步精细化考量，因为这关系到体制机制的顶层设计问题。

2.4.2 大学与社会良性互动机制的构建

随着知识经济和信息经济的高度渗透以及现代大学组织的松散结合性特征的凸显，目前高校与社会的关系紧密程度比历史上任何时候还要高。这表现在：在大学从社会边缘走向社会中的大环境下，现代大学发展已经不可能仅仅依赖于政府的"供给"，政府、高校、社会相互协作以及社会力量的引入高校已经愈发成为高等教育改革与发展的趋势。目前，应该说大学与社会的互动协同利弊各半：其"利"体现在社会力量或社会资本参与为学校提供咨询、筹措资金，可以发挥社会各主体的优势和能动性，比如产学研联合体、教学实践、科研共建平台、学校企业行业共享实验室等，对于反哺高校的教学科研资源至关重要，从而补齐大学组织的某些短板。同时，大学也为社会输入各类人才、提供各种咨询服务，在这种双向的过程中，达到社会多主体多赢和共赢的目的。其"弊"体现在社会力量特别是社会资本通过思想和理念渗入人才培养、知识生产和质量产出，可能会侵蚀大学组织的学术自由、学术自治等方面的本质特性，以至于嵌入社会化的组织运行规则，丧失大学组织特色。这充分说明，大学在以开放姿态获取社会支持的同时，必须在坚守"独立性"的前提下考虑如何不断完善社会参与高校办学的制度规范，使大学与社会的依存、服务、互利过程中不会衍生为经济社会发展的附庸和工具。在这个过程中，大学应该设立怎样的甄别机制以拒绝、摒弃社会不良思想倾向，又应该设计什么样的助推机制以充分彰显大学自身的人才培养、科学研究、社会服务以及文化传承创新的组织功能等，必然是在完善我国现代大学制度进程中所要亟待考虑的问题。

2.4.3 大学治理结构及权力运行

与西方现代大学制度所不同的是，我国大学是政治、行政、学术三位一体的组织架构，行使的是党委领导下的校长负责制。其中，党委是政治的代表，校长是行政的表征，学术委员会是学术的核心。在党委领导下，校长独立负责行使行政管理职权，并指派相关职能部门落实，接受纪检部门监督。学术委员会通过召集学术成员集体决策，交由行政部门执行，并接受教职工代表大会和学生代表大会监督来参与校内学术决策与学术运转。应该说，这种内部治理结构的制度设计是符合我国高等教育的内在属性以及大学的发展要求的，但在实际运行中经常出现以下三对矛盾：一是党委权力和行政权力的矛盾。校长负责制可能会受到党委权力的非正常干预，进而影响到决策的落实与执行，导致行政权力被架空而被排除在主体工作之外，如党委书记和校长在有关办学责任、工作协商、党委或行政一把手包办等冲突可能引发的党委的主体责任缺位等。二是行政权力和学术权力的矛盾。一般意义上的大学被视为一种学术机构，教学和科研是其主导工作。特别是在承担的科研工作中，尽管大学内部成立了学术委员会，但学术委员的现实执行必须通过行政权力的运作来实现，真正附加在学术权威身上的学术权力并没有发挥出来，而且学者们一旦拥有行政权力，学术权力也就"行政化"了。三是民主权利和集中权利的矛盾。当前，在中国高校的现实语境中，教职工民主参与意识淡薄导致教职工代表大会的民主权利机制几乎形同虚设，学生权利以及社会参与极度弱化，学校的民主权利接近"真空运行"，没有真正形成对行政管理权力的有效监督和制约。因此，在建设现代大学制度的进程中，如何根据学校的不同特点，有针对性地设计相应的大学内部治理结构，规范权力的运行边界；如何优化大学内部治理结构以激发大学各利益相关主体的能动性以及监督的有效性；如何发挥党政学共治的效应等，都是彰显现代大学制度的"中国特色"的核心诉求。

2.4.4 大学内部管理制度改革及保障机制

近年来，我国高等教育理论界和实践界在制定大学章程的基础上，更加强调配套制度的建设。因为这些配套的保障机制是与大学的各利益群体（如学校管理者、行政人员、师生及其社会参与者等）的利益密切相关的，其完善与否关系到现代大学制度预期目标的实现程度。例如，高校的人事及编制管理体系中的岗位设置与考核、人才遴选与评价、人事激励与保障等，其目标在于如何从人力资源的效用最大化来促进人与学校价值的最优化。为此，很多学校还专门成立机构编制办公室来推进人事制度改革。这中间涉及分配自主权、教师评价多样化、教师遴选与薪酬体系结构、教师职称评审权下放以及教师声誉制度建设与教师推出机制构建问题，等等。

这实际上不仅涉及政府简政放权与高校办学自主权的落实，更是直接关系到高校人事改革制度的创新与发展。此外，《纲要》有关"管、办、评"分离以及促进高等教育的共同治理问题也亟待关注，比如不同类型、不同层次的大学，不同行业以及不同学科专业特点的大学，政府评、学校评、社会评之间的衔接机制如何构建，评估、认证、审核等评价体系的效度如何保证，如何在自主评价和自我质量保障中来建立多样化的现代大学评价制度等，这些都是当前完善中国特色现代大学制度进程中需要迫切关注和解决的问题。

3 我国建设现代大学制度的成效与问题：试点院校（地区）的探索及实践

建设现代大学制度是一项全局性、系统性、基础性的高等教育综合改革，其所涉及的大学各利益相关者主体的诉求各不相同，尽管这一工作已经由最初的理论研究和自发探索上升到了国家意志，但是在建设中国现代大学的实际过程中仍然面临诸多亟待解决的难题。特别是不同利益主体之间的利益冲突、新旧体制的转换等，一些涉及高等教育改革的深层次问题和矛盾逐渐凸显，不确定性因素不断增多，改革的难度也在逐步加大。基于此，研究团队拟选择现代大学制度试点的院校（地区）进行深度观察，总结试点工作的进展、成效以及存在的问题，并以此理性分析未来我国现代大学制度应努力的方向。

3.1 我国建设现代大学制度试点工作的基本成效

如果将构建中国特色现代大学制度作为《纲要》中的一项顶层制度设计，那么国务院办公厅颁发的《关于开展国家教育体制改革试点的通知》则是着眼于高校办学模式方式改革、细化这项顶层制度的具体举措。这项改革涉及 6 个省份、30 多所中央部属高校，试点项目共 51 个，就 6 个重点方面对现代大学体制机制进行改革探索。具体的试点改革重点任务、试点地区和学校等如表 3-1 所示。

表 3-1　现代大学制度试点改革重点任务及试点地区、学校

改革任务	试点任务	试点地区、学校
改革高等教育管理方式，建设现代大学制度	探索高等学校分类指导、分类管理的办法，落实高等学校办学自主权	北京市，黑龙江省，上海市，江苏省，浙江省，安徽省，湖北省，广东省，云南省
	推动建立健全大学章程，完善高等学校内部治理结构	北京大学，中国人民大学，清华大学，北京师范大学，中国政法大学，天津大学，大连理工大学，吉林大学，东北师范大学，复旦大学，华东师范大学等
	建立健全岗位分类管理制度，推进高校人事制度改革，改革高校基层学术组织形式及其运行机制	清华大学，北京交通大学，大连理工大学，上海财经大学，华南理工大学，哈尔滨工业大学，哈尔滨工程大学，中国科学技术大学
	建立高校总会计师制度，完善高校内部财务和审计制度	黑龙江省，浙江省，厦门大学，山东大学，华中科技大学，长春理工大学
	改革学科建设绩效评估方式，完善以质量和创新为导向的学术评价机制	湖南大学，长安大学，中国科学技术大学
	构建高等学校学术不端行为监督查处机制，健全高等学校廉政风险防范机制	黑龙江省
适应经济社会发展需求，改革高等学校办学模式	推进高校与地方、行业、企业合作共建，探索中央高校与地方高校合作发展机制，建设高等教育优质资源共享平台，构建高校产学研联盟长效机制	北京市，天津市部分高校与科研院所，山西省，辽宁省，黑龙江省，江苏省，江西省，湖北省，重庆市，甘肃省部分高校，北京师范大学，北京外国语大学，华北电力大学，天津大学等
	发挥行业优势，完善体制机制，促进行业高等学校特色发展，培养高水平专门人才	北京科技大学，北京化工大学，北京交通大学，华北电力大学，东北林业大学，上海交通大学，中国矿业大学等

表 3-1(续)

改革任务	试点任务	试点地区、学校
适应经济社会发展需求，改革高等学校办学模式	完善来华留学生培养体制机制，扩大留学生招生规模	北京市、上海市、江苏省、广东省部分高校，北京外国语大学，西安电子科技大学，哈尔滨工业大学，哈尔滨工程大学，华侨大学
	探索高水平中外合作办学模式，培养国家紧缺的国际化创新人才，建立具有区域特色的国际教育合作与交流平台，完善中外合作办学质量保障机制，提高中外合作办学水平	北京市，上海市，浙江省，广东省，广西壮族自治区，云南省，北京师范大学，北京外国语大学，北京交通大学，华东理工大学，中山大学，华南理工大学，西南财经大学，西南交通大学，西北工业大学，中南民族大学，华侨大学，中国科学技术大学
	加强内地高校与港澳知名高校合作办学，探索闽台高校教育合作交流新模式	福建省，广东省

资料来源：《国务院办公厅关于开展国家教育体制改革试点的通知》国办发〔2010〕48 号。

《关于开展国家教育体制改革试点的通知》的颁布，标志着现代大学制度的议题从理论思考进入了政策行动阶段，体现了国家层面上的顶层设计与地方和高校层面上的自主探索的有机结合。几年来，试点高校（地区）以制度先行为改革理念，在推动学校章程设计、完善领导体制、健全校院两级管理体制、创新学术运行和评价机制、探索大学理事会或董事会、推进人事财务制度改革和完善民主管理制度等重点领域和关键环节进行了深入讨论与大胆实践[1]，应该说初步完成了《纲要》部署的改革试点任务。试点工作的成效可以归纳为以下五个方面。

3.1.1 以大学章程为核心的科学决策机制初步构建

3.1.1.1 高度重视现代大学章程的设计

大学章程作为学校治学与职能发挥的基本准则和根本指针，体现的是高等学校实现治理体系和治理能力现代化的基本要求。《高等学校章程》在某种程度上被视为"大学宪法"，这也是从高校顶层设计上迈出"去行政化"的关键一步。从试点高校的总体情况来看，基本上都按照《高等学校章程制定暂行办法》的要求，对各自学校的历史沿革、发展愿景、人才

---

① 孙霄兵. 探索完善中国特色现代大学制度 [J]. 北京：高等教育出版社，2012：56-62.

培养、大学职能等做了内容要素、形式规范等方面的规定。比如，吉林大学基于健全学校制度体系的目标在完善大学章程的基础上配套出台了45份规范性文件；中国政法大学探索了由专项配套制度和实施细则构建的完备章程体系；北京师范大学则分10个方面汇编校内规章制度304项，经过3轮征求意见，最终修订完成了大学章程草案。总之，各校结合学校的历史传统和发展实际，在治理结构、民主参与和民主管理、学校体制机制改革等制度创新上不断探索（见表3-2），特色明显，亮点纷呈，彰显了建设中国特色现代大学制度的基本思想和理念诉求。

表3-2　北京大学、清华大学章程部分内容对比及亮点

学校	内容	亮点	特色
北京大学	学术委员会构成包括教授委员、校长与校长委派的委员以及学生委员，其成员实行定额席位制。其中，校长与校长委派的委员总数不超过成员数的15%。教授委员的任期一般是四年，学生委员则为一年	学术委员会实行成员定额席位制，首次吸纳学生委员参与	重思想
	学校将设监察委员会独立行使监察职权，其对校长直接负责，监察委员会也将吸纳学生参与。该委员会行使检查学校人员遵守校规、校纪相关行为以及维护学校人员权益的职权。监察委员会对学校机构及人员具有检查、调查、建议、处分等职权	首次创设监察委员会并独立行使监察职权，对学校机构、人员实施监察及确保权益	
清华大学	由教授构成的学校学术委员会主要涵盖三个类别：一是由学校二级院系根据教授的比例来推选的委员；二是由校长直接聘任但不超过委员总数的1/10的委员；三是具有各种各样职务的委员，这类通常是两名。学术委员会委员的任期一般是五年，连续任职一般不能超过两届	学术委员会由学校的教授代表组成，校长不担任学术委员会委员	重操作
	根据教学、研究工作的不同需要，学校设置教学岗和研究岗两类。教学岗以教学工作为主，分为教授、副教授、讲师、助教四个等级；研究岗侧重学术研究工作，分为研究员、副研究员、助理研究员三个等级	明确教师岗位分类，规定教师职务系列，最大限度地发挥教授治学成效	

资料来源：通过对北京大学、清华大学两校章程的梳理、归纳而成。

3.1.1.2　大学的领导体制逐步完善

作为党对高校领导的根本制度,党委领导下的校长负责制是具有鲜明的中国特色并符合我国国情的,必须长期坚持并不断完善。各试点单位为探索党委领导下的校长负责制有效运行机制,不断完善决策程序和议事规则。充分发挥党委全委会的作用最具代表性的是华中师范大学,该校党委常委会(或党委全委会)做出决定采取表决制,财务预算、重大政策等全部在党委全委会以票决制的形式来进行表决。例如,东华大学通过细化回避以及督查考核等配套制度,不断规范决策权力的运行规则,通过提高民主科学决策效率来落实"三重一大"决策制度。

3.1.1.3　着力确保高校的办学自主权的落实及"增扩"

作为激发高校活力和动力的"基点",落实和扩大高校办学自主权既是全面提高高等教育质量的重要基础,也是从教育体制变革来助推中国特色现代大学制度形成的逻辑路径。一些省域试点在探索先行先试,如浙江省一方面通过下放部分学科专业设置权、扩大高校招生自主权、改革科研项目评审权、调整教师职称评审权等府校权力分配,来达到深化简政放权的目的;另一方面,通过出台人才质量监控以及教师职称质量抽查等绩效考核制度,倡导人才培养质量和办学水平的财政拨款的政策指引,进而强化宏观管理和评价监督,不断完善考核评估和监督管理办法,规范扩大后的办学自主权,为高校办学自主权落到实处提供了理论依据和实践参照。

3.1.2　优化大学组织结构与运行机制的步伐不断加快

3.1.2.1　探索大学理事会或董事会

近年来,社会参与学校建设与发展已经成为健全学校与社会互动联系的长效机制的重要途径,其中建立理事会或董事会是大学组织结构变革的一种典型形式。例如,中国人民大学的董事会设有秘书处、专职工作人员等,并制定了"董事会章程""执行细则"和"议事规则"等以确保其有效运转。中国政法大学则以基金会和董事会为"双驱动",基金会和董事会既保持相对独立,又进行协调合作。在此基础上,通过社会服务的智库形式为学校与社会合作建言献策,深度推动校企、校地紧密结合。华中师范大学推行的审议型理事会运行机制,其过程主要是围绕对学校建设发展中的重大战略决策进行审议,之后提交学校党委会最终拍板,最后交由学校相应行政组织执行,并由教职工代表大会对决议进行监督,从而把党委领导、校长负责与社会参与有机结合起来。而中国矿业大学的董事会则是将会员单位扩展为企业、社会机构以及各类战略联盟单位（如合作打造校外教学实习基地、共建博士后流动站、工作站以及行业企业技术研发中心等），强调学校与各董事单位的广泛深入的科研合作，以融合型的特色和优势来培养创新人才。

3.1.2.2 强化教授治学的学术权力体制机制

教授治学是全球范围现代大学发展的一个普遍特征，其在强调学术自由和学术自治的同时，也倡导对大学相关事务的参与和管理，这种过程的一个重要载体是教授委员会或学术委员会的构建。按照世界一流大学学术委员会的运行模式，不少高校也在逐步倡导以学术委员会为主导的学术权力运行机制架构，如北京大学通过多次酝酿和征求各方意见形成了新的《北京大学学术委员会章程》；湖南大学规定所有有关学术的重大事项都必须经过学术委员会的评议、审议及论证；天津大学组建了校院两级学术委员会，制定了学术委员会章程，除校长和一名副校长分别担任学术委员会主任和秘书长外，学校党委书记和其他校领导都主动退出学术委员会；东北师范大学根据"层次与类别相界分"的基本原则，在学校的学部层面建立教授委员会与部务委员会共同运行的机制，在学院层面由教授委员会集体决策，在学校层面建立哲学社会科学学术委员会和自然科学学术委员会，校党委书记和校长均不参加学术委员会；西北农林科技大学通过整合学校部分职能部门来合力构建教授委员会制度，以加强对行政权的监督制约和保障学术权的有机统一。

3.1.2.3 不断推动高校基层学术组织的改革

优化不同学术的资源配置、激发学者的学术活力、提高学术产出是建立健全高校基层学术组织体系的前置性条件。北京师范大学教育学部在管理体制、运行机制、人员聘任等方面进行了系统创新，并对学校二级教育学科教学科研单位进行了实质性整合。大连理工大学以基层学术组织创新为牵引，开展了学部制改革试点，如将原来的二级院系调整为学部—学院—二级实体教研单位（部门），积极推动学科交叉融合和有机分化；哈尔滨工业大学针对不同学科属性的特点，分类制订实施方案，单独成立数理、经管、人文社会学部并设立各学部发展基金，并开展工科大学多学科协调建设的拓展机制和相互影响机理研究；绍兴文理学院在学科的基础上，将所有课程与学科——对应，逐步推动"专业管理"向"课程管理"

转变的教学管理模式,建立以"学科组织"为主体的基层学术组织;华南理工大学通过实施"兴华人才工程"的团队式的学科发展目标,吸纳不同学缘结构、不同学历层次、不同知识体系的人员相互融合,发挥团队协同增效的作用。

3.1.3　大学内部管理制度改革的效率与效能稳步提升

3.1.3.1　大力推进学校内部管理体制改革

大学是一个典型的松散结合的组织,科学高效的行政管理不可或缺。行政管理体制改革创新在面对高等教育发展新形势、新要求和新任务下变得重要而紧迫。复旦大学赋予二级院系更多的资源调配权和经费支配权,如把财务预决算从以往的"条线为主"转变为"块状为主",加强院系对资源的配置权;华东师范大学推行成本核算和资源的有偿使用,通过提升存量资源使用效益来实现各单位之间的财务资源共享;西南财经大学减少管理跨度和层次,打破科层制壁垒,强化学院(研究中心)相对独立的办学主体地位。很多高校还以大部制改革为抓手开展"去行政化"的体制机制改革(见专栏3-1),探寻完善中国特色现代大学制度的实践路径。

专栏3-1　高校大部制改革的实践探索

近年来,为了激活机制,提升服务效能,合肥工业大学以精简机构的方式来实现转变职能的目的。包括积极探索建立符合学校发展实际的管理体制机制以及配套政策,逐步取消存在的行政级别以克服行政化倾向,全面推进教育职员制管理;建立与高水平大学法治相适应的大部制体系和模式,实行学校的扁平化管理,提高了决策的科学性、合理性与执行力。其主要做法涵盖以下三个方面:

第一,治理结构。构建决策、运行和执行三个层级。

第二,管理体系。逐步将行政管理与行政服务进行分离,把事务性的部分从行政管理职能中分离出来,成立服务中心;推动行政职能与学术职能分离,充分发挥学术委员会在学术事务决策和管理中的功能,构建行政与学术分工有序、相互协调的管理体系;在党委领导下的校长负责制的制度框架下,探索规范干部任用中的初始提名权程序;完善二级学院的目标管理制度和运行体制;通过优化整合机构,逐渐推动管理与服务两类职能的适度分离。

第三,运行模式。按照人才培养、学科建设、科学研究、校务管理、后勤保障等模块的要求,将学校的党政办、发展规划处、人事处、财务处等行政管理部门和相关直(附)属处级单位整合为校务、教务、财务、总务"四部"和研究生院、科技研究院"两院",建立"决策、执行、运行"三级管理层,逐步形成"三长、一师、两院"(秘书长、教务长、总务长和总会计师以及研究生院长、科学技术研究院长)的管理运行模式。

(资料来源:根据合肥工业大学推进行政大部制改革的材料整理)

3.1.3.2 不断深化人事分配、财务内控等重点领域的制度改革

作为高校改革的核心，如何发挥人才效用，科学合理的岗位设置、岗位考核和收入分配一直以来都是焦点所在。浙江大学自 2010 年起实施教师岗位分类管理，探索教师多通道职业发展的人事管理体系，主要划分为团队科研/教学岗、社会服务与技术推广岗、教学科研并重岗等；中国科技大学试行"固定教职轨道制"，吸引海内外的优秀青年人才来校工作，在人事管理和薪酬体系制度的建设上探索一条适合一流研究型大学的道路；东南大学对高级研究员或岗位教授实行聘用制合同，试行协议年薪制并向全球公开招聘，工资、待遇等与工作绩效挂钩；北京航空航天大学在人事改革上推行"非升即转、非升即走"的教师流转退出机制，实行教师竞争的优胜劣汰；四川大学通过"1+1+1"（1 个专项项目支持、1 个教学科研团队加入、1 位名师指导）的培养模式，直接对接青年教师的培养与成长，实现"1+1+1"（主讲 1 门本学科核心课程、具有 1 次海外访学经历、独立主持 1 项省部级以上科研项目）的目标；长安大学将教师高级专业技术职务分为"科研主导""教学科研并重"与"教学主导"三种类型，在成果认定、评审条件、评委组成等方面相应的按类型进行修订、完善，逐步建立起了以创新和质量为导向的教师学术评价分类考核体系。

在财务制度创新方面也取得诸多成效，如浙江大学实施的科研财务助理会计委派试点工作的特点就在于借助财务功能集成平台来不断强化财务监管和控制，强调建立自查内控机制进而优化业务流程；又如广东省作为建设现代大学制度试点地区，将南方科技大学作为深圳市教育口的唯一内控典型案例代表上报财政部。其主要是基于管理提升的内控建设思路，以预算为主线、资金管控为核心的业务设计和信息化落地，并整合预算源头和财务核算的资金管理大循环不断完善内部控制体系（见图 3-1），以推动高校财务管理转型。

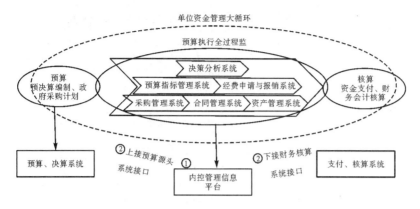

图 3-1　南方科技大学内控管理信息化平台

3.1.4　大学民主管理与依法治校实现提质增效

3.1.4.1　积极探索推进民主管理的有效途径

民主管理作为保障师生员工合法权益的基本要求，激发和调动高校师生员工的积极性和创造性。吉林大学第一次将学生参与学校民主管理监督提升到整个学校发展的战略大局统筹规划，制定了《学生参与学校民主管理实施办法》。该办法颁布实施以来，吉林大学学生向主要校领导提交的全部提案均获得了学校相关职能部门的正面答复；西北工业大学党政联席会议的重点则是涉及学校建设发展以及师生切身利益的重要议题；兰州大学为明确规定学校党务公开的内容范围、基本程序、组织方式以及保障机制等，为提高民主监督的质量和水平，扩大师生员工和社会各界的知情权，制定了《兰州大学信息公开实施细则》等，在校务公开以及健全完善学生广泛参与学校民主管理和监督方面逐步形成常态化。很多高校在坚持和完善民主管理委员会制度、教职工代表工作制度、教职工代表大会提案工作制度、学生列席制度等方面不断创新知情权、表达权、参与权、申诉权和监督权的模式与路径（见专栏 3-2），极大地提高了学校决策民主化和科学化水平，也逐步形成一套具有中国特色的大学民主管理制度体系。

专栏 3-2　　渤海大学民主管理以及职工仲裁委员会的实践

　　近年来，渤海大学在推进现代大学制度建设方面进行了一系列卓有成效的改革：例如，在教授治学方面成立了教授委员会、学术委员会以及教学委员会，充分发挥这些委员会对学校教学、科研和人才队伍建设等重大问题的审议、决定和监督职权；通过建立健全校、院、系三级管理体制，实现学校管理的重心逐步下移，不断增强了二级学院的办学自主权；此外，在发挥民主参与上，每年召开一次教职工代表大会，特别是涉及教职工切身利益的重大问题都要经由教职工代表大会通过，使教职工的合法权益得到切实保障。

　　对于一些涉及教职工切身利益的重大疑难或棘手问题，渤海大学还成立了由学校副高职称以上教师及其他专业技术人员和副处级以上管理人员共同组成的职工仲裁委员会，其成员数量一般为 7 名或 9 名，成员遴选上采用随机抽取的方式确定，但必须确认与申请人、被申请人之间无任何利害关系。作为学校的一种非常设性机构，仲裁活动一次确定一届仲裁委员会，并一次授权，直到仲裁结束后自行终止。职工仲裁委员会的建立与运行已经成为渤海大学通过扩大民主参与、实行民主管理来完善现代大学制度的具体体现。

　　（资料来源：根据渤海大学推进现代大学制度改革的材料整理）

3.1.4.2　着力推进依法治校规范权力运行

作为指导高校依法依规治校的一个核心纲领是 2012 年教育部颁布的《全面推进依法治校实施纲要》。该纲要是高校健全科学决策机制、强化师生管理与权益救济的指导性规定，对于学校依法办学、教师依法执教、社会依法参与学校事务的意义重大。如湖南农业大学对现有制度进行全面清理，对 22 个基本制度和 76 个具体制度的"废、改、立"已经初步完成，逐步形成了完备的基本制度与配套的具体制度相互衔接的校内规章制度体系；2011 年、2012 年、2013 年三年，上海交通大学法律事务室针对规范性文件草案进行清理并提出相关修正意见，编印了《上海交通大学规范性文件汇编》。该汇编提高了建章立制的规范化水平，推进了学校行政管理和公共服务的规范化。一系列具有中国特色大学法律法规体系的构建，促使依法治校逐渐真正成为构建政府、学校、社会新型关系，保障高校权力规范运行以及建设中国特色现代大学制度的内在要求。

3.1.5　基于协同创新的人才培养质量逐步提升

3.1.5.1　优化创新高校办学质量监控机制

强化高校办学质量监控以及完善内部自律机制，既是营造"管而不死、活而不乱"的现代大学治理方式与制度运行的微观保障，也是保证学校管权、用权以及优化服务的前提条件。四川大学把校内的机构——学校发展研究中心作为执行和落实"管、办、评"机制的独立评价机构,并结合"大学教育满意度调查"的内容,以按年度发布学院发展报告为指引,对校内各单位进行综合性评价,构建各单位之间互为激励、互相监督、相互协调的常态化机制;重庆大学着眼于构建"生源输入—学习过程—就业出口"的第三方评估体系,以发布《重庆大学本科教学基本状态白皮书》作为常态化监测手段,以《重庆大学本科课堂教学质量评价结果红皮书》为反馈重点,把"六位一体"的本科教学质量监控与评价体系作为衡量办学质量的最重要指标之一。此外,还有很多大学以推动高等教育综合改革为契机,探索许多颇具创新的人才培养实招以保障办学质量(见专栏 3-3)。

专栏 3-3 苏州大学推行"书院制"的人才培养路径

近年来,苏州大学紧紧抓住现代大学综合试点改革的有利契机,以制定大学章程为切入口,借鉴西方"住宿制学院"和"文理书院"的综合育人模式,推出富有地方特色的书院制改革试点,不断创新培养实践人才的核心理念和育人模式。

第一,设立"敬文书院"。以学生公寓为依托、强化学科专业融合为抓手,注重学生道德情操、创新素质、团队能力以及社会责任等方面的培育,设有常任导师、学业导师、社区导师以及助理导师等师资岗位,部分导师还入住书院,与学生共同生活,倡导实现学生由年级管理逐步向社区管理转变,注重发挥"第二课堂"的育人功能。

第二,设立"唐文治书院"。通过借鉴传统书院特色开展博雅教育,课程设置打通文史哲,兼及艺术与科学,倡读各类经典文集。在培育模式上倡导教授联合授课,部分课程开展双语教学。重视阅读交流、专题讨论以及实践作业,鼓励学生用外语及古文写作(创作),注重手写作业,侧重培养文科优秀人才。这种强调"第一课堂"的育人模式所进行的改革得到了政府的积极肯定和社会的广泛关注。

(资料来源:根据苏州大学推进高水平大学建设的材料整理)

3.1.5.2 推动学科融合、科教融合、产教融合的人才培养模式和机制

从传统的校内教研融合向校校、校企、校地、校行等多种融合成为当代高等教育改革发展的一个重要趋势,这是培育高质量人才以及适应国家创新驱动发展的需要。近年来,一些学校在推动学科融合发展、科教融合育人以及产教融合助推高等教育转型方面做出了诸多实践探索,北京航空航天大学制订了"新兴交叉学科推进计划",瞄准国际学术前沿,面向国家安全和战略性新兴产业,理工科以新兴交叉学科项目为牵引,人文社科以重点任务为依托,加强跨学科、跨学院的学科平台建设,全面推进多学科交叉融合的人才培养和科学研究,实现学科竞争力与国际影响力的显著

提升。协同设计高年级本科生和研究生课程与培养环节一体化机制和制度，实现本科生和研究生教育教学信息管理系统对接融合，为优秀学生快速成长成才创造条件。同时，深入推动"远航计划"实施，重点开拓基于研究的国际化人才培养项目，以国际科研合作带动人才培养模式创新，促进科教深度融合等。一些试点地区，比如上海杉达学院被列为"实施现代大学制度建设首批试点高校"以来，为适应学科专业发展需要和产教融合的需求，引入行业企业优秀资源共建学校学科专业，调整内部机构设置，学校重组整合现有教育资源，挖掘利用社会资源，成立了上海现代服务外包学院、上海杉达学院传媒学院、上海杉达学院创新创业学院，并与众多行业企业共同搭建学科专业产教融合新平台，不断提高人才的培养质量和水平。此外，还有更多的试点地区和地方高校以转型发展为契机，不断创新现代大学人才培养制度（见专栏 3-4）。

专栏 3-4　地方（试点）高校转型发展中的人才培养原则、目标和任务

【原则】以需求为导向、分类为目标。结合社会发展和经济运行对人才的需求，分类推进和管理高等教育。合理规划和区别定位各层次高等学校的培养对象、科研任务、服务主体、质量准则和办学责任。并在此基础上，放宽实践应用技术型高校的办学自主权，提高学校适应市场变化、进行产业升级、推动技术进步、创造人口红利的全方位能力。

【目标】搭建人才培养立交桥。积极引导试点高校带动地区职业教育，推动中高职院校与应用技术型本科接轨，建立中高职毕业生成长通道，拓宽在职技术技能人才发展途径，积极为各级各类劳动者的专业成长创造机会、拓展空间，最终促进区域现代职业教育体系的形成。

【任务】一是优化应用技术型人才培养模式。试点高校应研究制定符合不同生源、不同特质、不同层次应用技术型人才成长规律和发展特点的多样化、全方位培养方案，加强学分制建设，推进模块化教学，吸收用人单位参与课程设计和课程评价，主要专业课程的用人单位参与率达到100%；积极引进国外先进课程，更新课程理念。开展与实践应用无缝对接的案例教学，100%使用真实任务、运用真实案例，推动项目教学的开展和虚拟现实技术的应用。二是改革专业学位研究生培养模式。专业硕士培养试点高校应建立以职业需要为导向、实践能力为重点、产学相结合为途径的一体化培养模式。工程硕士的培养要瞄准世界先进技术的转移和革新，要组建联合行业领先企业的培养团队，主要招收在技术应用和科技创新方面有实际经验的一线人员。

（资料来源：摘自《关于引导部分地方普通本科高校向应用型转变的指导意见》）

3.2 我国建设现代大学制度试点工作的主要问题

现代大学制度建设是一项整体性工程，不仅需要明确政府与学校、社会与学校、学校与学校以及学校内部的责权利，而且涉及新旧管理体制、运行机制的变革与社会利益格局的调整等。国家高等教育改革的方向虽然很清晰，指导意见和原则虽然很明确，但摸着石头过河的试点仍旧是一项充满挑战和探索的任务。

3.2.1 对试点改革的全局性和系统性认识不够

现代大学制度的建设和改革是一项涉及人、财、物等方面的全方位、多角度、复杂性综合工程，需要进一步加快推进高等教育领域的配套改革，破除制约高校发展的不合理束缚。从试点情况看，目前改革推进不甚理想，比如一些省属地方高校内部的人事编制及岗位设置还需要上级政府编制或人事部门逐级审批，极大地束缚了高校发展的生机活力，制约了高校功能的充分发挥。非试点高校的这种情况更为普遍和严重，难以推动全面改革的真正落实和顺利进行。

此外，政策的落实、改革的推进关键在于高校的执行和落实。在这一层面，试点高校的部分教职工对推进现代大学制度改革的现实意义、目标价值和实施举措等还存在认识上的困惑，在认识水平和理解程度上也存在不到位、不深刻的现象，习惯性的旧思想、旧思维占据主导，对大学治理结构的变革、建设现代大学制度的本质思考不深、认识不够、理解不透，由此直接导致对改革缺乏勇气、对行为缺乏自律、对成果缺乏自信。一些试点高校还出现"改革是领导和行政的事，不关教师和学生的事"的尴尬现象，教师和学生事不关己、高高挂起，缺乏参与改革的积极性与主动性，特别是作为推进现代大学制度建设的创新主体和参与个体的作用发挥不够。

3.2.2 高校自主权的政策设计和制度供给不足

3.2.2.1 办学自主权有待进一步增强

基于落实和扩大高校办学自主权所推动的简政放权，不仅是深化教育综合改革、进一步理顺政府与高校关系的重要举措，而且是深入推进现代大学制度建设的动力源。从国家推进现代大学制度的政策供给层面来看，尽管早在 1998 年颁布的《高等教育法》中规定了招生、学科专业设置、人事机构设置等七个方面的自主权；随后，2014 年国家教育体制改革领导小组又陆续发布了《关于进一步扩大省级政府教育统筹权的意见》《关于进一步落实和扩大高校办学自主权 完善高校内部治理结构的意见》两个文件，强调立足高教改革的实践，再次围绕学校治理结构、放权监管等内容做出了更为具体的部署。应该说，这是一系列高校自主权方面的政策供给，但在具体执行和操作的过程中，高校实际拥有的办学自主权与法律规章所规定或设想的图景仍然有较大的差距。特别是在当前建设和完善中国特色现代大学制度进入深水期的攻坚阶段，还需要从根本上加快推进高等教育管理方式和治理模式的转变，进一步从政府安心放权、学校着力落实的角度把高校办学自主权提升到新的认识水平，为推动高等教育科学发展、大学治理突破瓶颈、学校办学形成特色，创造良好的体制生态和政策环境。

3.2.2.2　有关释放现代大学体制机制活力的创新制度供给依然乏力

创新制度供给是现代大学制度的建设与发展的不竭动力。府校之间的关系如何明确、权力的边界如何划分；如何依据"依法治校"的精神确定大学章程的内容、架构和形式；大学内部治理如何平衡力量对比制约权力关系；如何在制度层面确保教授治校、学术自由从而实现大学自治，实现大学"去行政化"；如何保障师生的学术自由探索等，这些问题的解决都需要对现有的高教体制框架甚至是相关法律法规做出新的调整或优化，以形成更加合理有效的解决方案。目前，虽然《国家中长期教育改革和发展规划纲要（2010—2020 年）》为此指明了方向、提供了保证、给予了支持，但在具体操作执行和解决过程中，冲突各方的力量对比和相互关系发生了变化，无论是"腾笼换鸟"的新思路还是"借地升天"的新方法，都要求在学校管理体制、治理结构、权力分配、社会合作等方面提供更加细化的指导性文件和具体的操作性方案，并需要在助推改革向纵深发展的进程中获得政府、社会乃至企业行业专家有针对性地指导和帮助。

3.2.3　大学章程及制度设计的公信力有待提升

大学章程是大学成长与发展的基石性要件。无论是《高等教育法》的方向指引还是《国家中长期教育改革和发展规划纲要（2010—2020年）》的顶层设计等，抑或是有关高校改革发展的法律法规都多有提及大学章程的制定与完善。在此背景下，我国大学章程的制定、建设以及完善等工作都取得了诸多实质性的进展，不少高校开始根据发展历史、学校类型、未来图景，制定契合自身办学目标、符合办学特色的大学章程。从一些试点高校的章程制定的内容来看，有些章程完全背离了办学理念，仅仅是为了应付突击检查；也不是为了彰显办学特色和完善内部治理，而是为了做个样子，有个面子。一旦检查结束，大学章程就变成一纸空文束之高阁，无人问津，根本没有领悟大学章程对于现代大学制度构建的重要意义。

还有些高校，对于大学章程的制定，既没有教师、学生的参与也没有政府、第三方的意见，既无充分参与、磋商也无充分酝酿，这样制定出来的大学章程，无论条文认知、价值认同，还是精神认可，基本上荡然无存，更不要说在实施过程赢得公信力，取得执行力，获得生命力。就第三方机构而言（见专栏3-5），大多数高校的章程都涉及此项议题，但在实际推行中确实困难重重。一方面，我国教育体制内长期缺乏第三方调解机构；另一方面，现存的第三方机构往往缺乏独立的身份特征和法定资质，因此我国政府与高校之间的关系往往难以理顺，"一放就乱，一乱就收"，双方之间立场不同、地位差异引发的矛盾长期得不到正视、舒缓和调节。

专栏3-5　现代大学"第三方"评价的困惑

"第三方"评价因制度设计相对客观、专业、公正，评价结果相对可信、可靠，已经成为政府、社会各方进行评价的首选，由于它能为大学不断改进提供有价值、有考量的参照，目前已成为现代大学制度的重要组成部分。一直以来，中国的大学在体制上是管理者、评价者、举办者"三位一体"，虽然便于管理，但实际上存在严重的缺陷和不足。

第一，行政化倾向明显。由于"管、办、评"三位一体，"评"的都是"管"的好处和"办"的佳绩。这样的评价不仅难以全面反映大学的真实办学质量，还给了善于经营关系注重形象宣传的高校更多的机会和关爱，实则难以有效激励和推动高校整体水平的进一步提高。

第二，评价机制单一。学生、家长、校友、用人单位都是有效、有意义的大学评价主体，能提供各自视角的评价参考和评价信息。但多年来我国的大学评价一直缺少其他利益相关者的参与。这不仅不合理而且不完整、不科学、不规范。只有完善现代大学评价制度，形成自评、他评、第三方评价相结合的评价模式，才能契合现代大学制度建设的需要。

第三，专业性低下。我国多年开展的评价活动，评价主体多为高校行政领导，缺乏专业的大学评价专员；评价对象多为有针对性地准备静态纸质材料，缺乏大学常态化数据；评价形式多为审材料、听汇报、走校园、察基地，较少实现访谈和随机采样；评价指标多为性质模糊指标，缺乏定量精细分析。因此，其评价意义不大，常被讽刺为"造假加送礼"。

第四，评价指标欠科学。在建设现代大学制度的今天，大学的评价依然沿袭计划经济时代生均土地面积、生均房屋建筑面积、生均投资设备、生均师资等大一统式的硬指标，师资质量、生源质量、校园文化、办学理念等有价值的或因为制度僵化或因为指标欠科学和难以量化而被忽视多年。

（资料来源：储朝晖. 现代大学必须建立独立的第三方专业评价 [N]. 中国科学报，2013-03-28.）

3.2.4　师生的中心或主体地位仍需进一步凸显

就教师层面而言，试点高校存在不同程度的行政权力干预教学科研事务的现象。以教师为主的学术力量仍属于学校权力中的弱势群体，在学术及其相关事务的决策上并没有太多实质性的作用，基本上仍处于被管理、被行政化的失语状态。一是很多高校的教师在学术事务的决策和管理中处于边缘化地位。从对试点高校的调研来看，目前我国高校在人员的聘任与考核、职称晋升以及科研项目评审、学科专业设置等学术事务的"拍板权"仍然是掌握在行政部门或行政领导手中。二是行政与学术权界不清。我国高校普遍存在"双肩挑"的现象，许多高校将其视为学术人员"有效参与学校治理"，凸显了"教授治学"的精神。实际上，这恰恰混淆了学术与行政的关系，从根本上说其实这是行政权力对学术事务的隐形延伸和遮掩干预，很可能会造成学术群体与行政群体的双向紧张。三是科层制的行政结构易阻滞教师参与学术事务的空间和路径[①]。

就学生层面而言，吸纳大学生参与学校管理的重要性早已被大多数高校认知并接受。从现实运行情况看，几乎所有试点高校的管理条文都有关于学生参与评奖学金、权益申诉等方面的明确规定，但在具体操作过程中，学生参与大多停留在口头和表面上，缺乏实际效用和价值，尤其是涉及学生重大核心利益的决策，学生几乎无法触碰。从本质上说，造成目前局面的并非条文的缺位和模式的缺少，更多是关于学生参与观念的缺失。换言之，很多高校并没有真正树立以学生为本的发展理念，也并没有有意

---

① 郭为禄，林炊利. 大学运行模式再造 [M]. 上海：上海教育出版社，2012：105.

识到为学生参与决策营造环境进而发挥学生权利对大学进行民主管理、促进大学和谐发展的重要作用。有些高校即便意识到了这一点，但也没有落实到行动上，应对上级检查和社会舆论的成分比较大。从这个层面讲，试点高校需要进一步践行以学生为本的办学理念，进一步落实与学生权益保护、地位确认相关的各项机制的创设和执行。

3.2.5 教师及学术组织对学术事务的决策影响力有限

教授委员会的构成或作用可以视为教师或学术组织参与学术事务的一项基本表征。从调研情况以及对案例资料的梳理来看，目前试点高校对教授委员会的定位有三种：第一种是决策型，一些试点高校规定教授委员会是二级学院学术事务的决策机构；第二种是咨询型，一些试点高校将教授委员会作为涉及二级学院改革和建设发展等重大问题的咨询机构；第三种是执行型，强调的是教授治学和专家学者参与二级学院民主管理的过程。实际上，现在的大多数教授委员会并不掌握实际的决策权力。从这个角度看，"教授治学"依然还有一段路要走。

围绕这一主题，为了深入剖析中国特色现代大学制度的实践进程中教授委员会所彰显出的学术权力运行的实际情况，研究团队开展了一项小范围的验证性调查。综合考虑调查样本的代表性及调查研究的可操作性，调查以东部（江苏）、中部（湖北、江西）、西部（广西）的区域划分，基于学校办学水平、层次类型以及发展历史的差异选择了六所试点高校作为调研样本，内容聚焦学术权力机构设置、教师对学术权力的理解以及对学术事务参与的评价三个维度的问题，研究的具体设计及结论可以从以下四个方面做详细剖析[①]。

3.2.5.1 对教师参与学术事务途径的认识

通常来说，教师的全面深度参与是确保学术权力健康运行和学术事务科学决策有效性的前置性条件，其关键在于参与的途径。为此，研究团队设置了以下问题（除了学术委员会外的其他参与途径）并获得相应的调查结果，见表3-3。

---

① 陈金圣，张晓明，谢凌凌. 大学学术权力的运行现状及教师体认：基于六所高校的调查分析 [J]. 大学教育科学，2013（2）：68-76.

表3-3　教师参与学术事务的途径及其调查结果

序号	问题	问题选项及相应比例（括号中数字）
1	除校、院两级学术委员会等学术管理机构外，教师是否有其他渠道参与学术性事务？	A. 没有（32%） B. 有（68%） 若有，主要通过下列哪些制度性渠道实现？（多选） a. 校/院组织的座谈/咨询会（67%） b. 重大决策前的听证会（14%） c. 和领导的私下沟通（24%） d. 主动向校/院提意见或建议（29%） e. 教职工代表大会（38%） f. 其他（9%）
2	是否有必要通过组建一些常设性委员会（如财务/人事委员会等）来保障教师更广泛地参与学术事务乃至校务的决策和管理？	A. 非常有必要（81%） B. 无所谓（13%） C. 没有必要（6%）

调查表明，1/3 的受访者并不了解学校除了学术委员会外的教师参与学术事务的其他途径，这正好也说明了教师参与渠道的有限性。尽管还有 2/3 的受访者认为学校有咨询座谈会议（占比为 67%）与教职工代表大会（占比为 38%）两种参与方式。但值得指出的是，这类教师参与渠道往往掌握在学校或学院的决策者手中，作为一种非正式决策权参与形式，通常是象征意义大于实质意义，教师参与的效度实际上较低。很多高校的教职工代表大会同样存在形式大于内容的问题，其实际作用并没有真正发挥①。而对于高校教师参与学校事务渠道的诉求来说，81% 的受访者表示"非常有必要"组建一些常设性委员会来保障教师参与校务的决策和管理。当然，也有 13% 的受访者仍然持"无所谓"的态度。特别需要指出的是，研究团队围绕这个主题还设置了一些开放性问题，有受访者回答说"即使是建立了学术委员会但也不一定能够真正起到作用，因为很可能仍旧是行政群体及其理论在发挥主导作用"等。这不仅反映出很多教师对行政化模式下的教师参与效度持怀疑态度，也从侧面说明了现有的教师参与方式并没有反映出教师真实的参与意愿或期待。

---

① 毕宪顺. 高校学术人员参与管理和决策的调查与研究 [J]. 高等教育研究, 2005 (4): 48-54.

3.2.5.2　基于教师类型差异及职务角色的认识

从本质上看，学术权力是专家学者基于知识和经验对与学术相关事务的决策控制的能力，通常表现为学术人员的实际影响力。这一部分调查内容与结果见表3-4。

表3-4　对不同类型教师的影响力及重要职务角色的调查结果

序号	问题	问题选项及相应比例（括号中数字）
1	贵校未担任党政领导职务的教授对校/院级学术性事务的实际影响力是？	A. 有相当的影响力（0%） B. 有一定的影响力（42%） C. 影响力甚弱，几乎可以忽略（32%） D. 毫无影响力（26%）
2	有行政职务的学术委员会成员在委员会的决策中发挥作用时所扮演的角色主要是？	A. 学术机构成员的角色（9%） B. 行政职务角色（19%） C. 以学术机构成员角色为主，兼有行政职务角色（33%） D. 以行政职务角色为主，兼有学术机构成员角色（39%）
3	在现行制度条件下，二级学院院长（副院长）所扮演的最重要角色是？	A. 学院（学科）学术领袖（6%） B. 学院行政负责人（23%） C. 学术领袖（主）兼行政负责人（次）（32%） D. 兼行政负责人（主）兼学术领袖（次）（39%）
4	您认为二级学院院长、副院长人选的最佳产生方式是？	A. 学院内民主选举（32%） B. 由全院教师协商推荐（10%） C. 学校指定或任命（0%） D. 校内公开选任（58%）

从表3-4可以看出，虽然有近半数的被试认为未担任职务的教授对学术事务存在一定影响，但持"影响力甚弱"和"毫无影响力"两种观点的人数之和的比例却高达58%，这显然高于肯定性态度。这从另一个方面也说明没有担任党政领导职务的教授对学术性事务的决策和管理是非常有限的，这与行政身份的属性高度相关。

需要指出的是，一些有行政职务的学术委员会成员在学术决策中并不只是"履行学术决策者"的角色。72%的被试认为这类委员同时在行政与学术两个角色中切换，并且认为"以行政职务角色为主"的比例明显高于认为"以学术权力机构成员角色为主"的比例，其中一部分（19%）甚至被认为只扮演了行政角色。这表明，当前我国高校内部包括诸多学术事务在内的决策权仍然掌握在行政力量手中，也有必要进一步提升教师及学术组织的学术决策话语权。

大学作为"基底沉重"型教学科研组织，二级学院院长的地位在大学组织中的重要性可想而知。然而，被试对"现行制度条件下二级学院正、副院长所扮演的最重要角色"的回答，基本上与"有行政职务的学术委员会成员在委员会决策中扮演的角色"一致：更多偏向行政而非学术，更多偏向管理而非研究。这与克拉克教授关于"学院院长所彰显出的应是该学科领域的学术代表，其次才是学院一级的管理者角色"的观点明显冲突。为此形成的悖论逻辑是：学术权力机构的实际运行与其初衷有较大偏移，实际运行效能也很低。这从被试对学院正、副院长人选产生方式的选择上可以看出：支持民主选举的比例为42%，赞成校内公开竞聘的比例为58%，对于学校指定或任命的比例则为0。可见，绝大部分教师对行政力量干预学术事务是比较反感的，更多的是期待学术事务决策的民主化方式或途径。

3.2.5.3 关于教授群体参与学校学术或行政事务有效度的评判

测度教师参与学术或行政事务的程度是了解学术权力运行的一个重要表征。在本轮调查中，研究团队选择没有担任过相关党政领导职务的教授对学校学术及行政事务的参与效度进行调查，并以此绘制出如图3-2所示的图形。

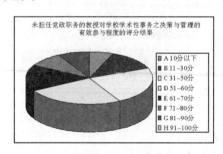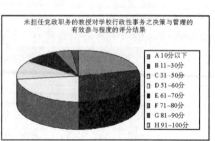

图 3-2　未担任党政职务的教授对学校学术及行政事务参与有效度的评分结果

从对受访者的评分结果可知，两类事务评分的区间比例如下：50分以下（占比为42%）、51~60分（占比为25%）、61~70分（占比为16%），而在71~80分和81~90分两个区间的合计为17%，都未达10%。假如将10分以下区间赋值为8分、其余各区间取中位值的话，那么平均分是52分。根据上述计算方法，可以得出未担任党政职务的教授在学校行政性事务中的参与程度的分值为34分，表明其参与程度相当对低。这与一些学者认为大学学术权力高度行政化的结论判断基本吻合①。

3.2.5.4 教师对学术权力运行的总体评判

关于教师对学术权力运行、学术管理效能的总体认知与评价，调查内容与结果见表3-5。

表3-5 对学术权力地位、机构运行效能总体评价的调查结果

序号	问题	问题选项及相应比例（括号中数字）
1	贵校目前设置的各种学术管理机构发挥实际作用的程度是？	A. 发挥了作用（35%） B. 发挥了很大作用（13%） C. 无甚实质性作用（52%）
2	贵校的学术性事务决策与管理模式总体上属于哪种类型？	A. 学术主导型（9%） B. 行政—学术共同主导型（24%） C. 行政主导型（51%） D. 绝对的行政主导型（16%）
3	贵校学术委员会成员在委员会学术（管理）决策中的实质性影响力主要取决于？（多选）	学术造诣和学术声望（65%） B. 行政职务（74%） C. 校内资历（42%） D. 意见或建议本身的科学性（29%） E. 所属学科在校内的地位（61%） F. 委员本人与校级领导的私交（19%）
4	贵校学术权力在校内的实际地位和作用大致属于哪种类型？	A. 学术权力居主导地位，作用极其突出（0%） B. 学术权力与行政权力齐头并进，作用突出（12%） C. 学术权力居重要地位，但屈居行政权力之下，有一定的作用（43%） D. 学术权力被边缘化，作用不大（45%）

基于表3-5中受访者对高校现行学术权力机构实际发挥作用的评价发现：一方面，超过半数（52%）的教师认为其"无实质性作用"，认为"发挥了很大作用"的比例仅为13%。另一方面，没有教师认为高校学术权力的"作用极其突出"，接近一半的教师认为其实际已边缘化，认为学术权力与行政权力"齐头并进"的比例也仅为12%；大部分教师（67%）认为高校学术事务决策与管理模式实际上仍由行政主导。

---

① 李海萍. 高校学术权力运行现状的实证研究［J］. 教育研究，2011（10）：49-53.

客观的数据往往显现真实的生态：在我国高校学术性事务的决策与管理仍属行政主导模式下，学术权力被"边缘化"是自然而然且顺理成章的事情。"行政权力披上学术机构或学者外衣面纱进行显性或隐形干预"的事实也注定了学术权力"没有真正发挥作用"的结果。可以强调的是，没有担任党政职务的教授究竟能在多广范围或多大程度上有效参与学校学术和行政两类事务是难以衡量的，那么其实际影响力也无法准确判断。尽管在调研中有65%的受访者认为学者的学术威望或学术影响力是以学术声誉为基础的，但同时他们也承认，两者加总也难敌"行政职务"这一外在因素的影响，若再加上学者所属学科在校内的地位，那么学者所提的意见或建议本身有时已无法变得重要。这一方面显示了当前我国高校教师或学术机构成员在学术活动中的实际影响力的基本状况，另一方面也说明了学术权力行政化的异化风险有加剧趋势。

3.2.6 利益相关者的协调尚待进一步平衡

大学的内部治理是有关大学发展的多利益主体共同参与、协调制衡的过程。在推进现代大学制度的进程中，不可避免会触及各方利益。比如，在大部制调整中，院系变动涉及的教师不仅关系到教学科研资源的重新配置，也可能会造成教师调适组织归属感方面产生一个较长的"窗口期"。随着改革的纵深推进，力量格局的转变和利益关系的调整更将带来矛盾冲突的集中凸显。例如，高校的建立、撤销、合并，会打破原有治理格局，涉及教职工的多方面利益，突破起来颇为困难。因此，无论是行政与学术还是行政与师生之间的关系，新问题、新状况都层出不穷且呈现复杂、多样的态势。如何在推进中国特色现代大学制度进程中凸显大学的学术属性、彰显学术运行权力的效能，提升大学自治的学术自由，既是改革重点和难点，也成为利益协调和平衡的立足点与突破点。

4 完善中国特色现代大学制度：
国外借鉴与历史启示

就一般意义而言，社会上的任何组织都依赖于制度而生，所以"组织要生存和运作，就必须有制度化的安排"。现代大学制度的实质是关于大学管理与运行的一种或一类规则体系，是以大学的学术性本质为依归的、指向大学生存与发展的规则体系的总和。换句话说，正因为大学制度内涵的丰富性以及不同国家、不同时代大学制度所体现的复杂性，研究团队为了能从宏观和微观两个层面研究这一问题，同时能有效地掌控课题研究的广度和深度，所以拟从国外现代大学外部制度中的府校关系以及内部制度中的学科设置和学院制运行的视角，来逐一分析其制度原理和相应启示。此外，考虑到我国民国时期大学组织的一些独特性，研究团队还从历史比较的视角，进一步探讨我国民国时期大学校务决策制度的一些理念和思路上的借鉴，以充分挖掘完善现代大学制度的"中国路径"。

4.1 中外现代大学制度设计与运行机制的对比启示

4.1.1 中外大学外部制度设计：基于府校关系的对比

西方大多数发达国家的大学外部制度的显著特点是政校分开与学校自治。一般大学内部的事务都是由学校自己负责，政府（主要指中央一级政府）不直接管理大学。比如美国的联邦政府教育部门就不参与学校的内部管理事务。公立高校通常都是由所在的州自己负责，州一级政府一般也只在学校的设置审批、董事会成员任命以及经费预算方面具有一定的权限，并不插手学校内部管理的相关事务。英国的教育行政管理机构仅仅分为中央和市（郡）两级，中央教育行政部门为教育和科学部，统管全国教育事业，地方教育行政部门接受教育和科学部与市（郡）行政部门的领导。英国的大学和学院经常被称为"私人部门机构"（private sector insti-tutions），即在大学资源配置、课程、学位等相关事务方面均享有高度的自主性。这在英国大学章程中也有明确规定，尤其是明确政府不能干预学校事务，学校在学术自由和学术自治方面拥有充分的自主权（见专栏4-1）。

专栏4-1　英国大学府校关系透视

英国大学的显著特征是：高度自治和非国有。这样一种特性决定了政府对大学的影响是间接的，不能直接命令，只能动员和鼓励，于是，介于政府与大学之间的中间机构应运而生。目前，英国政府对高校办学管理和调节的手段包括：

第一，实行问责制，监管公共经费。英国政府一般通过英国下议院公共账目委员会开展大学公共经费监管，以确保公共资源得到各高校的有效合理利用。

第二，通过下拨经费，实现管理目的。英国大学教育研究经费的下拨通常由英国行业创新与技能部负责，主要区分为两个渠道：一是来自拨款委员会的核心拨款。这部分款项主要由政府承担，并通过拨款委员会对大学进行拨付，一般年预算为15亿英镑，执行的拨款标准是各高校开展科学研究的质量和数量。由于拨款委员会的存在，政府与高校之间有了调和与缓冲的空间，既避免了政府对大学学术活动的直接、过多干预，也在一定程度上提高了拨款的客观性、公正性和有效性。二是来自各理事会、行业协会、企业和慈善机构的个人拨款，每年预算可高达30亿英镑。

第三，通过QAA评估，发挥政府对高等教育发展的主导性作用。为确保高等教育的质量，政府通过QAA（quality assurance agency）这样一个独立的非营利组织来对大学教学质量进行外审评估。作为欧洲质量保证机构的一个重要组成部分，QAA的战略目标首先是建立英国高等教育的质量准则，使其成为英国全国统一的高等教育质量保障体系；其次，根据不断变化的高等教育内外部环境以建立起相应的外部审查机制；最后，通常在历经一个周期的审查之后，还会采用风险管理的审查方法进行审查。换句话说，QAA也会就审查方法的适应性做出相应的改变。

［资料来源：刘筱毅.英国高等教育对我国现代大学制度建设的启示［J］.北京教育（高教版），2015（11）：77-79.］

还有一些国家的学校，比如法国很多大学章程就明确规定行政机构不能干涉学校事务，尽管校长由政府任命但也不是行政官员。巴黎第四大学的章程就列举了大学校长执行决议与听取意见、保障资产与不谋私利、中层任命与尊重委员会等方面具有的权力及其相关限制。德国宪法规定州政府而不是联邦政府对高等教育具有管理权，德国宪法对学术自由的阐释是教师必须在参与校长及院长选举等重要事项中享有发言权或决定权。

总而言之，西方发达国家的大学外部制度无论是在教育管理体制上的集权制还是分权制或是两者结合，抑或是政府对大学的调控手段或机制等，都受到了各国政治及文化的深远影响，其共同的特点是趋向于对教育管理体制进行均权化的改革。归结起来，其具有的基本特征见表4-1。

表4-1　西方部分发达国家大学外部制度的特点

国家	法国	英国、德国、日本	美国
经济体制	市场经济	市场经济	市场经济
高等教育管理体制	集权式	集权与分权相结合	分权式
学校所有制	国家为主	多种形式并存	地方与私立相结合
调节机制	国家力量	国家力量与市场机制相结合	市场力量
学校自主权	自治	自治	自治

纵观我国政府对大学管理体制的调控与变革，府校关系总体特点出的是逐步改变原来直接控制型的大学内外部治理架构，此外，大学治理权逐步下放给大学也是一个重要特征。这个期间大致可以分为四个阶段，见表4-2。

表4-2　我国大学外部制度发展阶段简况

阶段	时间	特征	权力分配情况	
			国家或政府	大学
第一阶段	1985年以前	主体产权不明确、管理权限不规范，源于国家或政府集多角色于一体（举办者、办学者、管理者）	行政职能覆盖大学里的一切领域	办学自主权几乎为零
第二阶段	1985—2000年	高校的法人地位逐步得到确立，高校与政府间的关系逐步理顺	政府拥有专业设置、招生、经费划拨、教学管理、国际交流等方面的管理或审批权限	《高等教育法》明确规定，高校享有学科专业设置、招生、教学、对外交流合作、科研社会服务、财产管理、人事七个方面的自主权

表4-2(续)

阶段	时间	特征	权力分配情况	
			国家或政府	大学
第三阶段	2001—2010年	1. 行政法律关系（传统的单一的）向行政法律关系和民事法律关系（两个法律关系）转变 2. 上下级隶属关系（简单的）向举办者与经营者的关系（产权明晰的）转变 3. 直接联系（以计划管理为手段）向间接联系（以市场为导向）转变	经费划拨权、招生审批权、文凭发放权、专业设置审批权等	进一步下放如自主招生等办学自主权
第四阶段	2010年以后	推进改革的催化剂——优化服务，改革重要抓手之一——增强"服务"意识、淡化"管理"色彩	2017年《关于深化高等教育领域简政放权放管结合优化服务改革的若干意见》强调，进一步落实和扩大高校办学自主权，规定教师职称评审权将全部直接下放至高校，由高校自主组织、自主评价、按岗聘用	自主开展科研教学社会服务等、设置调整学科专业、制定并组织实施学校规划、设置教学科研及行政管理机构、确定分配内部收入、使用和管理人才、使用和管理学校财产和经费

从表4-2可以看出，1985年以前，我国高等教育是完全受政府管控的，教育部或省级教育行政管理部门代表政府管理高校是大学的外部制度形式。可以说，这一时期的高校办学自主权是相当有限的，直到1985年以后《中共中央关于教育体制改革的决定》《中华人民共和国高等教育法》《纲要》以及《关于深化高等教育领域简政放权放管结合优化服务改革的若干意见》文件出台，我国的高等教育才步入"扩大高等学校的办学自主权"时期。这实质上也是在调整大学治理权与大学内外部治理的关系结构。但从我国高等教育治理体系现代化构建的关键问题来看，目前存在的问题仍然是"改变政府对高等学校统得过多的管理体制""扩大高等学校

的办学自主权"，也就是说调整大学内外部治理的关系依旧是重点①。因此，如何借鉴西方发达国家大学外部制度的成功经验，以推动高等教育综合改革，仍是构建现代大学制度的一个重要命题。

4.1.2　中外大学内部制度运行：基于学院制与学科分类的对比

从世界高等教育的普遍情况来看，大学运行机制的重心在于校院（系）两级管理体制的顶层设计，学院制是其中的一种典型形式。学院制一般是聚合学科门类较多、规模较大的大学开展教学科研及日常管理所采取的一种组织模式，其运行的一个核心则是学院的结构以及学科专业布局。研究团队通过梳理英美高校在学科分类以及学院设置上的一些做法，试图总结出国外高校在推进高等教育改革和大学内涵建设的相关特点。

以英国为例，其最大的特点是大学里的学院实体性比较强，大学对学院的管理一般是就其发展方向进行宏观引导，而对于一些如制度制定、课程设计、教材选择、经费使用、招生等学院的日常事务等，都是由学院自主处理，在非常有必要时与学院教师共同商定处理，学院是大学管理的重心。如英国剑桥大学的 31 个学院（college），实际上主要负责学生的衣、食、住、行，这些学院不是按照学科分类而组建，它们是独立发展并呈现出高度的"学院自治"。而大学内部真正的教学科研中枢则是另一些院系组织（school），它们是按照学科门类来组建的，包括人文艺术、人文社会科学、生物科学、临床医学、自然科学技术等 6 个主要院系（faculty），里面涵盖了 150 多个科系（department），主要承担日常的教学、科研以及学术事务等。牛津大学与剑桥大学类似，设置了 39 个自主管理式的学院，其功能类似于"住宿式"学院，这些学院的师生实际上也是来自不同的专业和学科，而实际具体承担教学科研的则是人文、数学物理和生命科学、医学以及社会科学四个教学部（division），及其下辖的各科系。

以美国为例，美国的高校通常分为二年制社区学院、四年制高校和研究型大学三种。而实行学院制的高校一般都是研究型大学，其设置主要是结合经济社会发展的需要，以学科为主要依据，并体现出与人才培养紧密结合的实用原则。在表现形式上，通常也是采用以传统的综合性文理学院为主和以专业学院为辅的组织架构，模式呈现出的是"校—学院—系"样

---

①　胡建华. 大学内部治理与外部治理关系分析 [J]. 江苏高教, 2016 (4)：1-5.

态。具体而言，学院设置一般分为基础学科所在学院、关键职业学院以及一般职业学院三个层次①。文理学院和职业学院通常涵盖的是基础学科和实用学科。基础学科侧重学术性，其学科水平反映了大学的学术声望，受市场的影响也相对较小。职业学院则注重实用性，培养市场需要的职业化人才，其定位是专业教育。例如，哈佛大学就主要是由各职业学院和研究生院来负责培养学生（14个学院中设置了11个职业类的学院和1个研究生院，并开设了134个研究生专业）。

可以看出，英美在学科分类上没有明显差异，存在较大差异的是在院系设置上。一是英国高校的院系层级较多，有两套系统，设置比较复杂。一套是按照统一规划来设置，其是在历史发展中积淀形成的；另一套是根据学科分类来组建院系，与美国高校的院系设置具有共性。二是院系设置层次性明显。美国高校的分工明确，结构层次分明，强调人才培养的多元化。三是本科生与研究生培养主体间的差异。英国的研究生培养任务主要由学校来承担，二级学院承担培养本科生的任务；美国的研究生培养任务也可以由职业学院来承担（如学术型的博士研究生可以由文理学院来培养），培养本科生的任务则是由基础学科所在学院来承担。

我国高校与国外高校的学科分类和学院设置存在以下差异：

第一，学科分类依据与院系设置标准不同。英美高校将学科划分为基础学科、实用学科两大类，依据的是其学科自身的使命和目标；而我国高校学科主要依据学科的本质属性或特征、来源、研究对象、目的与目标以及研究方法五个范畴来进行划分。英美高校的院系主要以学科门类来设置，比如有近80%的美国大学的院系都是按学科门类来进行设置的。而我国高校院系大多是按照一级学科或二级学科来进行设置的，且数量比较多（见表4-3）。有统计显示，"以一级学科、二级学科为设置标准的我国大学院系的比例分别为54.7%和8.29%"②。

① 钱颖一. 谈大学学科布局 [J]. 清华大学教育研究，2003（6）：9-13.
② 贾莉莉. 学科视角下的中美研究型大学学院设置比较分析 [J]. 中国高教研究，2009（7）：51-54.

表 4-3　我国高校基于学科标准设置的学院及实例

类型		内涵	评价	实例
学科型学院	横向维度 学科群学院	依据学科集群来设置的学院	对培养符合经济社会发展要求的复合型、创新型高层次人才，探索发展新兴学科具有重要意义	许多大学的文学院、理学院、教育学院等
	横向维度 单科性学院	基于二级学科或专业、方向设置仅有一个系科的学院	如果配套得当、措施到位，这种单系科学院对促进原有学科发展、提高已有专业水平独具优势	扬州大学法学院只有法学一个专业，兽医学院也只有动物医学一个专业
	横向维度 跨学科学院	在相关性较强的两个或多个一级学科之间组建的学院	有利于边缘学科的发展和新兴学科的形成	湖南科技大学数学与计算科学学院
	纵向维度 学科门类学院	依据一级学科门类设置的学院	既有利于学科资源利用和整合，也有利于培养（跨学科）创新型、复合型人才	南京农业大学理学院及工学院
	纵向维度 二级学科学院	依据二级学科目录设置的学院	根据教育部颁布的《普通高等学校本科专业目录》，大学设置的学院数量最多可达到几十个，科系幅度大，管理难度大	广西师范大学体育学院
	纵向维度 专业学院	根据本科专业设置的学院	专业面窄，局限性大，实践应用性较小	河南大学计算机学院

第二，院系内在架构与人才培养模式的差异。美国的高校强调学科分类，在结构上具有明显的层次性。近年来，英国的高校也有同样的发展趋势。相应地，人才培养也具有了层次性结构的特征。如上述所探讨的英美的本科生和研究生是分开培养的，这也是确保各层次人才培养质量的一个重要基础。而我国大学在院系、学科设置上过于"标准化"和"细化"，大多是按照学科分类统一标准设置，基础学科与实用性学科还经常混合设置，二级院系的组织结构还比较单一，人才培养目标的层次性还不够清晰。从研究生人才培养来看，也多是按照学科专业分散到各学院来进行培养，且普遍是采用本科生和研究生混合培养模式。尽管混合培养有利于教育资源的共享，但本科生和研究生课程同质化、教学模式同一化等问题层出不

穷，人才培养的层次性在过程中容易被消解，人才培养的质量得不到保障。

第三，学院数量与规模有所不同。研究团队选取的高校在其所在国具有一定的典型性和代表性。从国外高校来看，主要是遴选美国排名靠前的10所大学和英国排名靠前的10所大学；从国内高校来看，主要是选取国内排名靠前的10所综合性大学和10所行业特色型高校（交通、理工、工业等学科专业优势的高校）进行调查统计，对比了国内与国外高校的学院差异，能够较好地反映所在国高等教育的基本状况（见表4-4）。

表4-4 国内外高校学院设置数量统计　　　　单位：个

英国		美国		中国			
大学	学院	大学	学院	大学（综合性）	学院	大学（行业特色）	学院
剑桥大学	6	哈佛大学	14	清华大学	19	上海交通大学	26
牛津大学	4	耶鲁大学	11	北京大学	35	西安交通大学	19
伦敦政治经济学院（LSE）	0	普林斯顿大学	4	复旦大学	31	同济大学	27
圣安德鲁斯大学	3	斯坦福大学	7	浙江大学	36	东南大学	24
杜伦大学	16	加州圣地亚哥大学	9	南京大学	41	长安大学	17
帝国理工学院	4	麻省理工学院	6	中国科技大学	15	北京交通大学	17
华威大学	4	加州州立大学	6	上海交通大学	26	武汉理工大学	21
巴斯大学	4	宾夕法尼亚州立大学	14	西安交通大学	19	西南交通大学	19
伦敦大学学院	10	芝加哥大学	6	武汉大学	40	长沙理工大学	14
埃克斯特大学	6	杜克大学	12	哈尔滨工业大学	24	兰州交通大学	15
平均数	5.7	平均数	8.9	平均数	28.6	平均数	19.9

资料来源：根据国内外各高校官网"院系/部门"栏目统计整理。

从表4-4可以看出，就学院数量而言，英国的大学平均为5.7个，美国的大学平均为8.9个，国外高校的学院在数量上偏少；我国高校的学院数量远多于国外高校，如国内综合性大学的学院数量平均为28.6个，比英国和美国高校的学院分别多出22.9个和19.7个；行业特色大学的学院平均为19.9个，也比英美两国分别多出14.2个和11个。这种数量上的差异主要归结为学科设置标准方面的原因，英美多是强调按学科大门类来设置二级学院，而我国大学多是按一级学科的标准来设置学校的二级学院。但这种设置很可能会影响学科融合与新兴交叉学科的产生。从学院的规模来看，英美很多高校的学院也不过数百人。而我国大学的二级学院的规模很多都是上千人。特别是近些年来我国在高等教育大众化的过程中，地方高校、行业高校等都在往"综合性"发展（合并、更名、升格等），学科、院系数量过多不仅会在资源配置以及管理上带来诸多问题，如学科特色还没有真正体现，学科的竞争力还没有充分发挥等。此外，这不仅不利于依托学科设置而形成具有特色的二级院系，也成为影响当前建设和完善中国特色现代大学制度的一个难题。

4.1.3 国外建设现代大学制度的启示

4.1.3.1 从促进形成办学特色和优势的角度为高校赋权

英国大学获得了财务自主权，比如学校拥有绝对的财务管理和预决算等事务决策的自主权，政府无权干预；美国则在大学的发展规划制定、财务费用使用和管理、教师遴选考评、课程安排、招生就业等方面拥有完全自主的权利。这都充分地体现了符合各自国情的大学自主发展道路。应该说，强调大学的自我管理与发展是世界范围高等教育发展的一个主要趋势。从国家层面来看，必须引导学校的分类发展和错位发展，避免同质化，在这个过程中强调市场在高等教育资源配置中的关键性作用，大学的发展也必须基于社会需求来逐步进行学科专业调整和人才培养的聚焦，以此形成自身的特色。政府的职责在于引导大学主动适应经济和社会发展需要，以激发大学的办学活力，而不是干预大学的自我发展。大学需要在政府赋权的过程中形成自我约束的机制并不断发挥自身独特的优势。这也是真正夯实大学自主权，确保落实大学法人地位的关键所在。

4.1.3.2 强调统筹大学的分类与自主设置

社会发展的多元化势必要求社会分工的专业化和精细化。基于此，大学发展模式应逐渐由单一转向多元，以满足社会经济与行业需求的多样化。纵观高等教育的全球化发展态势，分层分类是不二选择。以美国为例，即便是同一个州的不同大学在开设相同专业的情况下，其专业设置的重心和发展重点也不同，强调"个性"发展的核心诉求在于形成特色鲜明的亮点和充满竞争力的市场。所以，不是所有美国人都抢着去著名的哈佛大学和耶鲁大学，他们也很愿意选择在某一地区建设或某一行业发展中表现突出的学院①。如何区别指导和分类规划高校是消除同质化发展的首要问题。一方面，需要加强高校分类规划发展的顶层设计，帮助高校找准生态位，不同类型、不同层次、不同性质的高校实行分层分类管理；另一方面，高校内部加强治理结构建设和推动内涵式发展，在学院、学科、专业的设置上，避免重复、重叠和同质，突出特点、特色和优势。在分类规划的基础上，可以考虑进一步细化高校自主权，比如基于学校与地方、学校与企业、学校与行业的协同来自主开设相关学科专业，构建多样化人才培养体系和多元化人才培养模式，精准地满足经济社会发展的不同需求。

4.1.3.3　以差异化的制度设计避免趋同发展

根据自身的性质、类型有针对性地进行学科配置和分类，是高校应尽的责任和义务。蒂文·布林特教授的研究显示："大学规模越小，开设的学科一般会越实用，与就业相关度越高；大学规模越大、越成熟，则越能摆脱市场干预，保留学术传统。"② 据此，我国综合性大学的发展可以优先考虑学科与学术传统，侧重基础性学科的发展导向，辅之以发展应用型学科的市场需求；地方本科院校或应用型本科院校应注重地方经济社会发展需求或行业需要，发展相对应或关联程度较高的学科。在分类设置的基础上，高校的学科分类应注重结合分层，比如由优势学科统筹建设特色学科群，以基础性学科助推交叉学科建设，以形成新的学科增长点，促进学科融合协调发展。

4.1.3.4　注重大学内涵建设的协同发展

不同的高校应该有不同的内涵，分类发展的一个主要目的在于释放高校的内涵。就综合性（学术型或研究型）大学而言，内涵建设应强调基础

---

① 潘懋元，王琪. 从高等教育分类看我国特色型大学发展 [J]. 中国高等教育，2010（5）：17-19.

② STEVEN B，KRISTOPHER P. Declining academic fields in US four-year colleges and universities，1970—2006 [J]. The journal of higher education，2007（4）：582-613.

性、传统性和理论性，体现的是"学术研究"的发展导向；就应用型本科院校或地方性本科院校而言，应侧重以实践性知识或行业专精知识为重点，培养的是服务社会、地方、行业的多样化应用型人才。因此，内涵建设更注重地域特点、社会需要和行业需求，结合当前的国情，探索多种形式从协同发展上体现"服务社会"的市场导向和社会导向（见表4-5）。总之，多种类型、多个特点、多层内涵之间的相互协调、相互融合、优势互补，才能彰显多样化的特色和多元化的水平，形成各自的内涵并构建起体现高等教育生态和谐发展的整体格局。

表4-5　基于不同主体设置的学院制形式

协同方式或类型	学院制运行的内涵
与地方政府联合共建的学院	多为虚拟学院，其功能主要体现在协调投资、计划招生、组织办学、人才需求上
与科研院所联合共建的学院	基于学术研究和技术合作的需要，依托高校强大的科研力量和突出的学术优势而建立
与行业部门共建的学院	针对行业需要和社会需求，综合利用大学学科集群和专业力量，发挥人才优势、设备优势和技术优势
与国内外其他大学联合共建的学院	将"请进来"和"走出去"有效结合，取长补短、优势互补国内外大学的优质教育资源
与企业联合共建的学院	是对"教育家办学、企业化管理、市场化运作"模式的有益尝试和探索
独立自办的学院	学校独立自建，自主办学。这是目前各大学中学院设置的主要模式

4.2　民国时期大学校务决策的基本范式及治理启示

随着中国特色现代大学制度建设的推进，大学治理体系与治理能力现代化的议题已构成高校综合改革的核心，大学内部治理变革由此获得学术界和社会的空前关注。在大学"去行政化"的舆论压力下，各类高校纷纷推进大学章程的制定落实，建立和完善学术委员会等学术权力机构，尝试建立学院教授会等新的治理机构，以期不断完善大学内部治理结构与机制。但从此类改革的阶段性成效来看，似乎多为"局部改良多于整体变革""形式意义大于实质意义"。究其根本，仍然在于大学里尚未真正建立起学术本位的核心价值和以学术为本、行政服务的"学为政本"型校务决策模式。有鉴于此，我们不妨本着以史为鉴的思路，重拾历史视野，深入研究民国时期主流大学的校务决策体制与实践，通过对相关经典案例的深度解析，从中寻求可资借鉴的制度成果与实践经验，以有效观照当下大学内部治理变革的现实课题，从可能的历史经验中寻求有益启示。

4.2.1 民国时期主流高校校务决策的典型案例

大学是典型的利益相关者组织，各类相关利益方在大学组织内部的地位和所掌握的决策权力及其地位力量对比，很大程度上决定着大学校务的决策模式和价值取向。在这一点上，民国时期的大学和当下的大学并无二致。不同于当下"党委领导、校长负责、教授治学、民主管理"的大学内部治理框架，民国时期主流大学确立和实行的多为教授治校体制。教授治校体制的确立，既是民国时期主流大学校务决策的经典案例，又为其后续校务决策或大学治理提供了一个基本制度框架。换句话说，在民国时期大学本土化和现代化的发展过程中，教授治校制度的确立，本身既是学术为本型大学校务决策的经典案例，又为其后的大学校务决策奠定了基础。因此，选择民国时期大学校务决策的典型案例——教授治校体制的创设和确立，无疑是不二选择。

依据本土大学的百年历史，教授治校体制首先是在蔡元培等教育家的倡导下确立的（以《大学令》等政府法令形式出台），在"北京大学的蔡元培时代"付诸实施的。在北京大学的"后蔡元培时代"，清华大学则在施行教授治校方面"后来居上"。其后，该体制由西南联大坚守下去，直至新中国成立。依据这一历史脉络，围绕着教授治校体制的确立、实施和延续，来剖析民国时期主流大学校务决策的基本范式、主要特征和价值取向，无疑是最佳的案例选择路向。

4.2.1.1 蔡元培任北京大学校长期间力行教授治校体制的案例

大学采取何种治理与管理体制，设立哪些治理或管理机构，如何设定大学校长、管理部门和以教授为代表的教师的权力，无疑是重大的校务决策之一。1912年，时任教育总长的蔡元培颁行《大学令》，该法令确立了大学内部教授治校的管理体制。但直到1917年蔡元培出任北京大学校长，《大学令》确立的教授治校制度也未在实践中落实到位。对此，蔡元培回任北京大学校长时在全体学生欢迎会上的演说中曾明确提及："我初到北京大学，就知道以前的办法，是一切学务都是由校长与学监主任、庶务主任少数人办理，并学长也没有与闻的。"①。这说明，蔡元培初任北京大学校长时，北京大学一切重大校务的决策权，都高度集中于校长、学监主任和庶务主任等少数人手中，连学术权力的代表人物各科学长都无权参与其中。显然，这种高度集权的学校管理体制和强行政、弱学术的校内权力结构，同作为"纯粹研究学问之机关"②。的大学格格不入。为此，蔡元培依据其对国外尤其是德国大学管理体制的了解与理解，对北京大学的管理体制进行了系统的设计，具体表现为其主导的北京大学改革：首先于1917年依《大学令》的规定重新成立评议会，由校长、学长、主任教员及各科教授代表两人组成，"给多数教授的代表，议决立法方面的事"③；其次是统筹不同学科的教授会，相关教务的分配都是由教授与所公开选举的教授会来执行；④ 最后，设立行政会议、教务会议及总务处，分别作为学校最高行政机构与执行机构（执行学校评议会决议）、全校教务工作的统领管理机构（由各学系主任及其推选出的教务长组成）和全校人事与事务工作⑤。至此，北京大学教授治校的管理体制与权力格局基本成型。早先由校长、学监等少数人独掌校务决策的局面已被实质上以教授为主体、形式上由不同机构分别行使各类决策管理权力的分权型体制取代：学校的立法、行政、教务和总务等权力分别由评议会、行政会议及其下设的各专业委员会、教务长领衔的教务会议、总务长领导的总务处来行使。

事实上，不仅蔡元培任北京大学校长期间所做出的建立教授治校体制的校务决策及其后的北京大学改革，都在相当程度上保障了教授群体的权益，而且其校务决策也高度重视教授的参与及对教授合理意见或建议的汲取。例如，当时北京大学教授沈尹默在回忆其与蔡元培的交往往事时就曾提及，在蔡元培刚到北京大学向其咨询校务事宜时，沈尹默即向蔡元培提出过要保障北京大学办学经费、按学校章程设置评议会及派教员和学生到

① 蔡元培. 在全体学生欢迎会上的演说 [C] //陈平原. 何为大学：蔡子民先生言行录 [M]. 北京：海豚出版社，2012：119.
② 蔡元培. 蔡元培全集：第3卷 [M]. 北京：中华书局，1984：191.
③ 蔡元培. 在全体学生欢迎会上的演说 [C] //陈平原. 何为大学：蔡子民先生言行录 [M]. 北京：海豚出版社，2012：119.
④ 刘少雪. 中国大学教育史 [M]. 太原：山西教育出版社，2007：61.
⑤ 刘少雪. 中国大学教育史 [M]. 太原：山西教育出版社，2007：61.

外国留学三项建议，"蔡先生深以为然，完全采纳"①。可见，在创设教授治校体制并据此进行大学改革的校务决策中，蔡元培校长也充分咨询和听取了教授们的专业性意见与建议。这种领导方式与作风，本身就是其极力主张教授治校的有力例证。

4.2.1.2 教授治校体制在清华于跌宕中延续的案例

在民国时期主流大学中，清华因其独特的美国背景因素（如其前身为"留美预备学校"、主要依靠美国退还的"庚款"办学、教师中留美学生所占比例较高等）而具有鲜明的个性。在清华学校"改大"（更名为"国立清华大学"）前夕，因清华学校早期留美后学成归国任教的教员不断增多，这些具有民主思想、渴望清华改革的"少壮派"教师发起了要求以校长曹云祥为代表的保守力量进行改革的"校务改进运动"，最终迫使校方接受了教授治校的原则，并导致曹云祥于1927年年底辞职②。此后，在清华大学的校务决策中，教师的话语权迅速提升，逐渐呈现出主导之势。在此情形下，清华教师的意志甚至直接决定着政府任命的校长的命运。在清华学校"改大"以后，清华大学共有五任校长，据清华大学官网及相关学者研究，分别是罗家伦（1928年9月—1931年3月）、吴南轩（1931年4月—1931年10月）、翁文灏（代理校长，1931年7月—1931年9月）、叶企孙（代理校长，1931年9月—1931年11月）和梅贻琦（1931年12月—1937年8月，1938年5月—1946年5月，1946年10月—1948年12月）③。总体而言，这些校长中，只有能顺应清华师生意愿办理校务、尊重清华教授治校传统者，方可保持其校长大位的稳固；否则，要么无法站稳脚跟，要么会遭到驱逐或被迫辞职。

在清华的管理体制方面，1926年4月通过的《清华学校组织大纲》强调"组织方面采用教授治学之原则"④，由当时清华校长曹云祥、教务长梅贻琦等领导人员审阅并同意⑤。而1929年6月由教育部颁布的《国立清华大学规程》则明显加强了政府对大学的控制，强化了大学校长的权力而相对大幅抑制了教授群体的权力。清华大学首任校长罗家伦坚持依据后者治

---

① 沈尹默. 我和北大 [C] //陈平原，谢泳. 民国大学：遥想大学当年. 北京：东方出版社，2012：90.

② 黄延复，钟秀斌. 一个时代的斯文：清华校长梅贻琦 [M]. 北京：九州出版社，2011：59.

③ 张珂. 民国公立大学与政府关系研究（1912—1937）[D]. 重庆：西南大学，2016：38.

④ 清华学校组织大纲 [C] //张国有. 大学章程：第1卷. 北京：北京大学出版社，2011：57.

⑤ 涂又光. 中国高等教育史论 [M]. 武汉：华中科技大学出版社，2014：234.

校，有违清华教授治校的传统而招致师生不满，为罗家伦后来的去职埋下伏笔。自1930年5月起，在清华师生"驱罗（家伦）""拒乔（万选）"之后，清华校内11个月没有校长，一切校务皆由校务委员会负责处理①。由于校务会议的成员由教授会选举产生，此间清华校务几近完全由教授掌控。

1931年10月，国民政府任命原清华大学教务长梅贻琦担任清华大学校长后，梅校长的治校制度依据问题就成为其校务决策的首要议题。出于对清华教授治校传统的尊重和对学校教育学术事业发展大局的考虑，梅贻琦仍然选择了按此前的《清华学校组织大纲》来治理学校，维持教授治校的根本制度和权力格局，从而保证了清华在经历三年动荡之后的迅速稳定和日后学术事业的快速发展。事实上，在其就职演说中，梅贻琦就旗帜鲜明地提出了"大师论"的观点："所谓大学者，非谓有大楼之谓也，有大师之谓也"；"对于在校的教授，我们应该尊敬"②。毋庸置疑，在相当程度上，梅贻琦校长对大师（教授）之于大学发展的战略价值的深刻认识，构成其不致贪恋校长大权而能自觉地礼让教授、遵循清华传统实行教授治校的观念基础。此外，梅贻琦对清华教授治校传统的尊重（由此获得校内师生的拥戴），也构成其执掌清华大学数十年的重要内因。

4.2.2 教授治校制度框架下西南联大校务决策的案例

西南联大③是在抗战背景下，由北京大学、清华大学和私立南开大学三校联合组成，在管理体制方面既遵循了三校联合前的教授治校原则，又根据联合大学的实际进行了适度改造。西南联大的最高权力机构为学校常务委员会，由三校校长和秘书主任组成，负责议决学校重大校务，维持学校行政运行。在常委会的领导之下，还有"两会（校务会议、教务会议）""三处（教务处、总务处、训导处）"。校务会议依据政府颁行的《大学组织法》设置，经常委会审议正式通过，由常务委员3人、常务委

---

① 黄延复，钟秀斌. 一个时代的斯文：清华校长梅贻琦 [M]. 北京：九州出版社，2011：87-88.

② 梅贻琦. 就职演说 [C] //陈平原，谢泳. 民国大学：遥想大学当年. 北京：东方出版社，2012：35.

③ 囿于史料方面的局限，目前尚难以找到直接反映西南联大校务决策过程的相关史料。作为变通，本部分的研究内容依据《西南联大史料》等历史资料，立足该校校务会议纪要等素材，从校务决策的最终结果来呈现校务决策的原貌。

员会秘书主任、教务长、总务长、各学院院长、教授与副教授互选之代表11人（每个学院至少有代表一人）组成，负责审议大学预决算、学院学系之设立及废止、大学各种规程、建筑及其他重要设备、校务改进事项及常委会交议事项①。教授会依经常委会审议通过的《教授会组织大纲》开展，以全体教授、副教授组织，常务委员及常委会秘书主任为当然会员，主要审议教学及研究事项改进方案、学生训导教育方案、学生毕业成绩及学位授予事宜、提交常委会或校务会议建议事项，以及常委会或校务会议交办评议事项等②。从组成人员及教授代表所占比例来看，校务会议中教授占据主体地位，教授会中教授更是占据绝对的主体地位。这种成员构成结构保障了教授在学校重大校务决策中的参与地位和话语权。

从反映校务决策结果的相关会议纪要来看，校务会议议题主要包括报告事项和议决事项两类。前者由校务会议主席（常委会主席）就教育部的相关政策文件、训令及常委会的相关重要决议向会议作报告；后者则提交相关重大校务事项由会议讨论、表决，予以议决。例如，在第一届校务会议会期内，第一次会议（1939年1月17日）由校务会议主席报告学校本年度各院系课程、学校所设各委员会及委员人选、1938年7月—1939年1月学校经费情况等重要事项，审议校务会议法定人数及出席人数、通过票数标准、校务会议会期、教务通则追认等重要事项；第二次会议（1939年2月7日）由校务会议主席报告本校经费状况，会议审议本校附设电讯专修科组织简章、建筑设计委员会推选常务委员等事项；第三次会议（1939年4月4日）由校务会议主席报告常委会所定本年度预算编制原则等事项，会议审议调整本校行政机构；第四次会议（1939年5月16日）审议教务通则第52条修正案及其施行细则案；第五次会议（1939年6月6日）审议学校1937年、1938年经费决算办法案，审议学校1939年岁出预算草案。第二届校务会议第一次会议（1939年11月7日）由校务会议主席报告了校务会议组织大纲第二条修正案，增设机械、电机班与先修班，增设研究所，校歌审定，增设训导处，与云南省教育厅合办云南省中等学校在职教员进修班等11项重要事务，而议决事项的第一项则是就上述报告进行

---

① 国立西南联合大学校务会议组织大纲［C］//北京大学、清华大学、南开大学、云南师范大学. 国立西南联合大学史料（总览卷）. 昆明：云南教育出版社，1998：105.

② 西南联大教授会组织大纲［C］//北京大学，清华大学，南开大学，云南师范大学. 国立西南联合大学史料（总览卷）. 昆明：云南教育出版社，1998：111.

评议，最终的审议结果是"照各原案通过"，议决事项的第三项为本校经费问题。可见，教育部的相关政策文件、学校的重要规程、人事、预决算等事项一般都会列入校务会议主席报告事项，其作用在于将教育部重要政策及学校常委会的重要校务决议传达、周知至诸校务委员，保障教授代表对校务决策的知情权。不仅如此，作为学校最高权力机构的学校常委会议定的重要事项，也会提交校务会议评议，听取校务会议各位委员的意见或建议。与此同时，校内组织人事、学校财务预决算、教务等相关重要事项往往构成校务会议审议的重要内容，体现了教授主体对校务决策的参与甚至主导地位。

4.2.3 学术为本：民国时期主流大学校务决策的范式与治理启示

民国时期主流大学的校务决策一般是在教授治校的体制下，依托大学评议会、校务会议、教授会等教授参与甚至主导的学校权力机构进行的。西南联大略微例外，其存续于抗战时期，学校规模较大，客观上需要提高校务决策的效能，故以学校常委会作为最高权力机构，负责重大校务的决策；但校务会议仍然具有重大校务的决策权以及对学校常委会决议的知情权甚至审议权。从学校常委会和校务会议的权力关系看，两者在理论上是领导与被领导的关系；但从实际运作的情形来看，两者又更类似于学校常委会为校务会议的"常设机构"的关系。加之三位常委本身都是专业型学者，具有强烈的学术情怀和民主精神，能自觉秉持教育学术的规律与逻辑执掌校务，因而能内在地保证校务决策的学术本位逻辑与旨归。学术界对此也有公允评价，认为民国时期大学实行的教授治校制度，是其辉煌的教育学术成就的重要原因。诚如涂又光先生所言："尽管吸收了西方学术营养，'教授治校'仍然是中国高等教育园地土生土长的深根大树，在北大、清华、西南联大等校结出甘美丰硕的果实。"[①]

再细观当下行政化的大学治理与运行，行政权力较强、学术权力较弱的校内权力结构，乃至资源配置层面的行政主导，呈现出常态化甚至制度化的趋向。曾任北京师范大学副校长的王英杰教授在论及大学的官僚化问题时就深刻地揭示过：在大学"官学一体"的制度安排下，大学内部的行政权力不断恶性膨胀，而本来就赢弱的学术权力则不断被侵蚀，造成学校

---

① 涂又光. 中国高等教育史论 [M]. 武汉：华中科技大学出版社，2014：234.

内部权力结构"去学术化"的畸形异化。相对于大学学系、学院等基层教育学术实体，大学的各种党政管理部门拥有较大的权力，占有和消耗了较多的学校资源。他们习惯于将基层教育学术机构当成下属机构，将教师当成被领导者与被管理者，缺少为后者服务的思想和行动。在很大程度上，大学的领导和中层管理人员实际上已形成一个脱离基层的特殊利益集团，他们控制了大学的学科建设、机构设置乃至公共资源分配①。更有甚者，一部分"双肩挑"人员更是利用"官学一体"的特殊身份和"有利地形"，抢占科学研究与学术资助的公共资源，不但破坏了学术竞争的公开公正原则，而且阻碍了真正的学术研究活动②。通过对民国时期大学校务决策体制及校务决策案例的剖析，以及对民国时期大学与当下大学校务决策的情景对比分析，我们似乎可以就民国时期大学校务决策的基本范式及其治理启示得出如下总结性论断。

第一，民国时期主流大学校务决策的基本制度框架主要是教授治校，其基本价值取向是以学术为本、行政服务（或称学为政本，即学术为行政之根本）。在教授治校的管理体制下，基于校长统领校务、民主决策和教授参与校务决策的有机统一，校长治校和教授治校实现了较好的融合：校长依靠教授们来治校，教授们在校长的领导下参与治校。校长既是学校的最高领导，又是学校评议会、校务会议甚至教授会等民主决策机构的召集人。依托这些民主决策机构的运行，校长在依靠教授参与的基础上实现校长治校。而教授不仅是各学科领域的学术权威，而且往往是学校评议会、校务会议和教授会的成员。他们在校长的领导下，借助这些民主决策机制来参与校务决策，提出自身的专业性意见与建议，推动大学校务决策的民主化、科学化、共治化。在教授治校的制度保障下，大学校务决策及行政管理的基本范式和价值取向是以学术为本、行政服务——为教育学术服务，为师生服务。当然，在教授治校的制度保障之外，更深层次的保障机制是大学学术文化的引领和规范。在民国时期主流大学中，大学作为研究高深学问的场所这一本质定位获得了上至校长、中至教授、下至学生的普遍认同。作为大学为学术机构的逻辑推论，大学教授自然构成大学的战略利益相关者和大学内部治理的核心主体，其地位与作用毋庸置疑。梅贻琦校长的"大师论"和"王帽说"就深刻地体现了其时任大学校长对教授主

---

① 王英杰. 大学危机：不容忽视的难题 [J]. 探索与争鸣，2005 (3)：35-36.

② 龚怡祖. 大学治理结构：真实命题及中国语境 [J]. 公共管理学报，2008 (4)：74.

体地位的深刻认知和尊重。事实上，隐藏在教授治校制度体系背后的这种以学术为本、学术至上的文化认知与思想观念，恰是支撑主流大学教授治校制度、夯实大学学术本位的决定性观念力量。从民国时期主流大学以学术为本的校务决策模式来看，如果说大学校长对学术、学者的敬畏与支持，教授治校的制度与传统分别构成其以学术为本型的校务决策范式的"形"和"体"的话，那么，在主流大学中已扎下根来的学术神圣观念和学术至上原则则构成相应的"魂"。

第二，教授治校不仅是一种大学内部管理体制，而且是一种大学内部治理的范式。教授参与校务，重心不是在管理（执行），而是在决策。大学是以教育和学术为本质活动的文化性机构，学术事务构成大学事务的核心和重心。相应地，大学校务的决策，其内核是大学学术性事务的决策。由此，在大学的校务决策中，教授作为战略利益相关者，应占据核心的治理地位，拥有不可或缺的决策权力。这是教授治校体制的治理意蕴。也正是从这个角度上讲，现今学术界仍有不少学者（如毕宪顺、王长乐等）质疑"教授治学"的提法，认为这种提法实质上限制了大学教授在学校治理层面的地位和作用，无助于大学的"去行政化"改革和大学学术本位的回归。从民国时期大学教授治校体制和校务决策的运作来看，教授通过参与校务决策而发挥了核心治理主体的作用。这种基于教授意志（实质上也是教育学术逻辑与规律）的大学内部治理，调动了教师群体的积极性、主动性和创造性，进而催生出民国时期大学灿烂的教育学术成就。故中国大学内部治理结构的完善，似应深刻汲取教授治校的价值精髓，确保教授在学术治理中的核心和主导地位，以确保学术治理的"专业性原则"和大学治理的"学术本位原则"。

第三，大学以学术为本型的校务决策范式及其价值取向，必须仰赖于特定制度设施和组织文化的支持。如前所述，民国时期主流大学的校务决策之所以能做到以学术为本、行政服务，除教授治校的制度体系外，已为大学中人普遍认同和接受的学术神圣与学术至上观念构成了强大的观念力量和深层支撑。没有这种观念的支撑和文化的形塑，仅仅靠某种外在的制度安排，其实际成效在实践中可能难以保障。近期，在建设中国特色现代大学制度的探索中，内地高校普遍地设立了学术委员会等学术权力机构，但此举对推动大学"去行政化"的作用仍较有限。究其根本原因，当下的大学在组织文化层面已异化，大学中人在真实思想观念层面对大学作为学术机构的认同存在一定缺陷，导致大学里盛行的价值观念和思维方式仍是将大学视作"官场"甚至"商场"为基点的。换言之，当下的大学已发生某种从组织形象、权力结构到组织文化的"庸俗化"① 异化。有鉴于此，在中国大学的内部治理变革中，我们有必要超越大学治理结构②，而关注大学的治理文化培植。仅仅从制度层面去关注和改造大学决策权的配置问题，而忽视大学内部治理文化的培育，那我们所寄望的大学多元共治恐怕会难以实现。因为大学是一种强制度化的组织，大学之学术本位等观念的确立和传播对于大学外在制度运行的成效和大学多元共治的实现，无疑具有某种决定性的影响。

第四，无论是大学内部教授治校的实施，还是以学术为本型的校务决策的开展，都不可以忽视大学校长的作用。在本书所涉及的案例中，无论是北京大学对教授治校体制的坚决落实，还是清华大学对教授治校制度的跌宕延续，事实上都牵涉校长因素。没有蔡元培校长对教授治校制度的科学设计和坚决落实，没有梅贻琦校长对教授治校制度及传统的尊重与维护，北京大学和清华大学教授治校的"故事"恐怕就极有可能会被改写。从这个角度来看，大学校长无疑是一个关键角色，他必须在大学内部校长治校和教授治校之间进行极富艺术的整合，方可取得大学在多元利益相关方的不同价值和利益诉求之间的有效平衡，方可在大学内部实现以学术为本、行政服务等基本取向的有效治理和高效运作。由此展开，大学校长的科学选拔与任用就成为一个涉及大学治理的关键性问题。故在大学校长选拔与任用的制度安排上，如何科学地平衡政府管控的意志与大学基层要求自主的呼声，如何对政府委任和校长"民选"两种基本制度安排进行科学的整合，就构成大学治理变革的一个重要课题。现代政治学的基本原理表明，大学校长职务的产生方式直接决定着大学校长在履职过程中的责任取向。只有政府主管部门和大学师生共同负责大学校长人选的产生、考评和监督，大学校长才有可能在其治校过程中同时"对上"和"对下"负责。而校长履行职务的责任取向，无疑关乎大学的有效治理。

---

① 眭依凡. 大学庸俗化批判 [J]. 北京大学教育评论, 2003 (3): 32-38.

② 顾建民, 刘爱生. 超越大学治理结构: 关于大学实现有效治理的思考 [J]. 高等教育研究, 2011 (9): 25-29.

5 优化现代大学治理结构的
基本路径与行动方略

近年来，大学治理既是学术界关注的热点课题，又是高等教育实践界聚焦的工作主题，众多的政府文件、大学章程也涉及或提出构建现代高等教育治理体系，以不断提高大学治理能力。以高层的政策文件为例，《中共中央关于全面深化改革若干重大问题的决定》涉及学校内部治理结构的一个改革点就在于推进管、办、评分离与扩大学校办学自主权。可见大学治理的政策议题的重要性。作为高等教育治理体系中的重要组成部分，大学治理一般可以分为内部治理与外部治理，厘清大学内部治理和外部治理的关系，并在政策实践中正确对待和及时应用，对于推进现代高等教育治理体系现代化和大学治理能力现代化具有重要的学术价值和现实意义。

5.1 大学外部治理的调整：基于高等教育"放管服"
改革的解读与构建

作为一种准公共产品，教育发展所需的资源很大一部分都需要政府来提供。政府为高等教育提供经费、指导与监督等相关工作，其实就是府校关系的重要表征。世界各国政府都直接或间接地对本国的高等教育进行各种引导或管理，在根本上没有管与不管的差别，只不过是管理方式方法有所不同。就一般意义而言，"国家的政体决定着高等教育的政府管理模式；国家的价值观决定了高等教育的理念指向；不仅如此，国家或地方权力还对高等学校内部管理活动具有渗透和干预的影响或作用。"① 随着经济社会

---

① 蒋国河. 论政治结构与高等教育控制 [J]. 高教探索，2005（6）：18-20.

的发展以及科技、教育与人才在经济社会中的作用日益增强，政府与大学的关系也愈发紧密。那么，在处理政府与大学关系的过程中，如何界定政府的权力边界呢？有学者将其表述为："政府的权力不指涉大学自治与学术自由，不限制大学精神的发展和行为的发挥。"① 原则上，政府要为大学发展提供必要的支持，承认大学拥有自主支配办学经费、自主决定学校内部事务的权利，但不能对大学依法管理内部事务的权力进行干预，做到"支持但不控制"，保证大学的自主权。

目前，我国政府与大学的关系在认识层面已经比较到位，在实践层面亦有实质推进。2017 年 3 月，教育部、中央机构编制委员会办公室、发展和改革委员会、财政部、人力资源和社会保障部五部委联合印发了《教育部等五部门关于深化高等教育领域简政放权放管结合优化服务改革的若干意见》。该意见一方面对高校减负松绑、去除烦苛，另一方面给予高校办学自主、激发活力。这意味着，高校"放管服"改革工作迈出历史性的一步。应该看到，以"简政放权、放管结合、优化服务"为核心的"放管服"改革，尽管在学科设立、人事设置、经费设计等方面赋予了高校三大自主"利好"，即自主办学、自主管理、自主发展，但由于触及多方利益、触碰各方奶酪，需要多部门积极协调、各岗位鼎力配合，既要明确短期改革目标，又要制定长远发展规划。在此形势下，高校如何全面理解"放管服"改革的核心逻辑？未来的大学外部治理关系又应该如何构建从而适应现代大学制度的要求，等等。基于此，本部分拟从"放管服"改革实例角度来初探现代大学制度的外部治理的理论要义和实践路径。

5.1.1 高等教育"放管服"改革之于现代大学外部治理调整的要义

这次教育部等五部委的"放管服"改革意见，明确以匡扶大学精神、恢复学术至上、去除高校行政化、回归教育本真为目标，直击高等教育改革进程中学科专业设立、人事职称设置、经费薪酬设计等痛点，通过破除烦苛、简政放权，进一步理顺政府与高校的权责关系，进一步扩大高校办学自主权，进一步激发高校办学能动性。应该说，高等教育改革喊了这么多年，此次"放管服"改革为解决积弊多年却制约无解的核心问题提供了制度性设计，为我国构建现代大学制度进行了一次自我革命。研究团队通

---

① 曾雄军. 论政府的权力边界与现代大学制度的建构 [J]. 中国高教研究，2011 (10)：11-15.

过梳理《关于深化高等教育领域简政放权放管结合优化服务改革的若干意见》与以前的大学外部治理的做法及举措进行比较，可以看出高等教育"放管服"新政在落实高校办学自主权方面亮点纷呈（见表5-1）。

表5-1 高等教育"放管服"新政前后对比

亮点	新政后（举措）	新政前（做法或特点）
将人才培养自主权还归大学	在学位授权点动态调整的基础之上，符合学位授予标准的高校将拥有自主学位授予的权力	在计划经济时代，高等教育领域的学科及专业设置以及学位授予等事务都受到政府的严格管制，大学仅仅能作为具体的办学单位，至于设置什么学科、开办什么专业以及培养怎样的人才等，都是要纳入政府的计划范畴。随着市场体制的推进以及教育管、办、评改革的深入，政府已经逐步在包括学位授予在内的权力，部分有条件的高校已资助开展新增博士点和硕士点的评审，授予学位从国家学位走向校本学位的探索路程和相关改革逐步深入
	除国家控制布点的专业外，高校可以自主设置本、专科专业	对专业设置的管控，也是政府管理高等教育的一项具体事务权，过去由于专业设置审批流程复杂和严格，使得高校的专业设置在对接经济社会发展较慢，离实际需求也有较大差距。后来随着政府主管部门逐步按照审批和备案两种方式对专业设置权限实施分类管理，很多试点高校也可以根据社会需要及市场的需求，自主决定新设专业及取消
将高校人员管理自主权还归大学	以高校人员总量管理逐步替代编制管理	长期以来，作为典型的吃"财政饭"的事业单位，高校每增加一个编制，就意味着政府财政支出的相应增加。因此，政府一直以来都对高校的编制管理控制严格，近20年来的高校编制数都没有放松管制。所以，政府控编往往导致很多高校由于满足不了引进人员的编制问题而无法开展正常的教学科研工作，进而影响高校的办学秩序
	允许高校采取灵活多样的薪酬分配制度	高校教师薪酬采取的是参公管理模式，即便是自筹经费发工资也有很多限制。有的高校为调动教师积极性，适当提高津贴发放额度，但在上级检查时却被认为是缺乏政策依据。这也直接导致了高校如智力密集型的行业工资还比不上劳动密集型的行业工资。尽管近年来在协议工资、项目工资制度方面有探索改进，但对大量编制内的高校教师来说，在薪酬发放模式方面仍然较为固化
	将高校教师职称评审权下放至高校	在世界一流大学实际上没有职称评审的说法，任何一名教师只要被一所大学聘到教授或相应的岗位上，就应享有教授职务或相应的待遇，而其一旦到其他大学任教，就完全可能不被聘为教授或相应岗位了，所以并不存在所谓的教授等"身份福利"。但在我国，教师职称评定一直与薪酬福利直接挂钩，两袖清风的教师在评上职称后的待遇调整与身份认同有极强的内在期待。因此，大学中的教师对职称评定往往趋之若鹜，并在现行政策条件下围绕职称开展教学科研

表5-1(续)

亮点	新政后（举措）	新政前（做法或特点）
将财务和资产管理自主权归还大学	加大对高校基本支出的保障力度，优化拨款结构	一直以来，政府对高校的经费都采取以条为主的管理模式，学校往往不能自主统筹安排经费。无论是来自中央还是来自地方的经费都有很多规定，学校对各类科研课题经费的自由提取份额也很有限，即使是捐赠收入也需要指定相应的用途，所以尽管从面上看经费比较充足，但实际上可自由支配的经费却很少。相较于高校其他方面的自主权来说，高校经费支配自主权相对还更薄弱
	增加高校资产处置权限，不断提高资产处置的备案与报批标准	在大学资产管理上，政府一直都将大学视为所属"资产"，因此对高校资产处置的备案、报批标准较随意，资产的使用效率也很低下，难以适应多元化的经济社会发展的需要。甚至很多高校资产处于长期闲置状态，浪费了很多公共资源，资产没有达到盘活或共享等发挥资产应有的作用

从表 5-1 还可以看出，从单一简政放权到双向放管结合，再到"放管服"三位一体，既体现了坚定不移推进政府职能转变、推动政府治理体系现代化的深刻态度，也展现出了纵深推进改革、完善行政体制的成熟风范①。从本质上说，高等教育"放管服"改革的内在逻辑也是全面深化供给侧结构性改革，不断提高行政效能，转变政府职能。在高等教育领域的"放管服"新政改革中，简政放权、放管结合与优化服务呈现出"前提—基础—目的"的相互促进、相辅相成的逻辑关系，是高等教育管理政府职能转变的不同方面的融合体现。

第一，简政放权是前提。在经济新常态、科技新进步、社会新拐点和改革的新形势下，破除束缚全面发展的体制机制障碍，改革禁锢管理创新的老旧繁杂模式的首要环节是简政放权，放管结合和优化服务的目标只有在这个环节有所突破的基础上才有可能实现。政府什么事情都要审批、什么事情都想管，不进行简政放权，必然导致"执着"事前审批，无暇事中执行，无法事后监管，角色混乱与权责矛盾凸显。显然，明确政府定位、厘清权责关系，是高等教育领域简政放权的核心要务。政府、高校、社会三方应按照高等教育发展变化的规律和特点，充分调动学校的主动性和积极性，充分保障学校的自主权和话语权。

第二，放管结合是基础。在动作上一体两面的"放"与"管"。所谓"放"不是放手而是放开，不是不管而是精管，把精力和注意力放在该管的事情上，把不该管且管不好的事情剥离出去。在高等教育政府职能转变

---

① 张定安. 关于深化"放管服"改革工作的几点思考 [J]. 行政管理改革, 2016 (7)：30-35.

即深化体制改革简政放权的过程中，首先应当明确"放"与"管"的各自对象：管住部门、放开学校；管好领导、放开师生，管控宏观、放开微观。其次，必须加大对承接主体的监管力度，保证"放"出去的精减部分职能，有相关的组织机构和社会第三方能够"接得住"，高校获得自主，同时唤起自律；社会获得自为，同时承担自理，由此有效避免放之任之、一放就乱的管理乱象。最后，切实履行管理职能。应当说，政府此时的主要精力集中在事中执行和事后监管方面。

第三，优化服务是目的。转变政府职能在于提供优质的社会服务，其衡量标准的两个维度是简政放权和放管结合，这也是两者执行的具体要求和落实的目标指向。高等教育管理改革优化服务和推进"双一流"建设的核心是构建治理体系与推进治理能力现代化，治理体系与治理能力现代化的先导则在于治理理念与机制的现代化，其落脚点恰恰是简政放权与放管结合，其中涉及体制、技术、制度职能以及政策保障等范畴，最终达到为高等教育事业发展提供更加优质的服务的崇高目的。

5.1.2 高等教育"放管服"改革之于府校新型关系构建的路径思考

高等教育"放管服"改革是深化高等教育改革的重要举措，也是构建高等教育治理体系与推进治理能力现代化的关键抓手，更是推动高等教育领域供给侧结构性改革的必由之路。新形势下，应立足"需求引领，问题导向、服务先行"的改革理念，始终坚定推动政府职能转变的改革思路，始终坚守管理方式变革的改革方向，始终坚持管理手段创新的改革策略，找准突出问题，聚焦重点领域，突破关键环节，通过协同育人、激发活力，实现改革目标。

5.1.2.1 坚持以需求引领、简政放权、放管结合为核心的高校自我改革与自主发展。

第一，"放"要全面彻底。"放"的核心是角色定位，难点是如何补缺位、纠错位、控越位，目的是激发高校的活力和创造力。因此，必须立足高校，结合实际，尊重首创。凡是高校能够自主管理的，权力下放做"减法"，尤其是在高校学科专业设立、人事职称设置、经费薪酬设计等方面，使各种越位、缺位、错位切实"归位"；一切制约教职员工主动性、积极性和创造性发挥的，都要修改、完善或取消；力争把该放的放到位，该精简的精简够，为高校破除束缚改革创新的体制机制障碍。

第二，"管"要及时有效。"管"的核心是管理转型，适应新常态、新进展和新形势，目的是建设现代政府。一方面，要科学合理、实事求是地做好监督和管理，旗帜鲜明地始终坚持党对高校工作的全面领导，严把社会主义办学方向，落实好立德树人的根本任务。与此同时，加强思想政治教育，努力做到对下总揽不包揽、放权不失管，对上到位不越位、尽职不失责。另一方面，要加快建立责任明确、任务清晰、程序规范的监督管理制度，优化大学内部治理结构和外部治理环境，加强治理体系与治理能力的现代化建设，确保既接得住又用得好进一步扩大高校办学自主权（见专栏5-1）。同时，主动接受社会监督，挤压权力寻租的空间，让政府"乱动的手"受到约束。

专栏5-1　"放管服"背景下普通本科院校二级学院的合理期待与治理作为

我国高等教育不仅体量庞大、院校众多，而且层次分明、类别清晰。一马当先的"985工程"高校和"211工程"高校长期以来学术实力比较雄厚，其下属的二级学院大多保持正常、良好、通畅的发展状态，因此对"放管服"的诉求并不强烈，反而是普通本科院校和地方本科院校表现出积极期盼。究其原因，主要有三：一是政府束缚太多。由于地方政府对普通本科院校的直接领导，高校受到的钳制和束缚大而有力，自主权成为"纸上谈兵"，能落实到二级学院的自主权自然更加微小。二是行政权力太大。普通本科院校学术力量的弱化直接带来行政权力的强势，强势的行政权力必然挤压下辖二级学院的自主空间和学术权力，去行政化任重道远；三是习惯思维太强。由上（地方政府）至的钳制和束缚会自上而下影响并传递到高校和学院，形成学校对学院缜密、细致和深入的管控，最终导致命令和监督远远多于指导和信任。

普通本科院校要真正做到"放管服"，必须厘清"放"与"管"的关系。从本质上说，放与管是相互勾连、错综复杂的对立统一。放是不管，管是不放，但放又不是不管，管又不是不放，放了要管，管了还是要放。对普通本科院校来说，首先要搞清楚"放什么""管哪里"，既不能盲目放权，将不该放和接不住的权力塞给二级学院；也不能消极放权做"甩手将军"，只定标准、查考核、打板子，不指导、不规范、不服务；更不能虚假放权阳奉阴违，表面上放开，暗地里收紧；还不能混乱放权，放了该管的，收着该放的。要做到真放真管真服务，放了要管，管了要服，将管理和服务结合起来，加强管理，精准服务，解救危难，破除困境，而不是动辄禁止或行使否决权。

[资料来源：吴振利.《"放管服"意见》下的普通本科院校二级学院治理探讨[J].高校教育管理，2017（7）：31-37，46.]

第三，"服"要积极到位。"服"的核心是治理能力，目的是建设人民满意的服务型政府。一方面，政府要厘清边界，处理关系，下放权力，承担责任，加快由管理者向服务者转变，把更多人力、物力、财力投入服务高校中；另一方面，高校要主动作为，深入推进制度变革，创新服务形

态、拓展服务空间、找寻服务路径、探索服务模式、改进服务策略、提升服务质量，为持续有效激发学校办学活力、提高教师创新能力，营造和谐氛围和良好环境，切实有力提升教师归属感和学生成就感，全面推动高等教育事业蓬勃稳定向前发展。

5.1.2.2 坚持问题指向，聚焦突出问题，实现管理手段的有效创新

第一，实行分类管理，强调精准施策。分类管理针对的是当前高等教育中高校定位不清、特色不明、同质化严重、盲目求大、一味求全的资源浪费现象。它既纷繁复杂又系统周密，既涉及宏观调控又关系微观发展。其目的不外是通过分类管理，"引导高校找准生态位，避免同质化，形成独特理念和鲜明风格，在不同区域、不同层次、不同领域、不同学科创出特色，创建一流"①。换言之，高等教育的分类管理需要加强系统研究和全局规划，立足经济新常态、科技新进步、社会新拐点，改革新形势下的地区发展差异、高校水平差别、公众需求差距等。

第二，转变管理职能，实行绩效管理。传统目标管理以目标为导向、成果论英雄，目标完成情况决定了最后的评价、考核与奖惩。应该说，在特定的历史时期和发展阶段，具有良好的激励功能，有效地调动了高校师生员工的主动性、积极性和创造性。但其弊端明显，目标的精细化和合理性不够，产出和质量不足。为此，需要努力从目标管理转向更加注重战略和长远，更加强调质量、参与、服务、成本、效益、结果，更能促进高校实现基本职能的绩效管理。高等教育绩效管理强调依据不同办学目标、办学特色和办学要求，建立系统、科学、有效的管理体系，区别确立绩效目标、指标、主体和方法，对高校的规模、结构、投入、质量、效益、产出等进行全方位绩效评价，并向社会和公众公布，力求全面反映高校办学质量和成果。

第三，加强质量管理，推广评估运用。办学质量是高校生存之本，也是百姓关注之重，更是当前"放管服"新政下"简政放权"的效价指标，直接关系高校的发展。以"全过程、全方位、全员参与"为理念的质量管理非常契合高校办学质量评价客观性、真实性、权威性和公信力的要求，能够形成从决策到执行再到监督的运行模式和评价机制。使用质量管理，一是要着重评估。根据办学声誉、教学质量、科研水准、学生反馈、成果

---

① 赵庆年，祁晓. 高等学校分类管理：内涵与具体内容 [J]. 教育研究，2013（8）：48-56.

转化，社会效益等多维指标对不同地区、不同层次、不同行业、不同类型、不同定位、不同水平的高校实施全方位、多角度的绩效考核。二是要评价生效。除了发挥绩效评估的诊断作用，还要健全政府和学校对评价意见的反映机制，搭建资源共享、快速透明的信息交流平台，构建各方参与、相互借力的评价反馈体系。三是要问责追究。评估结果反馈后，高校应及时客观地向社会公布相关信息，确保有关高校设施建设、师资队伍、学科专业设置、招生录取情况等公众关注的信息的公开透明性，并自觉接受舆论监督和社会评价。

第四，建设"互联网+"，提高管理效率与效能。在高等教育领域加快推进"互联网+教育"，是落实高教领域"放管服"新政的重要手段，有助于管理效能的提升、管理水平的提高。克服长期以来存在的政府与政府之间、政府与高校之间、高校与高校之间信息不透明和数据难共享的问题，降低制度性交易成本。这要求高校在了解形势、顺应趋势的基础上及时出台相关措施、管理办法，利用已有信息、资源和设施，实现政府与政府之间、政府与高校之间、高校与高校之间的协同、互通和共享，从而从根本上解决技术不发达时代的"信息孤岛"和"信息独占"问题。

5.1.2.3 坚持服务先导，强化协同智力，构建伙伴关系

第一，倡导共同参与、多方联动。从洪堡改革掀开现代大学制度的新篇章，300多年的高等教育发展历程早已使它脱离早期"象牙塔"的特质而与经济社会密切相关，因此，高校只有联系政府、联动社会，倡导共同参与，号召共同努力、协调共同发展，生成共生关系才能为高校发展营造更好环境和良好空间。

第二，强调协同治理，推进资源整合。高等教育领域的"放管服"从来不是一家之责、一己之任，它的推进与落实需要充分考虑教育主管部门与其他行政单位的关系、结构和联系机制，集聚各方优势，整合各方资源，协同各部门治理，为高校基础工作和重大项目的开展实施提供统筹、协调和保障，由此形成满足高等教育发展变化要求，事权相匹配、权责相依存的运行机制和管理策略，实现高等教育领域与范畴内，部门、学校、社会多方信息与内外部环境的资源整合和协同融合。并为进一步落实高校办学自主权，推动高等教育内涵式发展和服务经济社会提供政策保障与工作支持。

第三，实行多元评价，提高评估监测质量和水平。依据"管、办、

评"分离的原则和思路，政府一方须首先明确自身监管职责，通过制定标准、设定规范、严控入口、管控质量、重视反馈等系列操作指标形成完整的以"绩效"为核心的大学评价监督机制，以此倒逼提升办学质量。当然，多元质量评价体系应该且必须引入第三方机制，建立多元主体参与的督导评估机制，一方面通过合同、委托等方式向社会购买监测评估；另一方面通过行业评价机制，吸引企业参与教育评估；还可以通过高校联盟平台或协作组织，发挥学会、协会、基金会的作用和职能，提高评估监测质量和水平。

5.2 大学内部治理的完善：基于高校党政学协同共治的框架与对策

随着治理思潮在现代社会的盛行和现代大学日益走近社会的中心，多元参与、共同治理已成为社会公共事务处理的基本法则，作为社会第三部门的大学，其多元利益相关者的属性内在地契合现代社会多元共治的治理理念和发展趋势，自然难以抗拒多元共治的治理逻辑和时代潮流。但无论是从大学内部治理结构还是从内部治理过程来看，中国大学现行的治理形态都是典型的行政主导型。这一类型在大学利益相关者的价值平衡、权力分配、责任分担等方面并没有多大益处和实效，也无助于保障教授等内部战略利益相关者的价值、利益诉求的实现。故观察和优化中国大学内部治理结构，无疑须正视行政主导的内部治理结构所存在的问题及负面影响，从大学治理结构的要义出发，重视多元共治的基本逻辑与法则，并结合中国大学的实际，建构有中国特色现代大学的内部治理结构。

5.2.1 现行大学内部治理结构形态及缺陷

受行政主导大环境的影响，我国大学的行政化运行痕迹仍然明显，在大学外部表现为政府及其教育主管部门对大学办学自主权的剥夺和干预，在大学内部则表现为大学党政权力对学术权力的凌驾与挤压[①]，这种制度趋向干扰了大学在组织和治理层面的内在逻辑。故大学的行政化，不仅存

---

① 卢荻秋. "民选校长"是大学去行政化的突破口 [N]. 中国青年报，2010-03-16.

在于大学管理层级，更存在于大学治理界面，因而对大学的运行、绩效乃至合法性都构成威胁。

5.2.1.1 大学治理结构的基本样态：党政"争治"与学术弱场域共存

从大学治理的角度来看中国高度行政化运行的高校，可以发现以下现象：一是学校党委或党委常委会构成大学最高层的决策中枢，党委或党委常委会虽实行民主集中制的组织原则，但因其成员构成单一（主要来自学校党政高层）、实际运行倾向民主不足而集中有余等原因，仍然具有高度科层化的特征；二是学校党委或党委常委会核心成员主要来自学校党政高层，党委与行政在人员构成上既呈现出"双首长"格局，又呈现出主要成员高度重叠的人事布局，实际上更类似于某种议行合一的权力体制，尽管党委和行政之间存在党委决策、行政执行的基本分工，但党政班子在人员构成上是高度重叠的，这套班子事实上同时掌握着学校的决策权和执行权（管理权）；三是大学目前虽普遍设立了学校层级的学术委员会，且承担着部分学术治理功能，但因学术委员会在权力性质上的模糊性、权力边界上的脆弱性、人员构成上的局限性、实际运行中的随意性等不足，仍然处于对学校党政权力的某种依附地位，独立性与权威性都相对不足，并未构成独立于党、政之外的第三股治理力量。因此，从很多学校运行的情况来看，表面上看虽是党政共同推进学校的相关事务，而且也由学术委员会来负责学术治理，但实则为科层治理。不仅如此，由于事实上的"双首长"的制度化存在，在这种科层力量独治的总体格局中，又局部存在以党委和行政"双首长"为中心的分裂式"争治"。其结果不言而喻，易干扰学校高层决策，压制学术治理的独立空间。不利于大学内部学术力量、学生等其他利益相关者对学校决策的实质性参与，不利于各方价值与利益诉求的顺畅表达和有效整合，以及其他利益相关方参与热情和自身能量的激发。因此，有学者认为，当前高校"决策权力总体上处于非制度化的运行状态，决策者们缺乏程序意识和制约观念"①。

5.2.1.2 行政化的大学内部治理结构：党政学"混治"及其失衡

从当前我国大学内部治理结构的样态可以看出，党政学等权力之间配置的不协调、运行的不协同，导致出现某种治理混乱的局面，这种混乱的治理，不仅表现在学校领导与管理层面的"党政不分"或"以党代政"，

---

① 刘献君. 高等学校决策的特点、问题与改进 [J]. 高等教育研究，2014（6）：20-22.

更表现为学校治理层面的"政学不分"和"以政代学"，即堵塞学术治理的独立空间，将学术事务纳入党政决策的轨道，按党政力量的价值、利益与意志来直接决策学术事务，或者间接操控学术事务的决策，使得很多高校出现以学术委员会为责任主体的学术治理形同虚设、徒有其名的现象。组织内部呈现出党、政、学三种力量垂直分布的纵向等级制权力结构以及为党委统领、政学分治的"品"字形权力格局，学术治理仍然是依附于党政治理"框架"。从理论上说，大学的学术事务尽管也存在于大学一级（如学术政策的制定、学术领导者的遴选、学科布局的规划与调整等），但主要集中于大学的基层组织。归结起来，以党政和政学之间的分治来革除"混治"之弊，让党务的归党务，行政的归行政，学术的归学术，以实现其各自的价值平衡和利益诉求。因此，当大学在实际运行中无法获得这种多重平衡时，大学发展也就注定会出现某种混乱局面或自我迷失。恰如当下高度行政化运行的大学一样，在其行政主导的大学治理实践中，所张扬的不是学术至上的价值与文化，而是行政至上的取向与走向。如此，大学的教育学术绩效及组织合法性就势必会面临危机。

5.2.1.3 中国大学党委领导与校长负责之"制度性冲突"

作为我国高等教育办学的重要特征之一，党委领导下的校长负责制的核心精神是坚持党委的领导，并把培养合格的社会主义建设者和接班人视为党在教育领域领导地位的必然要求，这是高校坚持社会主义办学方向的具体体现。从1950年到现在，我国大学的内部治理结构的演进大体经历了七个鲜明的发展阶段，见表5-2。

表5-2 我国大学内部治理结构演进及内涵

发展阶段	时间	治理结构基本表征	内涵
第一阶段	1950—1956年	校长负责制	校长的内务是主持学校的教学科研及行政工作，外务是代表学校；党务工作的特点是以党组织形式开展相关工作，党组成员是以行政工作负责人的身份来推进执行党的方针和路线
第二阶段	1956—1961年	党委领导下的校务委员会负责制	这一时期实行的是党委领导下的校务委员会模式，校务委员会以集体领导的方式来商讨决策学校的相关重大问题

表5-2(续)

发展阶段	时间	治理结构基本表征	内涵
第三阶段	1961—1966 年	党委领导下的以校长为首的校务委员会负责制	强调党对高校内部事务的领导权应该在校级层面。校长主持校务委员会并处理学校日常工作
第四阶段	1971—1976 年	党委"一元化"领导	在此期间，高校内部基本上实行的是党政高度合一的革命委员会"一元化"领导模式
第五阶段	1978—1985 年	党委领导下的校长分工负责制	学校党委作为领导核心对学校工作进行统一部署，学校的相关重大事务由党委讨论决策后由校长分工负责执行
第六阶段	1985—1989 年	党委领导下的校长负责制，同时试行校长负责制	在这一时期，全国很多高校逐步推动了校长负责制的试点性改革
第七阶段	1989 年至今	党委领导下的校长负责制	党委领导下的校长负责制是被《中华人民共和国高等教育法》以法律的形式确定下来的高校的领导体制

从表 5-2 可以看出，我国大学内部治理结构的构成大致包括党委、以校长为首的行政权力组织以及各类学术委员会和教职工代表大会等，但领导的核心仍是党委和行政组织。到了 1999 年，我国在颁布的《中华人民共和国高等教育法》中明确规定大学实行的党委领导下的校长负责制，同时还对学校党委和校长的职权进行了划分和规定（见表 5-3），可以说这从边界上逐步厘清了党委领导和校长负责的基本界限。随后，特别是在2014 年中共中央办公厅印发的《关于坚持和完善普通高等学校党委领导下的校长负责制的实施意见》中，分别对党委领导的方式和内容、校长负责的形式和范围做出了"领导什么，如何领导""负责什么，如何负责"的重点阐述和明确回答，并对高校讨论决定重大事项的两大会议：党委会议和校长办公会议的议事决策程序提出了具体安排。应该说这个意见涉及中国特色现代大学制度的核心内容，各地也纷纷做出了相应的实施细则以贯彻执行。然后，由于当前我国高校改革任务繁重，且各高校之间发展情况各异，在"党委领导下的校长负责制"这一高校办学体制的实践探索过程中，很多高校对于如何正确处理党委和行政之间的关系，仍然没有清晰的认识，各执一词，各行其是，以至于产生了多种效果。

表 5-3　1999 年《高等教育法》对高校党委和校长职权的划分和规定

领导主体	高校党委	高校校长
总体地位	按照党章规定统一领导学校工作，并支持校长独立负责地行使学校事务的职权	全面负责学校的教学、科研以及其他行政管理事务等相关工作
法定职权	严格执行党的各项路线、方针、政策，坚持社会主义办学方向并领导学校的思想政治及德育工作，决定学校内部组织机构的设置及负责人的人选，讨论决定学校的改革、发展等重大事项，确保以培养人才为中心的学校各项任务的顺利完成	拟订发展规划、具体规章制度和年度工作计划并组织实施；组织教学、科研等活动；推荐副校长人选，拟订学校内部组织机构的设置方案并任免相关负责人；对教师和其他工作人员进行聘任与解聘，对学生进行学籍管理等；拟订和执行年度预算，保护和管理学校资产及维护学校的各类合法权益；执行大学章程规定的其他职权

在我国高等教育领域，校长既是高校法定代表人，又是校长负责制的第一责任人，其对外代表学校、对内负责学校相关行政事务工作，从严格意义上而言，校长是法律框架内的高校"一把手"；而党委则负有对高校的领导责任，党委书记对事关学校发展的重大问题或事项具有最终决定权，党委书记是高校政治体制和组织体制中的实际"一把手"。尽管中央文件及国家法律法规都有对党委领导和校长负责明确的规定，很多高校也有相关的实施细则，但是，在高校运行的实践中，到底哪些问题由校长办公会定夺、哪些事务交由党委会来讨论决定并没有严格区分。在我国高校内部治理的过程中，尤其是涉及干部的任免、经费的使用、基建的管控以及机构的设置等重大问题上更容易激化书记和校长之间的"一把手意识"，两者间的权力边界如果没处理好必将导致党委和行政之间在治理结构上的失衡。如何处理两个"一把手"在学校决策事务中的分工，表面上是如何协调党委领导和校长负责的关系，但实际上是高校内部结构如何优化的问题。因为如果处理不恰当或处理不好，不仅容易造成大学管理运行中的法律与政治组织框架间的冲突和摩擦，而且对学校的形象、风气以及教职员工的积极性等都会造成不良影响。从理论范畴来看，高校党委书记和校长间的博弈实际上是执行党委领导下的校长负责制时，双方责任厘定不清、权力掌握不对称的反映。作为学校法定代表人的校长在党委领导下不具备"终审话语"，却在出事时不得不承担法律责任，想管的管不了，想放的放不掉，这种现实运作的尴尬使得对学校重大责任问题的负担实际"无人问

津"。以至于在实际工作中"党委领导、校长负责"是"领导的不负责、负责的不领导"，干出成绩不知算谁的，不如相互偷懒，平稳过渡。只要不出问题就算工作业绩，就算出了问题也可以相互推诿。因此，在现实的高校组织生态，所谓领导人、负责人躲懒、逃避、无为几成常态和普遍[①]。在此意义上，研究团队认为，在贯彻执行党委领导下的校长负责制这一高校办学体制的过程中，如何更为清晰地划分党委领导和校长负责的职权，如何促使两者发挥积极性和能动性以及有效的衔接与配合，以提升高校整体效能，势必是完善中国特色现代大学制度中的重要一环。

5.2.2 从行政主导走向多元共治：中国大学内部治理结构的完善方向

5.2.2.1 大学内部治理结构的要义

现代大学本质上既是一个文化性的教育与学术机构，又是一个高度分化、异质化的组织，内部既存在着不同类型和性质的组织单元、权力系统、成员群体和组织活动，也存在着不同的价值主张、权力规范、责任要求与利益诉求。这种组织特性决定了大学内部重要事务的决策，既要在不同的成员间实现各种价值的平衡和利益的整合，又必须保障大学的教育学术本位及教育与学术生产力的发挥；要兼顾决策的科学化与民主性，以及决策过程的公平与作为结果的效率。不仅如此，大学作为现代社会的"轴心机构"，其重大事务的决策还牵涉社会的公共利益，乃至普通民众的民生利益，常常引发政府和公众的密切关注。这意味着，大学的重大决策不仅是大学"内部人"的事情，还必须考虑政府及公众的价值与利益要求。可见，大学重要事务的决策是一个涉及大学内、外部多方价值平衡和利益博弈的"政治过程"，在客观上需要搭建一个制度化的平台，让与决策议题有重大利益关联的各相关方或其代表能聚在一起，在民主协商的基础上充分沟通，达成共识，最后做出决策。这是一种现代大学的多元民主决策机制。该机制在操作层面的实现关键在于科学地配置决策权，形成合理的决策权结构，以保障各利益相关方的决策权及其价值与利益诉求的表达。当然，在这个"游戏规则"中，不可能所有的利益相关方都享有等量齐观的决策权。因为在大学的诸利益相关方中，既有地位"显赫"、作用显著的战略性利益相关方（如大学的举办者、领导者、大学内部的教育学术人

---

① 陈昌贵，季飞. 正确行使自主权与高校内部治理结构调整 [J]. 复旦教育论坛，2011（1）：33-36.

员等），又有地位与作用相对一般的普通利益相关方（如大学的合作伙伴、校内的行政职员、学生等），两者在大学重要事务的决策中显然不宜也不应有同等的决策权力。不仅如此，大学决策权在不同利益相关方之间的配置，还同大学决策议题的性质与类型高度相关。譬如，在重大学术性事务的决策中，显然教育学术人员就理当拥有决策权。

大学内部治理结构科学建构的核心是决策权力的分配。例如，在高等教育治理领域素有集权倾向的法国，自1984年国民议会颁布《高等教育法》后，大学设立的三个校级治理机构都由校内外人士按一定比例组成。其中，主要负责制定学校发展政策、表决和批准学校预决算的校级决策机构——校务委员会一般由30~60人组成，人员构成比例为：教师和研究人员代表占40%~50%，学生代表占20%~25%，行政、技术、工人代表占10%~15%，校外人士占20%~30%；[①] 而主要负责就学校科研政策及科研经费分配提出建议，就学校教学大纲、教师和研究人员资格、文凭颁发等提出意见的科学委员会，人员构成比例为：校内人士代表占60%~80%，其中至少一半应是教授或其他有资格领导科研的人员，研究生代表占7.5%~12.5%，校外人士（可以是外校的教师和研究人员）占10%~30%[②]。深入分析颇具代表性的法国大学核心决策机构的人员构成结构，可以推导出大学内部治理结构设计的两条基本原则：首先，在现代大学已成为社会的公共机构、关联着社会公共利益的制度环境下，大学的重大事务完全由"内部人"来控制已不合时宜。"当下的高等教育生态，犹如没有硝烟的战场，其重大的战争意义，自然不可完全交由作为高校将军的教授"[③]。故大学的重大决策，不仅应在价值和利益层面考虑到政府与社会的关切，而且须在制度和程序上考虑校外人士的必要参与，以督促大学内部决策对公共利益和社会关切的回应。其次，鉴于大学的主要任务与事务同教学和学术相关，大学内部许多重大事务的决策须保证教学和学术人员的制度化参与及其价值及利益诉求的充分表达。换言之，在大学重大事务的决策中，教授群体这一大学内部核心战略性利益相关者是不能也不应被轻视的。此外，基于大学作为"公共机构"的公共性，一般要求大学内部治理保持某种透明度。譬如，依照美国各州的"阳光法案"，公立高校董事

---

① 黄福涛. 外国高等教育史 [M]. 上海：上海教育出版社，2003：303-304.

② 黄福涛. 外国高等教育史 [M]. 上海：上海教育出版社，2003：303-304.

③ 约翰·S. 布鲁贝克. 高等教育哲学 [M]. 王承绪，等译，杭州：浙江教育出版社，2002：32.

会执行的是公开合议制度。该制度要求，无论董事会成员针对何议题展开讨论都必须在允许社会公众和大众媒体介入的情况下按章按规公开进行①。

综上所述，现代大学是以教育和学术为本位、公共性明显的多元利益相关者组织，其治理的基本逻辑和范式是多元共治。为保障学术本位和多元共治的实现，大学必须建立科学的内部治理结构，即大学重大事务决策的结构。这种结构的要义在于，形成大学决策权在其多元利益相关者之间的科学配置，使各利益相关方都能在遵循学术逻辑的前提下，于大学决策过程中自由表达自身的价值与利益诉求，并在充分沟通、适度妥协、达成共识的基础上有效整合各方的价值与利益，形成大学各方的共识。

5.2.2.2 大学何以走向多元共治

大学作为人类历史上出现的具有较多普适性和共通性的社会组织，其治理虽无"放之四海而皆准"的普适性模式可照搬，但却有内在的价值标准与共性规则须遵循。故思考和规划中国大学的治理改革与转型，是有必要观察和总结世界范围大学发展演进的路径与走向。20世纪80年代以来，西方国家的新公共管理运动直接触发了新的社会治理思潮和治理变革。相对于传统的管制或统治，现代治理概念更加强调公共事务管理中主体的多元化，以及它们之间的交流对话、伙伴协商与互动合作，更加强调多元化的治理参与主体对公共事务决策权力的分享，因而客观上蕴含多种主体共同治理的意涵。大学治理，即大学内外部诸种利益相关者参与大学重要事务决策的结构及其过程。大学治理关注的是政府、社会力量和围绕大学相关事务的决策而展开的民主协商②，目标是期待国家、社会和大学之间建立多元协商的参与式治理结构③。在西方国家大学的治理实践中，政府部门、大学领导层、大学教师、学生、本校校友、校外捐助者、周边社区人士等，都可以依据其大学利益相关者的身份和资质参与大学事务决策如大学内部的资源配置、财政预决算、人事作业与专业设置等④。这些不同身份、角色和性质的大学利益相关者通过参与大学相关事务的决策，一方面较为有效地体现、实现和维护了各利益相关方的自身价值与利益诉求，使其价值与利益诉求借此获得制度化的表达和实现；另一方面，也科学、

---

① 丁笑梅. 大学治理结构研究：基于比较的视角 [D]. 上海：华东师范大学，2014：102.
② 荀渊. 治理的缘起与大学治理的历史逻辑 [J]. 全球教育展望，2014（5）：97-104.
③ 荀渊. 治理的缘起与大学治理的历史逻辑 [J]. 全球教育展望，2014（5）：97-104.
④ 李福华. 大学治理与大学管理 [M]. 北京：人民出版社，2012：5.

有效地维护了大学本身的公共性，化解了其不可回避的自治与受控、自由与责任、行政与学术以及集权与分权等所带来的矛盾或冲突，使大学内部各种势力或力量（尤其是行政和学术）的价值和权益关系，以及大学与政府、市场和社会之间的价值利益协调得以维持动态的平衡，使大学所承载的教育、学术与社会的政治、经济、法律之间的价值关系保持微妙的平衡①。西方国家大学多元共治的历史实践证明：借助大学共同治理这一绝妙的"平衡器"，萦绕在大学身边的诸种价值和责、权、利得以维持相对的动态平衡。以此为基础，大学的使命、目标、任务与职能得以顺利实现，其合法性与教育学术生产力亦得以发挥出来。放眼全球，大学多元共治已日益成为现代大学治理的主流样态，也铸就了大学治理的基本发展趋势，其内在根由即在于此。

5.2.3 完善中国大学内部治理结构的框架设计与对策构想

由行政主导走向多元共治，已是中国大学治理转型的基本方向。故在中国大学内部治理结构的完善问题上，这一走向仍是基本的"质"的规定性。换言之，中国大学内部治理结构的完善，也应遵循从行政主导走向多元共治的基本方向。因为现代大学制度的基石乃现代大学治理结构，其设计的好坏与否、合理与否，从根本上决定了大学治理体系与治理能力的效价。

5.2.3.1 对中国大学内部治理框架的界定

《纲要》中有关中国特色现代大学制度板块的一个重要内容就是完善大学治理结构，其重点还涉及依法落实党委、校长职权，探索教授治学的有效途径和发挥群众团体的作用。这与学术界的观点基本一致。学术界普遍认为：党委领导、校长治校、教授治学、学术自由（民主管理）②。可以构成我国大学内部治理结构的基本框架。鉴于此，从大学治理尤其是大学共治的视野和理念来考察，对于中国大学内部治理结构的完善，可以围绕以下四点来进行基本框架的界定。

---

① 龚怡祖. 大学治理结构：建立大学变化中的力量平衡 [J]. 高等教育研究，2010（12）：51.
② 张应强，蒋华林. 关于中国特色现代大学制度的理论认识 [J]. 教育研究，2013（11）：35-43.

（1）党委领导：总揽全局，顶层治理，掌舵而非划桨

基于坚持中国共产党领导的基本政治制度，突出党对高等教育事业的领导，公立高等学校都是实行党委领导下的校长负责制。学校党委对事关学校办学的战略全局性问题进行决策，包括把握学校的办学方向、办学定位和办学思路，讨论决定学校重大事项及基本管理制度，依法支持校长独立行使职权等。换个角度说，如果由校长领导的学校行政体系负责的是学校的管理，那么高校党委的任务就是治理。参考美国高校的内部治理实践，治理的所属范畴包括核定学校发展任务与目标，落实学校政策和行政程序，任命、审查和支持校长，以及对学科专业、学校活动和内外资源进行监督[①]。两相比较，我国高校党委在地位和职权上类似于美国公立大学的董事会，而后者恰恰是美国大学最重要的治理机构。我国高校领导管理体制中的党委和校长，其权责分工通常被描述为：党委决策，校长贯彻；党委领导，校长执导，充分显现出党委和校长之间的治理与管理的分野，即党委主要负责学校的顶层治理，其权责重心是通过集体决策就学校办学的基本目标、整体规划、基本政策与制度、重要人事和预算形成组织的整体意志，相当于给学校这艘航船"掌好舵"；而大学校长主要负责学校的日常运行及管理，其权责重心是在党委设定的目标下，在党委认可的政策和程序之内，依据党委决策形成的"组织意志"（具体表现为各种规划、政策、制度、程序等）来组织学校的各项活动与工作，配置人、财、物等资源，以保证大学既定目标的实现，相当于对学校这艘航船"划好桨"。

大学治理意味着大学诸利益相关方的参与、协商、妥协和寻求共识，这也就意味着作为大学最高决策的中枢机构，高校党委必须同参与大学的各利益相关方代表进行制度化的沟通、交流与协商，以形成最终决策。因此，大学共治时代的高校党委，必须从高等教育生态系统的全貌和国家高等教育事业发展的高度，从更高的层次、更宽广的视野、更辽阔的边界统揽全局、把握要领，而不应再局限于大学的组织边界之内；至于高校党委发挥领导作用时的"协调各方"，同样不宜再局限于党委、行政和学术三方，而应向上扩展至上级主管部门和党政机关，平行联络合作单位、企事业单位、社会组织、地方社区、第三方机构及与学校相关的各利益方。总之，共治时代的高校党委，其功能定位可以修正为"立足场域、统揽全

---

① 罗纳德·G. 埃伦伯格. 美国的大学治理 [M]. 张婷姝，沈文钦，等译. 北京：北京大学出版社，2010：9.

局、衔接内外、联系上下、整合各方"①。同时，高校党委还应意识到自身由决策权适度延伸出来的决策监督权，适度强化对校长团队之决策执行的监督，这是高校党委决策权真正得以实现的重要保障。

（2）校长治校：设定愿景，统筹整合，引领师生治校

无论大学采取何种领导管理体制或运行模式，大学校长一般都是大学组织的最重要领导者和最高层管理者。西方国家大学校长即便不是董事会的成员，也在事实上和董事会分享着大学的治理权；在我国，大学校长不仅是学校党委的核心成员，而且是党委领导下的学校最高管理者。两者的共同点在于，大学校长是链接学校最高决策层和学校管理系统之间的"桥梁"。他既是大学顶层治理的一个关键节点，又是大学管理系统的领衔者。故校长治校命题中的"治校"，兼有参与重大校务决策和主导校政管理的双重内涵。从侧面看，大学校长参与（而非主导）大学最高层决策，也反映了现代大学共同治理的基本逻辑与范式。

在大学校长的实际履职过程中，就重大校务治理而言，他要么是直接参与大学最高决策机构（如以董事的身份参与大学董事会，或以党委常委、副书记的身份参与大学党委会）以参与行使大学最高决策权，要么是以同大学最高决策机构进行协商的方式（如西方国家大学非董事会成员的大学校长与董事会之间会进行决策前的沟通）实质性地影响大学的最高决策，发挥其在大学治理结构中关键节点的作用。以英国剑桥大学为例，剑桥大学设置了董事会、理事会和校务委员会等机构。董事会是大学的立法机构；理事会拥有行政和决策权，向董事会负责；校务委员会则承担了学术和与教育相关的具体事务，如考核教师、监督教学质量、提高科学水平等。其架构见图5-1。实际上，董事会只是总体上把握学校发展的方向，校长作为行政长官贯彻董事会的想法、意志并协调学校的行政事务工作，学校的大政方针和重大问题实际上都由校务委员会决定，日常工作也是由校长（副校长）负责。

---

① 陈金圣. 关于高校党委领导权责及其实现问题的思考 [J]. 复旦教育论坛，2015（5）：12-13.

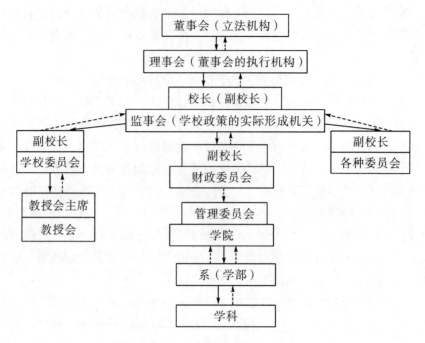

图 5-1　剑桥大学内部治理结构

　　参与重大校务的决策之后，如何执行大学最高决策机构的决议、如何在执行层面做出一些或规则性或技术性的决策，也就成为大学校长最重要的工作了。在西方国家大学内部一般遵循学术与行政分治的基本原则，学术治理主要是教授们学术权力的作用范围，大学校长虽可以其学术领袖的身份来"领导"，但通常是依靠这些学术权威来展开学术治理。即便在校长可以主宰的学校行政管理领域，鉴于大学行政事务的纷繁复杂，校长通常也需要借助其领导的行政管理系统来予以辅助和支持。曾任普林斯顿大学校长长达 24 年的多兹（Dodds）教授深有体会地讲过，实际上，在任何领域里，校长都不能一个人包到底，他必须懂得放权①。可见，就校长治校而言，尽管校长在法理上享有治校大权，但实际上仍是校长领导校内教师、职员甚至学生来共同治校。从这个角度看，学术界关于校长治校与教授治校的争议，实际上并不应构成争议。因为校长治校是校长引导和依靠教授等校内成员群体来共同治校，教授治校是教授群体在校长领导下以学

　　① HAROLD W DODDS. The Academic President - Education or Caretaker？［M］. New York：McGraw-Hill Book Co., 1962：2-21.

术性事务为"主阵地"的治校。校长治校强调是的大学校长具有领导治校的法理权力，教授治校强调的是教授群体在校务治理中的核心地位，两者是多元治校的不同侧面。

在我国，基于大学内部"强行政、弱学术"的权力格局，许多学术事务被纳入行政决策的轨道，校长往往既是行政决策又是学术治理的最高领导者。事实证明，这种行政与学术"合治"的效果并不理想。所以，在学术治理领域，大学校长最适合的治校方式是，"授权"和支持教授主导学术治理，并鼓励他们参与校务治理。与此类似，在行政事务的治理中，大学校长亦有必要充分授权，依托自己领导的行政管理系统来处理行政事务。这样，大学校长较有效的治校方式，实则是在充分信任、积极沟通、取得共识的基础上，巧妙授权，统筹整合，引领师生们一起共同治校。

设定愿景，统筹整合，引领师生共同治校，已成为现今大学共治时代校长治校的核心艺术。因为一个大学校长，如若不能清晰而准确地表达其所在大学的未来愿景、发展道路和历史使命，他将不会被视为合格的学校领导。

（3）教授治学：依靠专长，主导学术，参与校务管理

对于教授在大学里的作用究竟应是止于治学领域还是可以扩及治校范畴，目前国内学术界的意见并不一致①。不仅如此，即便是教授治学的具体内涵该如何界说，学术界迄今也很难说是已取得共识。教授治校与教授治学的区别在于，教授所治理的范围究竟是限于学术性事务还是全部学校事务。从大学运行及治理的变迁轨迹来看，作为"学者行会"的中世纪大学，实行的是行会自治式的学者治校，即全体教授通过教师团队等组织来集体决策和管理学校的重大事务。但随着大学现代化过程中规模的扩大、职能的拓展、内部事务和对外联系的复杂化，大学内部逐渐出现行政和学术的二元分化；同时，因大学公共性及多元利益相关者属性的凸显，外部力量对大学的介入日益加深。这样，大学内部学者群体的治校权逐步被"稀释"，呈现出由早期的全面主导大学重要事务转而退守主导大学内部学术性事务的同时参与大学重要行政性事务的态势。从这种意义上讲，教授治学的主张也有其合理性。

但必须注意的是，在中国高校中往往被视为行政管理事务的招生就

---

① 陈金圣. 大学学术权力的制度化建构：基于组织分析的新制度主义视角 [M]. 北京：中国社会科学出版社，2014.

业、学位授予、职称评定、人才引进、学科设立、专业设置、质量评估、学术奖励等方面，在西方国家大学的管理运行中都属于学术性事务①。而且，西方国家大学中行政的基本伦理取向是为教育和学术服务、为教授和学生服务。相反，在中国大学里的行政系统日渐出现一种脱离甚至凌驾于学术，并同学术系统进行不当争利的不良倾向。中西方大学在内部治理的现实生态和运行态势方面的显著差异使得部分学者认为，只提教授治学难以凸显学术力量在大学中的地位和作用，很可能减弱学术群体参与大学事务决策的权利，是抽象肯定、具体虚化学术权力的表现，必然导致大学的行政化倾向②。诚如有学者在论及教授委员会的定位时所指出的，如果教授委员会只负责"治学"，只享有与学术相关的决策权，而两耳不闻与行政相关的学校发展战略、目标、人事和财务，何谈"学术权力主导"?③ 从这个角度出发，将现行"党委领导、校长负责、教授治学"的治理结构调整为"社会参与、党委领导、校长负责、教授治学并参与决策"确有其必要与必须，也更有利于建立起大学变化中的力量平衡④。

教授群体是大学的战略性利益相关者及核心治理主体，将教授群体的作用设定于诸如课程与考试等纯学术事务的决策和管理上，而在办学战略、规划、资源配置和人事安排等重大校务上排斥教授群体的实质性参与，无疑是不合理的。教授群体熟悉学术性事务，按"内行控制"的原则主导学术治理是理所当然；但这并不意味着，教授就不必参与上述其他重大校务的决策。所以，从大学共治的视野和理念来看，大学内部的共治，首先是学术和行政的"共治"，这种共治不是"学术的归学术，行政的归行政"，而是"学术的归学术，学术还要参与行政"。换言之，应当强调教授群体在充分发挥其学术专长和专业判断的基础上主导大学内部的学术治理，同时还要适度参与诸如校长遴选与考评、重要人事安排、校内资源配置等其他重要校务的决策。当然，教授治理权具体如何设定，可以本着从

① 张应强. 关于我国建设现代大学制度的思考 [A]. 高校治理及国际比较高级研讨会会议发言稿汇编，2010：4-8.

② 陈金圣. 大学学术权力的制度化建构：基于组织分析的新制度主义视角 [M]. 北京：中国社会科学出版社，2014.

③ 毕宪顺，赵凤娟，甘金球. 教授委员会：学术权力主导的高校内部管理体制 [J]. 教育研究，2011（9）：46-48.

④ 龚怡祖. 大学治理结构：建立大学变化中的力量平衡 [J]. 高等教育研究，2010（12）：54-55.

学校实际出发的原则，因校制宜。因为，事实上，教授治学或治校，实际上可以视为教授参与大学治理这个连续谱上的不同两点①。这样，既可以有效弥合国内学术界在此问题上的认知分歧，也可以有力地解释现今不同国家的大学在教授治理权上不同方向的权力调整，还有助于推动我国大学在治理层面的多元化和个性化。

（4）学术自由：大学之魂，观念力量，引导文化治理

大学治理的实际运行，往往需要涵盖一些正式的制度或非正式的制度乃至内外部不同的文化来"润滑"大学各利益相关者之间的关系②。但较之正式的治理机构或体制机制，我们往往容易忽视大学治理中的文化因素。近些年来，西方国家大学"软治理"的流行，却已昭示现代大学走向文化治理的新趋势。这说明，在大学共治的实践中，某些根本性的文化观念至关重要。学术自由就是这类核心的文化—认知和观念力量之一。追溯西方国家大学源起，考究西方大学信仰，教师与学生不受国家、社会干预，不受法律条文限制，不受学校规定干扰，不受公众压力破坏而独立进行讲授、学习、研讨和求知，才是学术自由的真谛③。如今，学术自由已被视为大学存在的必要条件。1994 年，美国大学教授协会（AAUP）在其发布的《教职治理与学术自由的关系》宣言中，明确指出大学共治和学术自由的重要原则与密切关系，即紧密合作、无可争议的联系。事实上，系统梳理西方大学学术自由权的发展历程，即可发现：学术自由权对于西方大学共治的确立起着极其重要的促进作用。学术自由本源是一种私权利，肇始于西方的中世纪大学，后经学者个人的学术自由诉求向机构的学术自治诉求扩展，历经几个世纪直至获得法律地位④，最终成为大学自治权的重要法源。在大学内部，学术自由更是西方大学教师争取终身教职及参与大学治理等教师权利的思想武器和重要"法宝"，它从教师群体的价值主张逐步发展成为大学的共享信念，最终演变为西方国家大学共治的核心制度安排。可见，学术自由的文化观念，是大学共治的文化—认知基础和观念制度根基。

① 陈金圣. 教授治校与教授治学的兼容性及其现实意义 [J]. 复旦教育论坛, 2014 (2): 61-66.
② GAYLE, DENNIS JOHN. Governance in the Twenty-first-century University [M]. San Francisco: Wiley Periodicals, 2003: 56.
③ 简明大英百科全书: 第 1 卷 [M]. 台北: 台湾中华书局, 1988: 56-57.
④ 龚怡祖. 我国高校自主权的法律性质探疑 [J]. 教育研究, 2007 (9): 50-51.

西方国家大学治理的变迁历史也证明，正是凭借学术自由权，大学对外争得了自治权，学者在大学内部争得了参与大学治理的权力。学术自由的观念不仅赋予学者以集体性的学术自治权，而且由此扩展至对大学重要事务的治理参与权。在美国大学教授协会和大学董事会协会（AGB）等机构的倡议和努力下，《学院和大学治理联合声明》于 1966 年正式发布。该声明指出，"共同治理"是"基于教师（学术群体）和行政部门（行政力量）特长的权力与决策的责任分工，以代表两方共同工作及合作的承诺"。这意味着，教师作为学校的学术主体，不仅对人才的引进、教学的开展、科研的探索以及学生的教育、学习负有首要责任，同时允许并支持教师积极参与学校愿景规划、经费统筹、机构设置等涉及学校建设和发展方面重大事务的决策①，从而加快了美国高校董事会、行政管理和学术团体的共治性进程。

中国大学的后发外生性，使得无论是在社会中还是在大学里，学术自由的观念都十分淡薄，这既是中国大学高度行政化的文化根源之一，又是阻碍中国大学走向共治的重要制约因素。组织新制度主义认为，大学是一个高度制度化的组织，深受制度的形塑，而"制度"之所以能形成一个稳定的社会结构，是因为制度的三种基本构成要素——规则、规范和文化—认知，通常能以相互强化的方式构成一个强有力的社会框架。如果说类似治理结构等相关规则是大学共治"制度之形"的话，那么多元共治、学术本位等价值观和基本法则就是大学共治的"制度之神"，而隐含在上述价值观及法则背后的学术自由等文化—认知就是大学共治的"制度之魂"。在文化—认知层面，学术自由的观念内含于大学的学术本性，并赋予大学治理以学术价值上的合法性；在规范层面，学术自由于外部凸显大学自治的价值合法性，于内部支持学术治理的价值合法性。中国大学行政化的运行态势及治理倾向警醒我们：如果不能切实有效地在大学内外部树立起学术自由的价值观念，不仅大学的自主权将难以在泛行政化的制度环境下真正确立起来，而且大学内部学者群体的学术治理权、校务治理参与权也将难以真正实现。脱离了以学术自由为内核的大学治理精神，而完全依赖大学内部治理结构，大学治理将极有可能走入"形似而神不似"的窘境，大学治理体系和大学治理能力的现代化也终归会遭遇某种文化的"瓶颈"。

---

① 甘永涛. 美国大学共同治理制度的演进 [J]. 清华大学教育研究, 2009 (6)：26-27.

5.2.3.2 完善中国大学内部治理结构的基本对策

从理论层面诠释中国大学内部治理结构基本框架的构成要素，是在实践价值层面完善中国大学内部治理框架的逻辑起点。从我国大学高度行政化的治理倾向出发，其内部治理结构框架的完善应强调以下基本对策。

第一，从拓展核心成员的来源及其代表性入手，改进学校党委这一大学顶层决策中枢，并通过建立党委或其常委会——理事会，党委或其常委会——学术委员会等大学治理双边或多边机构联席会议机制，来搭建大学多元共治的制度平台，促成大学决策由党政单极化向多元协商化的转型。在现行高校领导体制下，高校党委无疑是我国大学的核心治理机构，负责大学重大事务的决策，直接左右着高校的办学走向和组织运行。但按目前高校领导体制的实施办法，高校党委或党委常委会的成员人数有限（常委会一般设委员 7~11 人；设常委会的党委一般设委员 15~31 人，无常委会的党委只设委员 7~11 人），且明确规定：身份为中共党员的校级行政领导一般进入常委会；（党委）委员除涵盖校领导外，还应吸纳各二级学院党政负责人和教师、学生代表。在行政化的权力格局下，这种政策设计的实际效果往往是：党委常委会中通常是由校级领导占主体地位，党委会中则是由校级领导和校内中层党政干部共同占据主体地位。这样，党委决策中枢在其成员来源的多元化和代表性上都存在严重的缺陷，非中高层党政管理干部的普通教师和职员通常无法进入决策中枢影响大学的重要决策，直接关联着大学教育与学术生产力的大学基层单位的价值与利益诉求难以在学校顶层决策中顺畅表达和有效实现，大学内部学术和行政之间的冲突往往在学校顶层决策这一"源头"处就埋下了伏笔。显然，成员身份、角色、立场与价值的高度"党政化"，是现行高校党委决策体制及运行机制的"硬伤"，它与现代大学多元共治的主流价值与基本逻辑相背离，无助于大学教育学术生产力的激发和大学行政化倾向的遏制。鉴于此，改造党委决策中枢，努力实现其核心成员来源的多样化和广泛的代表性，找准优化大学内部治理结构的切入口，比如参照国外大学内部治理机构的设置实践，即以明确规定校内外各方面代表的人数或比例的方式来优化党委决策中枢的人员组成及其代表性。不仅如此，为提升大学决策对社会利益及公众关切的回应度，可借鉴企业界的独立董事制度，在大学党委决策中枢中设置一定数量或比例的来自校外社会人士方面的"独立委员"或"独立常委"。

须指出的是，党委决策中枢即便在按以上思路予以优化后，终归会面临任期内人员固定和总人数有限的局限，这种状态既直接影响到共治时代大学顶层决策所要求的多元参与度，又会降低党委决策中枢在面对不同类型复杂问题时的决策效能（而非决策效率）。为此，不妨考虑党委或其常委会——理事会〔国外大学亦设理事会，它通常是董事会的另一种称谓，和董事会一样，一般是高校的最高领导与决策机构；而依据教育部发布的《普通高等学校理事会规程（试行）》，国内部分高校近年成立的学校理事会，则是由高校办学相关方面代表参加、支持学校发展的咨询、协商、审议与监督机构，其在性质、地位、职权和作用等方面均同国外大学的理事会有着本质的区别〕、党委或其常委会—学术委员会等双边或多边大学治理机构联席会议的联合决策机制，以弥补党委决策中枢自身在成员来源与背景、成员代表性及知识与能力等方面的不足。例如，在有关大学办学目标、定位、面向与战略等议题的决策时，就不妨采取党委或其常委会—理事会—学术委员会的多边联合决策机制。这种决策机制，既可以吸纳美国大学外行董事会制度的某些优点（见专栏5-2），又利于维护大学自身的合理价值与权益诉求，因而值得大胆尝试。

专栏5-2　西方现代大学治理结构之美国模式

美国大多数大学的管理组织都由大学董事会、评议会及教授会等组成，实行董事会领导下的校长负责制。在内部普遍采取校、院、系三级管理方式，学术行政两权分开，各司其职，相辅相成。其治理的主要特点是：一是董事会治理大学。董事会是大学的最高权力机构，拥有广泛的权力。公立大学的董事会成员一部分是根据职务确定的，一般有州长、州教育长、大学校长、大学事务局长等。董事会的主要职责包括决定任命校长、制定大学的长远发展规划并实施、所有事情的最终决定权、授予终身教职等；二是分享治理。所谓分享治理是指大学的校长等高级管理人员、教职员、学生等都参与大学重要事务的决策。同时，除董事会外一般还设置学术委员会、咨询委员会、教授会和以校长为首的行政管理部门等机构，合理划分权责。

〔资源来源：王守伦，等. 现代大学制度的建立与完善：基于国外实践经验的启示〔J〕. 国家教育行政学院学报，2011（3）：8-12.〕

第二，从推进大学校长的职业化和校内行政管理人员的专业化方向切入，构建大学行政与学术协作并治的治理体系，调整大学内部架构，形成大学组织内部的治理格局。大学治理终归是大学中人的行为，而人的行为又深受其所处地位、职责权限和价值责任取向等多重因素的制约，且深受相关激励—约束机制的影响。故人事制度改革应成为撬动大学内部治理结

构变革的重要抓手。在这方面，首当其冲的应是推进大学校长的职业化。大学校长的职业化，不仅意味着大学校长由"官员"向"职业校长"的身份转变，而且意味着其行动偏好和责任取向的重要变化。通过类似国外大学那种成员多元化的校长选拔机构和面向社会公开遴选、择优录用的选用机制，破除上级党委组织部门直接任命且"一统天下"的委任制，可以有效地通过约束规则"强制性"地卸掉大学校长基于各种考虑而无法割舍的"兼职教授"的工作内容，实现校长履职的专业化、"专心化"和"专注化"，进而依托其沟通大学治理层与管理层的独特作用，提升大学内部治理的效能。此外，同大学校长职业化改革配套一起推进的，还应包括大学内部行政管理人员的专业化。尽管《高等教育法》明确规定，高校内部除专任教师之外的管理人员和行政人员应逐步实行行政职员化，但受制于其中的利益因素，我国高等教育系统的行政职员制一直以来没有真正施行。在短期内无法解决推行行政职员制的利益障碍的现实条件下，高校不妨通过岗位设置与聘用的办法来推动校内行政管理人员的专业化。具体做法是，学校通过岗位设置制度明确专任教师和行政管理人员两类岗位，明确各自的岗位职责和要求，鼓励校内所有教职员工自由申请、竞争上岗。行政管理人员实行职员职级制和岗位专业化，不再强调其行政级别，不允许行政管理人员"双肩挑"，实行基于服务质量和工作实绩的考评制度。同时，利用高校颁布大学章程、建立学术委员会等有利的组织制度变革契机，推动建立校内行政与学术的二元分治体系，以学术委员会为核心建立独立于行政系统之外的学术治理体系，以职业化的校长领衔建立专业化、服务取向、不与教育学术岗位相交叉的行政治理体系，分别负责大学内部学术性事务与行政性事务的决策和管理。大学校长职业化、大学内部学术与行政二元分治后，可以有效规避现行关键管理岗位学术、行政"双肩挑"制度引发的负面影响，使学术事务的决策和管理回归学术的轨道，使行政管理重归服务于学术、服务于师生的定位，有利于克服行政权力主宰学术事务、按行政意志分配学术资源，以及学术、行政"双肩挑"人员利用其身份与权力优势抢占学术竞争的"有利地形"进而干扰正常的学术竞争秩序等大学内部治理缺陷。

第三，以大学章程的颁布、学术委员会的建立等为契机，努力推动大学学术权力的制度化，重建独立、权威的学术治理体系，充分发挥教授治学并参与校务决策的治理效应。随着高等教育法治化改革的深入，依法治教、依法治校已成为近期我国大学系统改革的重要方向。以部属重点大学为引领，大学章程建设与实施开始进入实质推进阶段。与此同时，随着教育部《高等学校学术委员会规程》等教育行政规章的出台，高校也开始建立以学术委员会为核心的学术权力体系。无疑，大学章程的设置，学术委员会的规范与推进，必将为大学内部治理框架的建立和完善提供必要的制度保障，也应成为大学组织变革须抓住的契机。基于此，高校可以考虑的是，从大学内部治理的整体出发，通盘考虑，将党委或其常委会、校长及校长办公会、学术委员会等大学治理机构的功能定位与职责权限等在大学章程中做出相应规定，作为大学组织运行常态化的制度依归。同时，加强学术委员会的规范化、专业化建设，领会并执行《高等学校学术委员会规程》的文件精神和学术权力体系建设的学理常识，推进大学学术委员会的建设和运作，并从机构设置、人员配备、委员遴选、会议规程和场地配给等方面考虑，加强学术委员会的规范化建设，使教师真正当家作主，享有作为学术主体的学术权力，并从制度建设、措施保障等方面保证教师在学校事务中"参政议政"的正常开展和正确执行，保证大学治理学术之翼的振翅高飞①。

大学校长作为行政一把手，同样应秉持学术、行政二分态度，遵循学术本位逻辑，坚持学术治理原则，发扬学术民主作风，发挥学术引领精神，使其在教学改革、科学进步、学科发展、学术建设、学风形成等方面切实发挥卓有成效的作用，推动高校学术治理的分立。高校还应通过制度创新，保障学术人员列席校长办公会，或者实行校长办公会—学术委员会的联席会议，以提高学者群体对重大校务决策的参与效度，充分发挥学术人员基于教育研究在参与大学治理中的主体作用。相比较而言，美国许多知名大学共治的历史和现状都表明，教师不仅有能力创造大学高质量的学术成就，而且有能力承担学校内高效率的管理工作。我国大学逐步倡导构建学术治理体系，完善教授群体参与学校的相关校务决策，目的在于充分发挥教授的上述作用。

第四，努力培植学术自由、学术神圣和学术本位的文化价值观，通过学术自由价值观的制度化来重建大学的学术信仰，进而确立以学术本位、

---

① 王英杰. 学术神圣：大学制度构建的基石 [J]. 探索与争鸣，2010（3）：13-14.

学术民主为内核的大学多元治理文化，为大学内部治理结构框架的确立和巩固提供文化—认知基础。大学在本质上是一个以教育和学术为志业的文化性机构，大学治理的基因刨根究底无疑就在文化上。西方国家大学较为成功的大学共治实践无疑得益于其学术自由的价值观及与此相联系的学术神圣、学术本位等根本性的价值体系；同理，我国行政化的大学治理样态，实质上反映的是我国大学系统在上述价值观方面的先天缺失和后天不足。所以，要完善大学内部治理结构，实现大学治理实现由行政主导向多元共治的转型，就必须着力在大学内外培植学术自由、学术神圣和学术本位的文化价值观。而这种文化价值观的树立和张扬，首先有必要通过大学的启蒙教育使国家的党政权力系统从大学之于人类、大学之于文化的高度认识大学的特殊使命与功能，从而树立对大学的尊重和对学术的虔诚，并切实按学术自由的价值观来思考对大学的法律保障与政策支持来科学选用大学的领导者与高层管理者；其次是应从选人用人的"源头"处，选出、用好具有学术自由精神的大学领导管理层；最后是对大学师生加强学术自由的理念教育，使其深刻认识到学术自由之于大学发展的价值支柱作用。当然，亦有必要在全社会范围加强对学术自由价值观的宣传与教育。

在加强对学术自由价值观的教育之后，应切实从制度层面加强维护学术自由的制度建设，以巩固这种价值观在社会的落脚和在大学的扎根。就大学自身而言，应通过上承大学章程、下至师生日常行为规范的制度体系来张扬学术自由的价值观和共享信念。在制度体系确立之后，应借助制度的规范作用实现学术自由在大学中人行动层面的彰显，并借此推动大学共治由理想向现实的转变。在以学术自由、学术民主为内核的大学多元治理文化建设过程中，蔡元培先生当年在北京大学推动的从人着手、从制度切入、以行动促精神的学术文化重建的改革实践仍有诸多有益的启示，其总体思路和诸多有效举措仍值得当下的大学在多元治理文化建设中效仿。

5.3　大学治理评估的案例：基于大学治理结构、过程与文化的分析

近几年在国内高等教育领域综合改革的推进中，推动大学治理体系与治理能力现代化已构成高等教育改革的核心议题。在我国高等教育体系

中，超过九成的高等教育机构为地方院校，其治理能力从整体上决定着我国高等教育机构的内部治理效能和教育学术生产力。与此同时，地方院校在师资队伍、学科基础、学术底蕴与传统乃至大学领导管理水平等层面与作为研究型大学的部属重点大学之间存在着明显的差距。这也意味着，地方院校在大学治理的规范化方面可能存在更为明显的治理短板。有鉴于此，我们选取了南方某省内非常具有代表性的一所于 20 世纪 90 年代初通过专科升格为本科的地方院校作为个案，基于对该校大学章程的文本分析和对若干关键性校务决策案例的分析，从该校内部治理结构、治理过程和治理文化三个维度来开展探索性的定性评估。最后，在此基础上，间接评估其内部治理能力，并以该校关键校务决策的基层认同度来予以验证。通过这种思路，我们期望能以"解剖麻雀"的方式，通过典型个案，来以点带面地揭示地方院校的内部治理能力状况，作为探索推动中国特色现代大学制度进程中的地方院校治理能力现代化的基础。

5.3.1 大学治理体系与治理能力评估的技术考量

所谓大学治理，就是大学利益相关者构成的大学决策权的架构及其决策过程。相应地，大学内部治理能力是大学各利益相关者对大学内部重大事务进行科学决策的能力。值得指出的是，正由于大学治理能力是一个相对抽象的概念，无法直接进行测度，通常需要借助一定的媒介来予以反映和测度。故选择合适的测评媒介，就是事关大学治理能力评估与测度的一个关键性技术问题。依据学术界有关治理体系和治理能力的理论共识，治理体系现代化和治理能力现代化之间呈现出结构与功能以及硬件和软件的逻辑关系。前者体现的是质的规定性，后者则会对前者产生积极或消极的影响[①]。由此推导出，在大学治理问题上，大学治理体系和大学治理能力同样存在着这种结构与功能的关系，大学治理体系是大学治理能力的决定性因素。鉴于此，为聚焦大学的具体事务以及技术的可行性，研究者主要考察和评估大学内部治理能力，即从考察和评估大学的内部治理体系入手，通过对大学内部治理体系的关键维度的深入考察和分析来实现。客观地看，这种评估和测度方法，可能存在技术上的精确性，但对于一种反映问题基本面貌的定性评价而言，无论是在逻辑上还是在技术上，都是科学

---

① 高小平. 国家治理体系和治理能力现代化的实现路径 [J]. 中国行政管理, 2014 (1): 9.

且可行的。

既然评估大学内部治理体系可以作为定性评估大学内部治理能力的技术方法，那么如何界定大学内部治理体系就成为一个关键的理论和技术问题。在此问题上，有学者提出，大学治理体系和治理能力作为国家治理体系和治理能力、教育治理体系和治理能力的重要组成部分及核心下位概念，不妨从国家治理体系和治理能力的思路与逻辑予以界定。相应地，大学治理体系也可以看成大学利益各方在决策权配置中的制度及规则安排，其涵盖大学治理的结构、过程文化等体制机制的设计①。显而易见，就是这些大学各利益相关者在这一系列治理行为中对治理所需要资源的配置程度以及治理主体的综合素养等。不仅如此，大学治理体系尤其是大学内部治理体系，通常是由大学的领导管理层来设计、把握和主导的。因此，大学内部治理体系设计得如何、运行得如何，也内在地折射出大学内部治理中作为核心治理主体的"人"（大学的领导者与管理者）的思想境界、道德水准与业务素养。从这个角度来看，即便是仅仅动态地考察大学的内部治理体系及其实效，也能大体对大学内部治理能力进行虽不够精确但也不至于失之偏颇的定性评价。

对大学治理体系的核心维度进行更深入的分析，也可以依照上述大学治理的三个维度来设计：就大学治理结构而言，可以将谁参与作为大学的治理主体，至于参与了多少则视为权力比重，把这些具体问题的设计体现出治理主体、边界以及权力分配的核心要素；就大学治理过程而言，强调治理主体的行为方式与方法程序；就大学治理文化而言，强调治理的理念与环境状况，以及治理所依赖的基本文化生态。总体来说，这个体系应该是大学治理主体、边界、方式、权重、程序以及文化的集合要素体，强调的是大学内部各种治理力量、板块或功能之间的有机融合。毋庸置疑，基于案例分析的方法，对大学内部治理能力展开定性评估，无疑可以从大学内部治理体系的三大维度入手，将其所包含的上述各种核心要素作为重要观测点，以保证这种经验性的定性评估方法在逻辑和技术上的可靠性。

5.3.2 对南方某省 L 学院文本和运行的调查分析

L 学院（需要指出的是，该校是省级本科院校，但校名仍是"学院"。

---

① 陈金圣. 重塑大学治理体系：大学治理能力现代化的实现路径 [J]. 教育发展研究，2014 (9)：21.

基于结合调研的考虑，下文均称"L学院"）是南方某省属普通本科院校，其前身××中学堂1904年始设师范科教育，1978年正式改建成为××专科学校，1991年升格并更名为××学院，2014年更名为L学院。L学院设有除军事学、医学之外的其他各大学科门类，本科专业近70个。在师资队伍方面，L学院现有高级职称教师570多名，博士学位教师约530人，双师双能型教师770多人。学校迄今已有30余届本科毕业生。从办学历史、升本年限及师资队伍等方面来看，L学院无疑是该省省属院校中比较具有代表性的院校，其综合排名在省内居15位左右，处于省属院校的中上游位置，比较适合作为省属院校的代表性样本。

5.3.2.1 对大学内部治理结构的案例分析与实践-文本比较分析

大学内部治理结构是大学内部重大事务决策权的配置，即大学内部重大事务的决策权在哪些利益相关方之间进行了怎样的权力分配。可见，大学内部治理结构决定了各利益主体在大学决策权配置中的地位和作用。毫无疑问，现代大学是复杂的多元利益相关者组织，不同利益相关方的不同价值与利益诉求，必须通过其代表在大学决策领域借助相应的决策参与权、决策话语权来实现，否则，其价值与利益诉求的实现将缺乏必要的制度保障。换言之，大学内部治理结构是决定大学内部治理能力的关键维度和决定性因素。而评估具体院校的内部治理结构又需要同时从理论（制度文本）和实践（实际运行）两个层面分别进行，然后进行比较分析，以得出贴近于事实的客观评价结论。对L学院的内部治理结构的分析，我们也将按这一思路进行。

（1）L学院章程中有关学校、学院主要治理机构的文本规定

在依法治校的改革背景下，地方院校近年来也普遍推进了大学章程相关方面的改革实践。

大学章程一般都要求明确界定本校的内外部治理结构，载明重大校务决策的核心决策机构及其职责权限。由此，大学章程是我们从理论上定性评估大学内部治理结构的首要文本。L学院决策主体及事项见专栏5-3。

（1）学校党委。学校党委是学校的领导核心，负责把握学校发展方向，对重大事项决策、重要干部任免、重要项目安排、大额资金使用等重大问题作出决议并监督执行。

（2）校长。校长在学校党委领导下，贯彻党的教育方针，组织实施学校党委有关决议，行使高等教育法等规定的各项职权，主持学校行政工作，全面负责教学、科研、行政管理工作。

校长办公会议是学校行政议事决策机构，主要研究提出拟由学校党委讨论决定的重要事项方案，具体部署落实学校党委决议的有关措施，研究处理教学、科研、行政管理工作。会议由校长召集并主持。会议议题由学校领导班子成员提出，校长确定。会议必须有半数以上成员到会方能召开。校长在广泛听取与会人员意见基础上，对讨论研究的事项作出决定。会议成员为学校行政领导班子成员，学校党委书记、副书记、纪委书记等可视议题情况参加会议。根据工作需要可邀请有关人员列席会议。

（3）学术委员会。学校学术委员会是校内设立的最高学术机构，统筹行使学术事务的决策、审议、评定和咨询等职权，保障教授治学。学术委员会实行例会制度。学术委员会议事决策实行少数服从多数的原则，重大事项应当以与会委员的 2/3 以上同意，方可通过。

（资源来源：摘自 L 学院章程）

L 学院在学校一级的主要领导与治理机构包括：

二级学院、教学部党委（党总支）。学校二级学院、教学部党委（党总支）负责本单位的党建及思政工作。书记主持党委（党总支）的全面工作，副书记协助书记开展工作。

二级学院院长、教学部主任。学校二级学院院长、教学部主任是本单位行政负责人，对教学、科研、学科、外事等相关行政事务具有管理权，并定期向本单位教职工代表大会汇报工作，接受监督。副院长（副主任）协助院长（主任）开展工作。

二级学院、教学部党政联席会议。学校二级学院、教学部党政联席会议是本单位的最高决策机构。会议议题由二级党委（党总支）书记和院长（主任）协商确定，根据不同议题由党委（党总支）书记或院长（主任）召集并主持，书记、院长、副书记和副院长出席会议，办公室主任和分工会主席列席会议，可以根据会议议题确定其他列席人员。

二级学院、教学部学术分委员会。二级学院、教学部学术分委员会负责本单位重大学术事项的咨询、审议、评定与决策。委员由本单位在职教师民主选举产生，人数根据实际情况确定，学校学术委员会委员可以同时兼任。

（2）对 L 学院章程分析及制度-实践比较分析

结合 L 学院章程中有关该校治理机构的规定和该校实际治理实践来看，该校在校、院治理中可能存在的问题如下：

第一，从 L 学院章程中有关学校和二级学院治理机构的文本规定可以看出：该校在学校、二级学院两级领导决策机构方面的顶层设计，基本上是按照中共中央办公厅颁发的有关高校党委领导下的校长负责制的政策文件规定予以落实的，并无明显的创新之处或个性化制度安排。这从一个侧面或许能反映出：为数众多的地方院校在大学治理实践中并无特别值得关注的创新性制度安排或制度实践。在现代大学普遍趋向于多元共治的时代背景下，地方院校虽然也按要求在大学章程中明确了大学学术委员会的设置，但就其共治制度框架而言，整体上依然缺乏治理变革的顶层创新性制度安排。L 学院亦不例外。

第二，从 L 学院的校级治理结构来看，学校党委无疑是学校重大决策的中枢。实际上，从该校在官网上公布的近几年党委全委会、党委常委会和校长办公会会议纪要信息来看，学校党委常委会成为事实上的学校最高决策机构。从《中国共产党章程》及教育部有关高校党委领导下的校长负责制的政策文件来看，高校党委作为学校最高决策机构，如果同时设置有党委全委会和党委常委会的情况下，党委全委会应为学校最高决策机构，党委常委会为党委全委会的常设机构，在前者闭会期间承担其大部分职责。但 L 学院章程中并未明确表述党委全委会和党委常委会的各自权责，这与其事实上以党委常委会作为学校最高决策机构的治理常态存在一定落差。这一个细节或许能说明：L 学院章程简约有余，实效不足，至少在党委治理方面存在规范性方面的瑕疵。不仅如此，从 L 学院党委全委会的人员构成来看，党委委员 19 人，其中校级党政领导 9 人、党政职能部门领导 5 人、二级学院领导 5 人。从比例上看，校级党政领导及党政职能部门领导共计 14 人，占全体党委委员总数的 74%，二级学院领导占 26%，没有不担任党政领导职务的普通教师代表；党委常委 9 人，其中校级党政领导 8 人、职能部门领导 1 人，没有任何来自二级学院的代表，更遑论不担任党政领导职务的普通教师代表。显而易见，无论是学校党委全委会还是党委常委会，都是由学校中高层领导组成。这种状况说明：L 学院的最高决策机构，在人员的代表性方面存在明显的缺陷，不能体现教师的代表性（更遑论主体地位），难以体现作为基层单位的二级学院的主体地位。

第三，L学院章程在有关校长办公会的表述方面存在值得商榷的地方。一方面，该章程强调了校长办公会是由校长召集并主持的学校行政议事决策机构，由校长在听取与会人员意见的基础上做出最终决定。由此推断，校长办公会是实行行政首长负责制，以学校行政领导班子成员为与会成员的校长校务决策支持机制。另一方面，该章程又强调：学校党委书记、副书记、纪委书记等可以根据议题的实际情况参加会议。显然，鉴于党委领导地位及职权，以及党内民主集中制的基本组织原则和惯例，在学校党委书记、副书记和纪委书记等学校党委核心成员参与校长办公会并就相关议题发表意见的情况下，校长办公会就很难保证其"学校行政议事决策机构"的本原属性了。毋庸讳言，在此情况下，校长办公会极易异化为变相的学校党委常委会（因为党委书记、副书记、纪委书记及学校行政领导班子成员基本上就是学校党委常委会的主要班底）了。这种情况下的校长办公会在讨论决策学校重大行政事务时，校长往往不得不顾及党委书记甚至其他党委常委的意见。不仅如此，因为这些重大行政决策是以校长办公会的形式进行的，所以校长通常会成为这些校务决策的责任人，尽管事实上该项决策很可能是基于常委们的民主集中制而做出的。可见，这种关于校长办公会的"模棱两可"的规定，极其容易在实践中产生校长办公会的"非驴非马"（名为校长办公会，实为党委常委会）的运行趋向及学校行政决策中"以党代政"的制度化缺陷。事实上，笔者的小范围调查也表明，L学院校长办公会在实际运行中恰恰暴露出了这些问题。

第四，学术委员会既是大学校级学术权力的代表，也是教授治学的核心组织基础。L学院章程中虽然有学术委员会部分的内容，但却缺失了些关键性制度约束，如学校学术委员会的人员组成及遴选方式。按照教育部颁布的《高校学术委员会规程》的规定，校级学术委员会中，不担任党政领导职务的普通教授应占学术委员会委员总数的半数以上。L学院关于学术委员会成员的产生方式及人员构成表述较为模糊，极易导致学术委员会实际运行中的行政化倾向。事实上，从L学院最新一届学术委员会成员名单来看，不担任党政领导职务的普通教授在该委员会中所占比例低于一半。不仅如此，学校规定的"基层推荐、民主评议、限额上报、学校研究"等委员人选产生程序，在实际操作中并未得到严格执行。部分二级学院根本未开展基层推荐、民主评议的规定程序，直接由部门领导授意办公室向学校上报。不仅如此，据了解，L学院学术委员会的召开频率相当低，每年1~2次，而且多是由担任学术委员会主席的校长或副校长（同时也是召集人）负责召集。可见，L学院学术委员会在人员组成、委员遴选、实际运行等方面仍存在不够规范的问题。毋庸讳言，这种状况将直接导致真正的学术权力、学术诉求、学术逻辑和学术本位在大学治理中的缺位。

第五，在二级学院一级的治理机构中，也存在文本前后部分的逻辑矛盾。例如，院长是二级学院事实上的最高行政负责人，而二级学院党委（党总支）仅仅负责本院的党建和思想政治工作。从高校二级学院的运行惯例来看，通常也是院长职务在前、书记职务在后。但《高校学术委员会章程》同时又规定：二级学院党政联席会议是学院最高决策机构，其议题是由党委（党总支）书记或院长（主任）召集（提出）并主持。这种制度设计在实践中极易产生二级学院"两个一把手"的矛盾。不仅如此，由于二级学院党政联席会议的存在及其职权界定的模糊性，以及二级学院党政领导在所谓民主选举或推荐中的身份优势，二级学院学术委员会往往也是由学院党政领导作为主要成员，占据主体地位。这样，二级学院在治理实践中往往存在党政职责边界模糊性的问题。甚至二级学院的学术事务在实践中往往也很容易被纳入党委联席会议的决策范围，从而导致二级学院学术委员会的虚置化。

简而言之，L学院在校、院两级治理机构方面存在较为突出也具有代表性的问题，主要包括：一是校级党委决策中枢在人员代表性方面存在缺陷，以学校中高层党政领导为绝对主体，难以体现和保证基层教学学术单位及普通教师的必要参与及话语权；二是校长办公会因校党委核心成员的参与，容易异化成变相的党委常委会，造成学校行政事务决策中的"以党代政、党政不分"问题；三是学术委员会组成人员代表性不足，委员遴选程度落实不严，实际运行高度行政化；四是二级学院层面学术权力发挥作用的空间被堵塞。

5.3.2.2 对大学内部治理过程的若干案例分析

如上所述，L学院的重大校务决策基本上是在学校一级完成的，由党委常委会和校长办公会两大核心决策机构负责；二级学院的自主权十分有限，基本上沦为学校各项决策指令的执行者。二级学院的党政联席会作为二级学院事务的决策机构，但重大事务的决策权相对有限。党政主导的内部治理结构，意味着学校、二级学院重大事务的决策往往是由学校、二级学院党政领导班子来负责，基层或普通教职员工在决策中的参与极其有限。与这种党政主导、权力集中的大学内部治理结构相关联，大学内部治理过程也明显存在决策成员代表性不足、多元利益相关方参与度不高、决策过程各方对话和协商不充分、决策过程透明度不高等问题。下面通过 L 学院内部治理中的若干校务决策案例予以说明。

（1）学校财务预决算

大学财务预算是对学校办学资金资源进行配置的重要途径，财务决算则是该财务年度内财务预算的执行情况。大学财务预决算是大学校务决策的重中之重，因为它决定着学校公共办学资源的配置、流向和使用，不仅关系到学校教学、研究和管理等各项活动的顺利展开，而且与学校教职员工的切身利益密切相关。在西方国家的公立大学，学校财务预算的编制有严格的程序，必须充分了解基层单位的需求和征求广大师生的意见，以保证财务预算的科学性、合理性和公共性。例如，美国加州大学在财务预算编制的过程中，第一步是由分管财务的副校长召集讨论下一年度的学校预算，在校内征求各方意见后提出预算草案，并交由大学董事会审议①。因为大学财务预算分配的是大学用于办学的公共资金，这些资金往往来自政府财政拨款、学生缴纳的学杂费、学校其他事业费等筹措渠道，因而必须遵循"保障办学、用之于公、科学合理"的基本原则。因此，在大学财务预算的编制过程中，尊重基层单位的需求，征求广大师生的意见，是科学编制财务预算的重要路径和机制。从 L 学院财务预算的编制来看，基本程序是：首先由学校各二级单位（包括二级学院和职能部门、辅助部门等）根据该年度学校及本二级单位的年度工作计划和重大工作安排，确定本二级单位的常规支出事项和重大专项支出事项；然后依据学校财务的相关技术规程，确定每一项常规事项和专项事项的支出需求，据此编制本二级单位的年度财务预算，提交学校财务部门初审。学校财务部门收到各二级单位编制的财务预算计划后，由分管副校长召集专门会议进行讨论，在与基层单位沟通后提出修正意见；然后汇总学校财务预算修正意见，提交校长办公会讨论，待依校长办公会审核意见做正式修改后，再提交党委常委会讨论通过。应当说，这种财务预算编制的基本流程并不存在明显缺陷。据笔者的小范围调查，不少二级单位将财务预算视为纯粹的行政事务，认为财务预算的编制无须征求普通教职员工的意见。这种较为普遍的基层单位

---

① 周员凡. 作为战略管理工具的财务预算的特点及应用启示：以加州大学财务运营预算为例 [J]. 财会月刊，2017（7）：79-85.

财务预算草案编制实践体现出大学治理和学院治理中普通教职员工参与不足、民主决策不到位的问题。

（2）重要人事作业

除财务外，人事安排也是大学校务决策中的关键内容。用人是否妥当，不仅关系到学校教育事业的健康发展，也直接关系到广大教职员工的工作软环境。据笔者的观察，如同财务预算的编制一样，高校中层重要人事作业也存在一些不够规范、不够透明的问题。例如，在高校中层干部换届工作中，通常的人事作业程序是：学校党委常委会召开会议研究干部换届工作—党委组织部门发布相关工作通知—基层单位和个人民主推荐—党委组织部门对推荐人选进行资格审查—党委组织部门公布合格的推荐人选—党委组织部门开展候选人选的民主测评投票—党委组织部门研究确定各岗位的最终人选，提出人事任用草案—党委常委会召集会议讨论、通过或局部修正该人事任用草案—校内公布—新聘干部到岗任职。同样，从表面上来看，这套人事作业程序似乎也较为严密。但从实践来看，尽管这种人事作业中也存在基层单位和个人推荐、组织部门开展基层单位民主测评甚至投票等体现民意的民主程序，但其中仍存在党政主要领导主导、关键民主评议程序流于形式等问题。譬如，在 L 学院的中层干部换届中，虽然党委组织部门组织了校内教职员工对各部门若干候选人的民主投票工作，但集中投票完成后，并未在当场组织唱票、计票并公布各候选人得票结果。而且，对于民主测评投票的得票结果的实际作用，党委组织部门也语焉不详。显然，这种操作，使民主测评投票部分流于形式。每一轮中层干部换届前后，对于个别新任干部，教职员工的实际认同度并不高。这也从一个侧面反映出当前高校人事任用决策的偏颇之处。

（3）专项资金分配

随着地方政府对高校财政拨款力度的加大，该省属院校近年来获得了多种专项资金，如"创新强校"专项资金、"省市共建"专项资金，等等。并且，省级政府近年来也增大了对高校专项资金使用的自主权。例如，L学院每年获得的两三千万元"创新强校"专项经费、每年 5 000 万元的"省市共建"专项资金，都是由学校自己拟订资金使用计划、自主安排资金的使用。在高校内部治理结构不甚健全、民主决策、民主管理和民主监督乏力的制度环境下，这些专项资金的使用难免存在不够规范、不甚合理、缺乏透明度的问题。例如，L 学院对这类专项资金的处置和使用，虽然也有部分用于学校的教学和科研项目，但还是有相当部分被学校党政管理部门截留。从资源配置结构来看，"权力主导"的嫌疑明显存在。对此，教职员工亦有议论。

从以上三个案例来看，同普遍高度行政化的中国高校类似，L学院在重大校务决策的过程中，也明显存在普通教职员工参与有限、校级党政权力主导、决策过程不透明、民主决策不到位等行政化治理的固有弊病。毫无疑问，这种党政主导、缺乏协商、不够透明的校务决策过程很大程度上取决于党政"一股独大"、群众参与不足的内部治理结构。这种缺乏民主、协商、透明的治理过程，无非就是上述治理结构在实践层面的动态表达而已。

5.3.2.3 对大学内部治理文化的观察与分析

无论是在大学治理理论层面，还是在大学治理实践层面，起初最被人关注的都是大学治理结构和过程。前者涉及大学决策权的配置，决定大学各利益相关方在大学重大事务决策中的地位、权力和影响力；后者反映大学事务实际决策的方式、步骤和取向。后来，大学治理文化逐渐被高等教育理论界和实务界重视。无疑，大学治理文化不仅是大学治理结构和治理过程的具体文化背景，而且是影响特定大学治理结构和治理过程的文化根源。正如有学者所言："在企业里，是制度决定技术，技术决定绩效；在大学里，则是价值决定理念，理念决定制度。"① 文化的核心在于价值观及其相应的价值规范。值得指出的是，现代大学迈向共同治理的进程，同时也是治理文化在大学里获得认同、逐步扎根的过程。可见，较之于治理结构和治理过程等相对显性的因素，治理文化是影响大学治理能力的隐形因素。所谓大学治理文化，是指大学各利益相关者及其代表在参与大学治理过程中所形成的目标理念、道德价值、行为规范以及制度环境的集合体。其构成要素可以分为观念层、制度层和行为层三个维度②。大学治理文化不仅会直接影响大学治理结构的塑造、大学治理过程的运行，而且会影响大学治理实践中的各类"责任人"的行为方式与价值取向，从而影响大学治理行为及其结果。

从治理文化的产生来看，正如治理是对传统的管理或统治的超越一

---

① 龚怡祖. 大学治理结构：真实命题与中国语境［J］. 公共管理学报, 2009（3）：71.
② 陈金圣. 重塑大学治理体系：大学治理能力现代化的实现路径［J］. 教育发展研究, 2014（9）：25.

样，治理文化的核心要素是多方参与、平等对话、民主协商、充分沟通、达成妥协、取得共识。较之于传统的管理文化，尤其是科层管理文化，治理文化强调的是开放、包容、平等、协商、共识。但遗憾的是，在当下高度行政化的大学里，官本位的价值与观念依然盛行。根据笔者的观察，从L学院的核心治理机构的人员构成来看，基本上都是学校中高层领导占多数；甚至连校级学术委员会的组建，即便在教育部已出台《高校学术委员会规程》明确强调不担任党政领导职务的教授应在其中过半之后，但该项要求仍未落到实处。这些核心权力机构的权力分配，也可从一个侧面折射出L学院居主流地位的行政文化。

笔者在L学院已工作数年，对L学院的实际文化生态已有切身感受。笔者曾就L学院的组织文化生态做过一次小范围调查，结果基本印证了自身的主观体认。近八成的受调查者认为：行政思维和理念占据了学校文化的主流，教职工实际参与管理决策整备处于弱势地位，更多是教职员工对学校改革的一种期盼；至于治理文化，虽然也在学校的宣传领域、规划文件、领导讲话等层面有所体现，但尚未成为学校领导管理层切实接受的主流价值和行为文化。无论是从学校的制度文化还是从学校的行为文化来看，行政文化都是事实上的主流文化，而治理文化尚处于一种"小荷才露尖尖角"的起步阶段。客观地评价，这种调查结果也基本契合地方院校高度行政化的运行常态。毕竟，就众多地方院校而言，囿于学校在师资队伍、学科基础、学术传统、民主文化等方面的局限，其屡弱的学术传统、学术文化和民主氛围尚不足以对长期作为政府附属物的"行政事业单位"内在具有的科层文化构成制衡，更遑论对后者的改造。L学院作为地方院校尤其是新建本科院校中的代表，其组织文化呈现出高度行政化的趋向，治理文化薄弱也并不奇怪。

5.3.2.4 对大学内部治理效能的舆情分析

从管理走向治理，之所以成为现代大学转型的基本趋向，是因为治理较之管理，更容易解决大学各利益相关的冲突并实现利益平衡。现代大学作为具有公共性的教育学术机构，其资源来自政府、公众、学生等利益相关方，大学内部更是存在大学领导层、管理者、教师、职员、学生等不同的利益相关者。这些不同的利益相关者，对大学有着不尽相同的价值追求和利益诉求。要平衡这些彼此有别的价值与利益诉求，多元共治无疑是最为有效的实现机制。因此，治理体系完善、治理能力卓越的大学，往往能科学地对大学内部重大事务做出决策，并经高效的行政执行系统予以落实，使大学各项事业获得快速发展，同时促进大学各利益相关者的共同发展，进而使大学的校务决策、治理效能和办学实绩获得各利益相关方的一致认同。从这个角度来看，考察大学教职员工对重大校务决策的舆情反映和认同度，无疑是评判大学内部治理能力的重要标准。

就 L 学院而言，学校近年来进入改革和转型的"快车道"，一系列战略决策被提出和实施。在此背景下，观察广大教职员工对这些重大校务决策的舆论动向和认同度，就构成间接评价 L 学院内部治理能力的重要途径。以下举例说明。

2014 年 6 月，L 学院完成学校更名，在校名中去掉了学校办学所在地市名称，改为地域范围更广，也更具文化内涵的"LN"。客观地评价，这一校名更换有其合理的动因，但也有一定的负面影响。L 学院作为老牌地方师范院校，自 20 世纪 90 年代专升本以来，凭借相对良好的人才培养质量，在周边省份获得了一定的知名度。更换校名，某种程度上意味着原来校名所包含的无形资产的流失。对于校名更换一事，校内教职员工和学生的评价不一，有褒有贬。但从校名更换后校内的舆论反应来看，至少反映出这一重大决策出台前后，普通教职员工和学生的知情度与参与度不高。

近几年，L 学院新一届党政领导班子上台后，确立了"建设高水平地方师范大学"的战略目标。但校内不少师生对此持异议。其中的原因也并不复杂：当前，我国师范生的培养规模已远远超过社会对教师的需求规模，教师教育已面临供过于求的局面。在此背景下，国内不少重点师范院校和省级地方师范院校都开始寻求学科专业结构的转型调整，即不再以师范作为学校办学的基本盘，而是将其作为学校的办学特色，根据市场需求及时压缩师范教育的规模，以确保毕业生的供求对接。事实上，对于 L 学院"建设高水平地方师范大学"的发展目标，不仅校内师生持有异议，而且来校讲学的不少校外专家对此也持保留态度。这一案例表明，学校的这一发展目标至少在师生群体中尚未获得占绝对多数的主流认同。

随着地方政府对高校财政投资力度的加大，L 学院近年来也获得了如"创新强校""省市共建"等一系列专项经费。在省级政府不断增大高校财务自主权的背景下，这些专项经费往往由高校自主安排、自主使用。在这种情况下，囿于学校内部缺失完善的内部治理结构和权力监督机制，办学资源依旧在原有行政权力主导的轨道上运作，其结果自然可想而知：学校党政职能部门凭借自身在资源配置上的权力优势，获取了相较于二级学院更多的专项经费，导致承担教学、研究、服务等大学主要职能的二级学院颇有微词。此外，从不同群体的资源获取来看，掌握着党政领导职务甚至同时身兼学术职务的学校中高层领导，往往利用权力上的绝对优势和学术上的相对优势而获得了更多的资源，从而引发了普通教职员工的不满。毋庸置疑，教职员工对学校发展战略、资源配置等重大校务决策上相对有限的认同度，从一个侧面说明了学校的内部治理能力的重大局限。

5.3.3 对 L 学院治理体系和治理能力评估的结论

基于相关的文本、案例和调查分析，通过对 L 学院内部治理结构、治理过程和治理文化等基本维度的考察，以及对其治理效能的间接考察，大体可以得出如下基本结论：

该校目前仍属于传统的行政主导型的内部治理形态，大学内部治理能力存在明显的局限性。该校虽然已颁布大学章程，也已在形式上建立起了校、院两级学术权力机构，但因学校决策权高度集中于学校一级和主要党政领导班子，学术权力所治之"学"的界定过于狭窄，学术权力机构存在明显的行政化倾向，普通教师参与学校重大事务的渠道及其权限非常有限，学校内部治理架构仍然是行政力量占据主导地位，不仅学术人员对校务决策参与有限，学生参与学校事务也未形成制度化效应。这种校务决策的现实图景，实际上也直观地折射出 L 学院治理的行政化特质。

基于行政主导式的大学治理形态与治理过程，往往容易从"顶端"扼杀大学多样化治理主体的相互协调与沟通，进而影响治理过程的多元效应发挥。例如，L 学院非行政治理主体对于权力实质性分享的"弱势地位"是最好的印证。这势必导致大学组织内部资源分配不均，并导致大学治理主体间的责、权、利失衡。正如曾任北京师范大学副校长的王英杰教授在论及大学的官僚化问题时所揭示的那样：在大学"官学一体"的制度安排下，大学内部的行政权力不断恶性膨胀，而本来就赢弱的学术权力则不断被侵蚀，造成学校内部权力结构"去学术化"的畸形异化。相对于大学学系、学院等基层教育学术实体，大学的各种党政管理部门拥有过大的权力，占有和消耗了过多的学校资源。他们习惯于将基层教育学术机构当成下属机构，将教师当成被领导者与被管理者，缺少为后者服务的思想和行动。

6 规范现代大学权力运行的框架、机制与制度保障

作为一种致力于人才培养和学术研究的社会组织，大学内部存在不同类型的组织权力。简言之，大学至少有三种明显的权力形态：以行政管理机构及工作人员为代表的行政权力、以学术机构及成员为代表的学术权力以及以多数受教育者（学生）个体或群体为代表的学生权力。无论是哪种权力，其实质都具有强烈的约束力和扩张的天然本性。只不过，西方国家大学是以制度和文化来规范大学内部行政权力、学术权力和学生权力之间的平衡关系，使其始终沿着学术本位的制度逻辑。所以，通常西方大学内部的权利冲突表现得并不明显。而在我国，由于长期受集权型高等教育管理体制的制约和影响，高等教育及主体部分的大学在组织功能与运作机制中具有鲜明的"政治基因"。假如这折射到高等教育的权力体系之中，其描述成为"大学是嵌扣在科层官僚架构里，从最高教育行政机关到基层学术单元，都是一元化的行政权力为统领，大学内部权力也被'化'为行政权力的延伸，学术单位也成为行政的下属"[①]。可见，特定高等教育管理体制和文化下的我国大学已呈现出明显的"泛行政化"特性。如何在确保现代大学制度运行规律的框架下来设计符合中国特色的权力运行体系，有必要对我国大学权力运行的一些基本情况进行深入剖析，才能真正建立"适配型"的大学权力运行机制和保障制度。

---

① 韩水法. 世上已无蔡元培 [J]. 读书，2005（4）：3-12.

6.1 基于破解大学权力失范和大学权力异化的框架设计

权力既是组织得以运行的基本元素，也是组织进行管理的重要资源。从本质上看，权力乃一种支配力量，它以要求、命令、支配甚至强制为特征，往往体现为权力主体对权力客体所具有的约束力、控制力或影响力。在组织运行中，权力主体通常能够决定组织运作规则的制定与修改、组织资源与利益的获取和分配、组织目标的设定与工作任务的分配、组织事务的决策和处理、组织成员的规约和奖惩等。换言之，权力不仅直接决定了其主体在组织中的实际地位和作用，而且可以通过各种配置方式来充当其获得可观利益的核心手段。无限扩展是权力内在的、天然的本性。否则，孟德斯鸠不会提醒人们注意滥权，注意权力使用的边界[①]。因为，权力一旦无限扩张，最终必然破坏组织内部多元力量的平衡，危及正常的组织运行秩序。鉴于此，为克服权力的内在扩张本性，组织通常应从制度层面设计针对权力的监督制约机制，使权力在实际运行中不至于配置失衡或超越其应有的边界而出现被滥用的情形。

6.1.1 大学权力配置中的"失范"状况

从行政系统的视角来观察和研究中国大学，不难发现，当下中国大学内部的权力资源配置状况在总体上呈现失范的状态（见表6-1），在不同权力主体之间尤其是行政权力和学术权力之间亦存在权力与利益的争夺。近20年来，这种失范状态以及权力和利益争夺的主要结果之一，就是大学内部的行政权力日渐突破了其应有的权力边界而严重侵蚀了其他组织权力（尤其是学术权力）的固有"地盘"，从而诱发普遍而严重的大学行政化倾向。近年来，学术界也痛斥大学行政化之扰乱高等教育生态格局的乱象，仅以刘尧教授概括的"中国大学的十大缺失"（理念缺失、精神缺失、教师理想缺失、独立性缺失、制度缺失、行政服务缺失、大学教授话语缺失、特色缺失、学术评论缺失以及信任缺失）为例[②]，如果将其中任意一条缺失与大学行政化联系起来，因果关系都是基本成立的。显而易见，行

---

① 孟德斯鸠. 论法的精神（上册）[M]. 欧启明，译. 北京：商务印书馆，1995：154.
② 刘尧. 中国大学的十大缺失 [J]. 当代教育论坛，2006（13）：21-25.

政权力过度膨胀而导致的大学行政化，无疑已成为当下中国大学行政权力在实际运行过程中最为突出的权力运行风险及权力失范根源。

表6-1　我国大学组织中的三组典型权力主体及冲突关系

权力主体	权力冲突关系
政府权力与高校权力 （治理权与决策权）	失衡：政府权力强化，高校权力弱化，政府统揽一切（大部分）权力
	失调：大学内部中的党政权力和行政权力都强化，党委和校长产生权力争斗
	失当：大学里的党政两类权力交叉，致使管理效率降低
行政权力与学术权力 （管理权与执行权）	失衡：行政机构及行政人员控制大学组织中的人、财、物，行政权力高度强化
	失调：学术机构归属行政体系，隶属于行政科层的运行规则
	失当：行政权力掌管和决策包括学术在内的一切事务
决策权力与民主权力 （参与权与监督权）	失衡：教代会等参与、质询、监督的实际作用有限
	失调：教职员工及学生行使民主管理的渠道及制度不完善
	失当：大学中的管理人员、学术人员、监督人员角色模糊

从表6-1可以看出，当下我国大学权力配置中存在三组典型权力冲突关系及其"失范"状态。

第一，政府权力与高校权力配置的"失范"。就一般意义而言，突出大学自治的一个核心要领在于均衡配置高等教育管理的权力及责任。这在大学的外部上主要体现为府校为落实高校办学自主权、实现学术自由目标的权责关系。然而，在我国高校的内部管理实践中，代表外部行政权力的政府往往过于介入学校事务，通常是以举办者和监督者的身份影响"高等教育的正确办学方向"，并以利益相关者的身份参与高校的内部事务。例如，高校的党委书记、校长、副校长等都是由政府的相关部门来任命，有关学校的经费预算、项目申请等也需在"外部行政权力"的"过问"下才能得以真正推动。还有研究者甚至总结了政府干预高校的七种权力：财务经费权力、学科设置权力、教学自主权、招生权力、机构设置和人事管理权、国际交流合作权以及科研和社会服务权①。如果说这是基于大学外部政府权力与高校权力冲突的话，那么在大学内部，这种冲突则多体现于党委领导所代表的行政权力与校长责任所代表的行政权力间的摩擦或交叉。例如，有的学校没有明确党委办公会和校长办公会的职责界限，有的学校党委（校长）办公室则是一套人马、两块牌子，有的学校甚至是讲党务组织行政机构化、党务工作行政事务化、党务人员行政身份化，不断加剧了大学行政化的程度，完全把政治权力当成一种行政化的权力。

第二，行政权力与学术权力配置的"失范"。学术事务和行政事务是构成大学内部事务的两个支柱②。承载这两类事务的分别是学术权力和行政权力，原则上两者应该良性互动与协调运行的状态。但是受我国高等教育管理体制的影响，行政权力和学术权力长期处于失衡状态，其表现为行政权力强势与学术权力弱化或虚化。例如，校长治校和教授治学代表行政权力与学术权力两类治理主体，它们与党委领导共同构成大学内部治理结构的核心。但是从高校内部治理的实践来看，随着学科专业的高度分化，以教授为代表的学术群体学术视野也在逐步缩小，其宏观的学术事务决策管理能力也将受到限制，教授治学的空间极易虚化，再加上以校长和行政人员为代表的行政管理者往往集行政权力和学术权力于一身，对行政事务和学术事务的控制力度也在不断加大，这实际上也是造成教授治学弱化的一个根本原因。

20世纪90年代（尤其是进入21世纪）以来，由于政府高教行政职能转变的滞后、大学内外部行政文化的走强和因市场文化而促动的利益争夺的激烈化，行政权力在大学内部日渐凸显并膨胀，学术权力则逐渐萎缩并被边缘化。在这一时期，学术权力的运作在大学行政化的组织生态中展开，学术权力"制度"的运行效能乏善可陈。在这种行政化的组织生态中，学术权力主体与行政权力主体之间出现了"互相嵌套"的乱象，学术权力主体开始逐渐向行政权力靠拢，甚至脱离学术权力主体的本体，完全成为行政权力主体；而行政权力主体也运用手中的行政权力资源实现与学术权力资源的交换。在这种"内外推拉效应"的作用下，学术权力行政化和市场化在实际"权力配置"过程中极易演变成为严重的权力运行风险，这也是下文拟着重研究的大

---

① 张振华. 高校办学自主权及其落实问题研究 [D]. 南京：南京农业大学，2012.
② 布鲁贝克. 高等教育哲学 [M]. 王承绪，郑继伟，张维平，等译. 杭州：浙江教育出版社，1998：56.

学权力失范后可能在运行过程中出现的异化现象。

第三，决策权力与民主权力配置的"失范"。从广义上的大学组织利益相关者来说，只要是和大学发展息息相关的利益群体，就可以作为大学决策的参与者，但在大学运行的实践中，通常都只有党委、校长以及相关的行政机构作为决策主体来行使大学的决策权。如教职工代表大会、工会会员代表大会等群体，虽然具有法律规章赋予的民主监督及自主管理权限，但真正到了对学校党委和行政决策权进行监督与制约的时候，大多时候都没有发挥出应有的作用。因为从决策权的来源看，大学党委是由学校党代表选举、上级党委直接任命并对上级党委负责的，其与教职工代表大会并无实质性关系。相反，教职工代表大会（工会会员代表大会）等还需在学校党委的领导下行使职权，因此，在高校内部治理结构中对决策权和监督权的分配就存在失衡问题。又比如，学生作为大学的核心利益相关者，学生权利应该是构成大学权力的一个基本元件（见专栏 6-1），保障学生在一定范围和程度上对教师课程、学术研究、教学评价以及经费使用等大学相关事务的有效参与和监督等，是将学生作为大学决策主体的重要保障，但由于学生的主体性同样取决于其主体地位及地位自带的主体权力[1]。而在传统的高等教育格局中，固化的权力分配隶属关系往往导致处于被教育、被管理地位的学生处于学校权力金字塔的最低端，其权利几乎可以忽略不计。这些年随着高等教育管理体制改革的深入推进，很多大学也在不断推动"以学生为中心"的释放学生权利的各项活动，促使学生权利回归大学的呼声越来越高。

专栏 6-1　学生参与中的学生权利——　正确处理高校与学生的关系

作为近年来世界高等教育管理发展的一个重要趋势，基于现代大学制度的角度来理解学生参与，实际上是指大学生在遵循高校教育规律，结合高校教育与管理目标，以高校主体的身份、通过合理合法的多种方式来参与学校重要事务的管理。在这个过程中，以促进高校管理的民主化和科学化为目的，最终提高管理效能。

近年来，高等教育体制的改革给高校各类运行机制带来了动力和活力，许多高校在学生管理的实践中也进行了卓有成效的探索。总体而言，在大学组织中有效实现学生参与主要体现在三个方面：一是学生参与学校的决策，二是学生参与监督及管理，三是学生参与学校事务。这些年来，尽管学生参与高校事务的观念受到教育界的普遍认同，但在具体实践中仍然存在不少问题和困难，比如学生真正有效参与学校管理与决策的实事还比较少，参与程度也偏低；很多学生还不具备参与管理

---

① 李福华. 高等学校学生主体性研究［M］. 合肥：安徽人民出版社，2004：93.

意识，参与的积极性和效率都不高。作为建设现代大学制度的题中应有之义，健全及完善的现代大学制度理应为学生参与学校事务提供渠道和保障。其中，包括转变教育理念、为学生参与学校民主管理提供思想保障，同时也要不断完善相关法律法规的制度保障，还需深化教育管理体制改革，探索创新设计诸如学代会提案制度的学生民主参与的组织制度保障。

（资料来源：王祚桥. 浅议中国特色的现代大学制度 [N]. 光明日报，2012-11-01.）

6.1.2　大学权力运行中的"异化"表征

基于上述对大学权力运行中所形成的风险的研判，以下围绕大学行政化范畴中的大学学术权力的行政化和市场化问题来深入剖析大学权力异化风险的两大向度。

6.1.2.1　行政权力：恶性膨胀的大学行政化趋势

作为一种典型的教育与学术机构，大学组织权力的本源是学术权力，这从中世纪欧洲大学"学者行会"的本质属性及其"学者治校"的管理模式可以得到证明。后来由于大学规模不断扩大，大学内部的事务也趋于复杂化，同时在近代之后大学日渐成为国家公共事业的重要组成部分，大学的职能开始向多样化延伸，并逐渐演变为典型的多元化的利益相关者组织，其组织内部的权力也随之变化。但在西方现代大学制度和大学文化的浸润下，大学组织内部仍然保持着一种学术本位之上以及行政服务的权力分配格局。从我国大学发展的历史来看，首先只有 100 余年的积淀，而传统上又长期受制于行政权力的干扰和侵袭，尽管在民国时期也短暂地建立起了几近与世界主流大学制度接近的现代大学制度框架和运行体系，但后来由于大学的政治化改造和行政化干预，大学组织内部仍然没有逃出行政化的强力挤压。当然，由于现代大学核心的理念在于学术精英主导大学的制度的存在，大学组织中行政和学术二元化的从业分野在相当长的一段时间里才展现出来，呈现出"行政与学术"双向驱动大学发展的一种路径。到了 20 世纪 90 年代市场化改革后，服从于国家教育发展和经济发展的两重目标，高等教育的行政化和市场化"并驾齐驱""官场"和"市场"的价值完全并行。特别是在行政官僚文化与市场商业文化的双重渗透下，以追求学术自由和学术净土理念为基础的大学传统与文化正处于消失的危险中，行政化的观念、制度、机制乃至文化形态在大学组织中逐渐固化、沉淀和完全附着，以至于大学行政化的氛围时时充斥着大学校园以及高等教育的生态系统。现实中，很多高校出现的教授学者"争相竞聘"院长、处长的现象正成为这种大学行政化制度变迁逻辑的最好注解。

显然，大学内部的行政权力恶性膨胀、严重越界是导致大学行政化的直接因素。从我国公立大学运行的实践来看，大学类似于政府组织强调行政权力的支配式决策一样来进行日常运行管理。其外在表征主要有以下四个方面：

第一，从高等教育的组织载体来看，上级机构赋予了大学组织相应的行政级别，大学的内设机构也给予了相应的级别。比如我国大多数"985工程"高校都是副部级级别，其他本科类的高校多是正厅级或副厅级。前者的校长和书记多是副部级，学校的常务副校长、常务副书记则是正厅级，其他副职多是副厅级。相应的级别享受相应的待遇。从大学内设机构来看，也多半是按照上级政府教育行政部门的机构设置来一一对应，级别通常是处级建制，再往下则是科级，相关负责人也享受相应的级别待遇。

第二，从大学决策管理的过程来看，强调"一级服从一级"的科层上下关系是一个典型的特征。理论上，重大事务交由党委领导下的校长来执行，学术事务则由教授委员会或学术委员会来处理，但很多学校的学术委员由"具有行政职务的教授"来担任，所以决策中常常产生重要事项由兼任学术委员会主席的校长以及一般事项由兼任学术委员的处长或院长来"拍板"的决策逻辑。尽管很多高校也设置了咨询会、座谈会、征求会甚至是教师评议会等民主参与程序，但普通教授或一般教师在相关事务的决策中如何行使权利、参与的效度有多大等不可而知。

第三，从资源分配的情况来看，既然大学组织内部多是由行政权力主导（包括学术事务在内的一切事务），显然有关人才培养、师资评价、科研项目设置等资源自然也是由行政力量来进行调配。在长期的行政化逻辑运作下，通常都是基于行政级别大小和行政权威优劣来对相关资源进行初次分配（很多情况下可能就是最后的分配），少量不需要行政权力分配的资源，则是在普通教师群体中按教学或学术资历（如学位、职称、工作年限等）标准进行再分配。

第四，从文化环境影响效应来看，长期的行政化运行模式极容易在大学组织里自然生成所谓的等级、谦卑、尊崇的行政式的文化，久而久之一旦形成"群体性"的气候，就很容易侵袭到学校的办学理念、治学风格、管理体制、规则制度乃至师生的言行方式中去，导致无一不按照行政化的方式来推进学校的各项事务。近些年来，高校学者当官、教授竞选处长、学生争当领导的中国版大学"行政故事"，就是这种文化环境影响的生动反映（见专栏6-2）。这些大学行政文化的怪象值得深思。

专栏6-2　大学的"官本位"现象与问题

"官本位"对以学术组织为依托的大学创新文化和科研环境的建设危害极大，在"官本位"价值体系下，必然会带来大学里的科研人员的行为动机和行为模式的扭曲，造成科研人员浮躁、追位、逐利，难以真正静下心来从事科研工作。目前，大学的"官本位"现象日趋严重，高校里的一些科研人员在"官本位"价值观主导下，以获得"官职"为荣、为尊、为最大的价值诉求，以至于出现有的高校几十个教授争抢一个处长位子的现象不绝于耳。

当前，高等教育系统的"官本位"的核心实际上反映了高校在对科研人员的评价、遴选和激励等方面还存在很多问题。特别是现有的人才评价和选拔机制在某种程度上强化着"官本位"思想。比如，在大学的中高层管理人员选拔任用上，过分强调"行政职务所隐含的等级年限"。然而，那些虽然主持过重大科研项目，但没有在行政岗位上具有任职经历的优秀科技人才，就很难有进入学校中高层管理岗位的机会。

（资料来源：樊立宏，张文霞. 高校几个教授争抢一个处长位子的无奈与反思 [N]. 光明日报，2011-08-03.）

细数大学行政化的各类表象，可以看出，大学行政化的核心是大学组织按照行政思维理念和行政逻辑在对大学的所有事务进行运作、决策与管理，其突出异化表征在于对大学办学自主权的剥夺与干预以及对代表学术群体、学术力量所代表的学术权力的凌驾与挤压。可以判断的是，大学行政化的直接恶果是对"学者共同体"的致命性摧毁，这也是导致大学在结构、功能出现异化以致大学使命歪曲的重要缘由。

6.1.2.2　学术权力：行政化与市场化的双重倾向

（1）学术权力的行政化风险分析

从历史溯源来看，近代中国大学其创设初衷是期望通过"兴学堂养人才"的治本之举来实现"富国强兵"以及挽救危局之目标，其并非源自某些社会个体或团体对知识的渴求这种内生性的驱动力，而是在当时的背景下作为一项挽救其摇摇欲坠的政权改革举措由晚清政府提出来的，并作为政府为达成其特定政治目的而选择的手段出现。我国近代的大学是典型的后发外生型大学，而西方国家大学通常具有先发内生型的特性，这主要也是大学组织在产生原动力方面的差异所致。总体来说，难以摆脱政治介入和行政干预是后发外生型的特性，也成为中国大学自诞生之始就有的固有特征。中国大学自产生以来，始终具有某种行政化的制度特质。这是外部力量对大学的政治介入和行政干预造成的，因此通常需要借助行政化的大学管理体制来"驱动"。学术权力在历史流程中出现的异化也是这种行政化的特质之强大的直接反映。在民国时期，大学制度的设计者由于身处特殊的政治环境及因此而形成的特殊府校关系，基本上由从一开始就在教育领域中居主导地位且有世界眼光的人来担任，本土大学在向西方学习的过程中逐步实现了从制度形式到组织文化的"形神兼备"，从而在较高的起点上迅速促使大学的现代化和制度化。对民国时期大学影响深远的教授治校制度成为这种高等教育现代化的典型制度的成果。教授治校制度的实施，使大学的行政化特质在某种程度上被遮蔽（但非消解），一定程度上体现出政府对大学的某种宽容和退让。新中国成立后，大学在相当长的时间内以政府附属机构的身份运转（源于高度集权型高教管理体制的施行和政治论高等教育哲学的盛行），当时政府主管部门包办高校内的大小事务，在大学的行政化制度特质中重新显露出来。改革开放以后，大学在国家高等教育领域的拨乱反正和改革举措中，获得一定办学自主权，同时大学内部的学术权力得以逐渐复苏和缓慢生长。

第一，在学术性机构的设置方面。以张德祥教授的学术研究为例[①]，其调查了作为研究对象的八所高校的学术性（管理）机构设置情况（运用高校年鉴等文献调研的方法），同时还运用问卷访谈的方式对六所高校的学术人员参与校务管理的情况开展了调查，最后进行了相应的实证分析（在调研数据的基础上）。分析结果发现，所调查的八所高校除都设置了教师职务评审委员会、学位评定委员会、学术委员会等常规学术管理机构外，大多还设置了其他委员会型学术管理机构。这些机构主要包括：教材委员会（4 所），教学委员会（3 所），专业评议委员会、优秀教学成果奖暨课程评审委员会、实验室建设和管理委员会、图书和情报委员会、计算机教学指导委员会、成人教育委员会（各 1 所）。对此，张德祥教授的解读是：20 世纪 90 年代以来，高校的学术力量参与到学术事务管理的状况有明显改善。其定性评价可以描述为：各个学校的学术人员通过学术管理机构参与学术事务的审议、决策、监督的作用在逐渐显现。

但同时，研究团队在对国内六所高校的调研中，发现高校学术管理机

---

① 张德祥. 高等学校的学术权力与行政权力 [M]. 南京：南京师范大学出版社，2002：78-81.

构设置及运作中也存在以下问题：一是多数院校的重要审议咨询机构无任期限制，甚至有的高校还没有相关审议机构；二是各种委员会可能会因此产生任务不明、职责不清、随意性大等弊病（调查中发现很多教师评议会、院级人才遴选委员会缺乏明确的章程，比如没有详细的考评过程及评价主体的评价参与方式等）；三是相应的学术管理机构在实际运行方面存在行政化的倾向，大多数委员会是不定期开展活动的（有的学术性质的委员会是根据学生相关行政部门或是带有职务的教授的个人或群体的决策来开展相关的活动）；四是各种委员会中无行政职务者所占比例很少，较高比例的教授、副教授职称者多以处长或系主任身份参加。

第二，在学术人员参与校务管理的状况方面。调查结果还显示：一是教授在参与学术管理机构的机会以及同时担任学术性职务和行政职务的机会上比副教授多；二是学术人员参与学校重要事项决策的实际程度偏低，学术人员对决策的影响力还不大。此外，学术人员对学术性事务的参与程度要明显高于行政性事务，例如，学术人员参与程度较高的事务大多是涉及教学改革的设定、学科专业的设置、教师的考评等，而学术人员参与程度较低的事务主要集中于学校年度工作计划的制订、校级干部的任免、大学规章制度的制定与修改三个方面；从参与途径来看，学术人员多以座谈会的形式参与校务决策，以参加校（院）学术委员会的形式参与决策相对较少。三是学术人参与学校决策管理的意愿都较高；设置若干常设委员会参与学校的决策管理被认为有必要。

第三，在学术权力机构成员分布方面。湖南师范大学李海萍博士所做的实证研究中考察了高校行政化生态下的学术权力运行情况[①]：从教学、学术和学位评定三类委员会所代表的高校学术权力机构的成员分布情况来做相关调查，其研究结果既有些让人倍感震惊又在意料之中，与当下高校空前行政化的运行趋向相一致。在所调查100所高校的上述三类委员会中，一个共性的特点在于有担任行政职务的人员更容易成为各类学术机构的成员，成员的资格与职务职级高度相关。此外，无论是在教学型、教学研究型还是在研究型等不同类型的高校之中，有行政职务的委员在三类机构中的占比并无太大差异（仅是研究型大学的学位评定委员会中的纯学术人员比例稍高于另外两类大学）。在相关实证分析结果的支持下，调查者更是

---

① 李海萍. 大学学术权力现状研究 [D]. 长沙：湖南师范大学，2010.

直言不讳地挑明：我国各高校的教授们若无行政背景很难进入学术委员会等学术权力机构，究其实质还是行政权力披上了学术面纱在进行控制和管理。

从上述的分析效果来看：一是目前高等学校设置的各种委员会虽然发挥了作用，但作用不大。总体而言，在组织形式和运行机制以及实际效能等方面学术权力机构都存在明显的不足，尚有较大的改进空间。二是高校学术权力机构普遍行政化导致只有担任较高行政职务者才能担任相关学术职务。诚如李海萍博士所言，"行政力量大于学术力量并凌驾于学术力量之上，是学术权力场的常态，行政群体及其机构不仅在行政圈如鱼得水，同样在学术场上呼风唤雨成为主导，而学术价值只能成为这一领域中的附庸与点缀"。

此外，鉴于学术权力行政异化的复杂机理，研究团队还围绕大学组织里的学术与行政两类权力博弈所产生的异化情形（一是学术组织在参与学术事务决策中可能存在的"少权—索权"状况，二是学术和行政"双肩挑"人员可能存在的"混权—滥权"取向），通过权力让渡的思路来保证学术力量在权力分配过程中的平衡，以权力界分的方式来确保学术力量在大学组织中的归位，以达到匡扶大学权力生态的目的。并以此建立了治理的思路框架（见图6-1），详细论述可以参阅研究者已发表的成果介绍①。

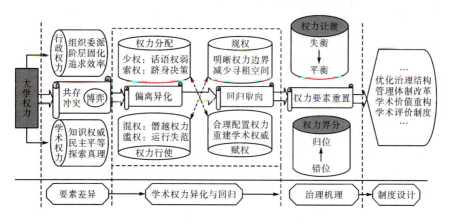

图6-1　治理学术权力行政化的思路框架

① 谢凌凌. 大学学术权力行政化及其治理：基于权力要素的视角 [J]. 高等教育研究，2015 (3)：41-45.

（2）学术权力的市场化风险分析

学术权力的市场化风险是我国高等教育管理体制在伴随计划经济体制向社会主义市场经济体制的转型与过渡过程中，高等教育的产业属性和经济功能深化所产生的"异化"情况，高等教育领域中被市场化逐步渗透成为一段时期内高等教育发展的一大趋势。教育产业化、教育市场化的现象因受泛市场化等思潮的影响，愈发融入社会与市场之中。诚然，高等教育尤其是大学服务社会的职能受到市场带来的竞争和分治理念的影响得以最大限度地发挥，同时人们对市场理念的诉求在大学内部管理体制日益严重的行政化中进一步被激发，大学内部展开了积极的管理体制改革，为求达到人、财、物、信息等资源的合理配置和有效利用，实行竞争上岗、精简行政机构和人员，以确保效率优先、公平竞争，优化配置人、财、物、信息等资源。然而，市场化的理念不是指一切面向市场、一味以市场为导向，当学术权力主体将市场理念全盘引入大学活动的各个方面，只为推进去行政化改革，很有可能会使学术权力走向另一个极端，学术权力异化不可避免。

尽管国家的法律法规明令教育的公益性，但很多地方政府却将教育特别是高等教育作为牟取利益的载体，甚至放纵一些学校通过各种方式盈利，致使一些大学出现了社会服务的异化现象。例如，我国相当一部分民办高校从根本上讲是"教育市场化""教育产业化"的产物。学术权力主体的思维逻辑和行为方式必然会因学术权力出现市场化倾向而受到影响。大学的办学经费如果出现严重不足，创收势必成为学术权力主体的主要办学目标，利益至上的以办企业的方式办大学，最后甚至沦为市场交易的工具（见专栏6-3）。在人才培养方面，"唯市场导向"成为学术权力主体在人才培养中的专业设置、学科建设、课程传授等环节上尽可能市场化，从而脱离与学术活动本身相关的知识传授；而在科学研究方面，"唯利益驱动"成为学术权力的市场化的具体体现，进而将科学研究与社会服务"捆绑"在一起，摒弃了以创造高深知识的学术研究应有之义，科研质量极速下滑。这样的行为方式将会使学术权力做出行为上的"寻租"行动选择（沿着"追求利益最大化"的理性假设），歪曲了大学科研原有的学术导向的评价方式，社会功利性的评价愈演愈烈。

学术界对于"客座教授"这个词的描述是一种经过相关授予单位审批的"具有义务的荣誉称号",目的在于不断扩大高等院校或科研所的师资,以实现共享学术资源。但根据熊丙奇教授的观察,现实运行的客座教授制度、理念不仅严重背离了优化师资的初衷,甚至与学术资源的整合共享南辕北辙。

实际上,获得现实的好处是高校、科研院所与明星、官员双方间从"客座教授"头衔中谋求的共同点。正如周孝正教授所指出的那样,学校请明星、官员等来当"客座教授",能够增加无形资产,提高学校的知名度和影响力,以吸引更多生源。特别是在授予官员客座教授的资格后,可以为大学管理者拉拢或靠近政权力,成为获取更多资源的特殊手段。明星和官员利用自己的知名度或行政权力获得颇具学术和专业色彩的"客座教授"荣誉称号,可以说是几乎零成本地向"学者标签"迈进了一步,对于提升自身形象获得了用钱也买不到的各种社会效果。

辩证地看,客座教授对大学或者科研院所来说是"利弊参半",尤其是当一些客座教授顶着头衔牟取不当利益时,不仅会给授予者名誉带来损害,而且其背后所隐匿的利益关系会严重破坏学术氛围,成为污染大学精神和学术风气迷失的重要因素。因此,有必要对这种"头衔交易"进行有效的治理。

基于此,只有真正做到大学的管理者不再唯官员或唯上是从,也就不会再阐述客座教授等献媚权力式的头衔;同时也只要真正坚守学术本位的理念,就不会再用明星光环去照亮自己。只有这样,才能把客座教授头衔授予的双方利益链条斩断,使得大学内部包括客座教授选聘在内的各项制度都基于回归学术本位来执行最严格的标准和最规范的程序,这才是对于大学"头衔交易"由乱而治的根本之策。

(资料来源:张保淑."教授""博导"不能拿来搞交易 [N]. 人民日报,2013-08-17.)

6.1.3　党政学协同的大学权力框架构建

基于上述对大学权力配置"失范"和大学权力运行"异化"的分析,为了破解大学权力运行的困境,从党政主导走向多元共治,党政学共同治校预期会成为未来我国高校内部治理的基本走向和标准样态。但目前学术界从大学权力运行的体制机制创新层面切入对此问题的深入探讨尚属"新鲜事物",这种研究状况凸显了党政学协同治校的大学权力配置及运行创新研究的特有学术价值。同时,借助大学权力治理体制机制的创新推动大学内部党政学等战略利益相关方的有效共治,寻找规范大学权力运行的"中国路径"和"中国蓝本",这也是完善中国特色现代大学制度过程中具有的现实针对性核心议题。基于这一考虑,研究者将中国大学内部治理结构中的权力形态作为研究对象,具体的研究论题是中国大学走向党政学协同治校过程中不可或缺的大学权力运行体制机制之创新问题,以此设计我国高校党政学协同治校的大学权力框架(见图6-2)。

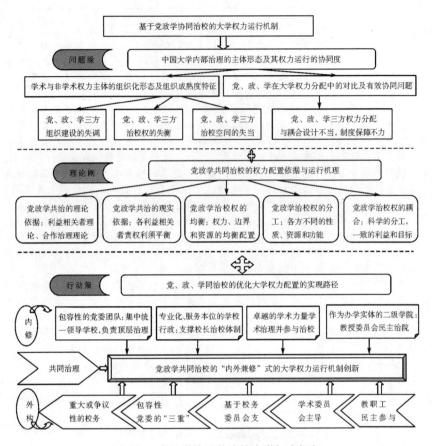

图6-2 党政学协同共治的大学权力框架

在图6-1中，主要是从问题、理论与策略三个维度来剖析大学权力框架。

第一，对大学内部治理中的权力形态的考虑主要基于两个方面：一方面是学术与非学术全力主体的组织化形态及组织成熟度问题。比如如何廓清大学内部党、政、学等不同治理力量的组织化形态，如何描述这些不同治理主体在自身组织与能力建设方面的成熟度特征；另一方面是党、政、学三方在大学权力分配中的力量对比及有效协同问题，比如如何确定这三者的权力范围，进而确定各自的权力领域可能存在的困境等。

第二，对党政学协同共治的大学权力配置的依据和运行机理的考虑主要基于两个方面：一方面是在廓清党政学协同治校的理论与实践依据的基础上，需要借鉴国外大学共治的经验，明确中国大学共治框架下高校党委、校长领衔的行政和学术治理体系各自的治理功能定位、治理权力设定以及权力的空间与边界，揭示党、政、学三种治理力量的权力性质、功能、资源依托与相应责任；另一方面是关注这三者在共治架构下科学治校分工和权能耦合，阐释党政学协同治校的权力运行机理及对大学治理体制机制创新的影响。

第三，对于党政学协同共治的"内外兼修"式的大学权力运行机制设计，主要是依赖于党、政、学三方的组织化与能力建设（基于在各自权力合理分配的前提），三方之间的治理共识和信任关系（基于在各自权力优化运行的基础），以及保障三方共同治校的系列体制机制安排。相应地，这主要聚焦三个方面：一是涉及大学共治体制的大学党、政、学三方的组织化建设和内涵建设的实现路径，包括党委团队的多元化和包容性，行政板块的专业化和服务取向，学术治理主体的学术造诣与品质兼备，具有办学实体地位和相应权能的二级学院，等等；二是党、政、学之间的大学治理共识凝聚和互信关系构建机制，这是大学权力健康运行的必要内在条件，也是大学发挥作用的基础；三是保障党、政、学权力合理运行的系列体制机制，具体包括党、政、学三方各自的分工治理体制机制、基于三方协商决策和相互组织化渗透的横向协同治理机制，学校—学院纵向分权治理机制，学院层级的教授委员会民主治院体制机制以及教职员工的民主参与和监督等。

6.2 构建以学术为本位的大学权力运行机制：基于教授治学的思考

上述对党政学协同治校中的权力配置及运行的设计，实际上都蕴含着现代大学的建设是强调以学术为本位的发展逻辑，而现代大学制度的构建其实也是强调学者在学校各类事务中的参与权和决策权。具体而言，这就形成了学术研究意义上的教授治学和参与校务治理意义上的教授治学两重基本内涵。前者是指教授个体或教授团队基于自身的学术兴趣，自由地开展学术研究并借此改进完善自身的教学，或者在此过程中同研究生的培养有机结合，以达成学术研究服务于人才培养的目标；后者是指教授通过其代表组成的某种学术管理机构来主导学院或学校的重要学术治理，同时借助相应的民主参与机制来参与学校的重大校务治理，这既是学术研究意义上的教授治学的合理延伸，也是其获得学术权力制度化发展的重要组织制度保障。显然，研究学术意义上的教授治学和参与校务治理意义上的教授治学，在对象、内容、过程和目的等方面具有明显的差异，因而其权力运行机制自然会有相当的差异。就前者而言，要实现教授研究学术的有效开展，大学须在大学组织文化方面努力建设学术本位、学术至上的组织文化，在实际运行中须注意建立科学的权力评价机制、学术资源配置机制和学术绩效激励机制，以激励和引导教授群体更自觉地投身于学术研究，进而激发大学的教育与学术生产力；就后者而言，要保障教授群体对校务治理的有效参与，则有必要从组织和制度两个层面进行强化学术权力的组织再造和制度创新，建立吸纳教授参与治理的民主治校机制，以便为教授的参与校务的决策和管理提供必要的组织依托与制度平台。

鉴于教授治学包括"（教授）研究学术"和"（教授）参与学术管理"两重学术权力的内涵，其实现路径也据此包括"内修（学术）"和"外塑（制度）"两种路向，在论述教授治学的学术本位的大学权力运行机制的相关论题时，有必要分别从这两个方面来展开。

6.2.1 学术研究意义上的教授治学运行机制

教授治学的本义在于研究学术，并借以推动大学的人才培养。在这个意义上，无论是个体形式的教授治学，还是团队意义上的教授治学，都必须遵循学术研究的内在规律。同样地，要促进这个意义上的教授治学的实现，也必须从学术研究和学术发展的规律出发，以教授个体或群体的学术研究为基本出发点来思考和设计相应的运行机制。在这个问题上，笔者以为，这个方面的运行机制应当重视以下三点：

第一，大学学术本位文化的建设。学术研究是一种要求有内在自由、且须遵循内在规范的知识探索活动，它更适合于在浓厚的学术氛围和相当宽松的制度条件下展开。因此，要促进大学教授的学术研究，必须重视学术本位文化的建设。学术文化对学术研究的促进作用是"润物细无声"式的，这也使得在实践中它常常为人们或有意或无意地忽视。很多时候，人们似乎更重视资源投入对学术研究的促进作用，而忽视学术文化对学术研究的影响。实际上，这是一种相当短视的观点。学术研究固然不可缺失相应的学术资源支持，但若是没有了学术文化的支撑，仅有资源投入是无法从根本上保障学术研究的绩效的，尤其是无法保障学术研究的质量。从当下中国大学的实际来看，无论是学术资源的科学配置，还是学术文化的建设，似乎做得都不尽如人意。在行政化的制度结构下，大学里的学术资源也是由行政权力在掌控，使得潜心问学的教授很容易在事实上被置于边缘化的地位，无法获得应有的资源支持；同样，行政化的制度结构必须会催生行政化的制度逻辑，其结果之一就是行政文化在大学里大行其道，学术文化则趋于日见式微，这种大学组织文化的异化从根本上危及了大学学术研究的制度与文化生态，"学术行政化"与"行政学术化"是这种异化的典型表现。因此，要有效保障教授个体或团队的学术研究，大学必须高度重视组织文化建设，切实遏制行政文化的恶性膨胀，回归大学应有的学术本位，张扬学术神圣的观点和学术至上的价值观，让大学尽快由行政组织回归到学术组织。

第二，科学的学术评价机制。大学是一个教育与学术机构。这意味着，在大学里，学术研究不仅仅是值得大力倡导的个体或团队行为，更是一种须在整个大学组织层面予以激励的组织行为。就本质而言，大学组织中的学术生产力和竞争力直接决定于大学教授群体的学术生产力和学术声望。为确立尊重学术和学术至上的价值导向，为激发教授群体的治学热情与创造力，为夯实和弘扬大学的学术文化，建立科学的学术评价机制无疑相当重要。从我国大学的实际来看，现行的学术评价机制尚存在相当多的缺陷，比如评价主体的行政化，评价标准的"重量轻质化"，科研考核的"短平快化"，等等。鉴于此，应尽快改革现行的学术评价体制，具体思路是不妨引入西方学术评价的同行评审制度和代表作评审制度，将学术评价与教师绩效考核、学术资源配置乃至学术岗位遴选等其他学术事务的处理联系起来，让所有的教师在一个科学的学术评价体系下自由发展、公平竞争和优胜劣汰。毋庸置疑，科学的学术评价机制本身既是一种有效的学术激励手段，也是一种有效的学术文化建设策略。有了科学的学术评价机制，就会有正确的学术激励导向，就能促进学术道德的高扬和学术风气的转换。

第三，合理的学术资源配置机制。学术研究的开展和大学学术的发展，需要相应学术资源的投入和保障，故学术资源的合理配置是教授研究学术和大学发展学术的客观需要。但学术资源配置的意义又不仅仅在此，它还是学术评价和学术激励的一部分。学术评价涉及对评价结果的科学运用，学术激励更是直接包含着学术资源方面的激励，这两者都和学术资源配置有着密切的关系。从我国大学的实际来看，学术资源配置存在明显的行政化倾向，一些兼有行政职务和学术头衔的领导在校内学术资源竞争中明显占据着优势地位，这种现象不仅损害了学术竞争的公平性，而且客观上加剧了大学行政化的趋向。因此，对于大学学术资源的配置，似应本着行政—学术二元分化的基本思路予以改革，从制度上切断行政权力对学术资源的不当掌控，让学术资源回归学术研究之需的正道。

6.2.2　参与校务治理意义上的教授治学运行机制

从我国大学运行与管理的实践来看，尽管学术研究意义上的教授治学还存在诸多不足，但相比之下，参与校务治理意义上的教授治学遭遇的困难更多、更大，其所遭受的质疑和非议也更多。正因为如此，这个意义上的教授治学问题在客观上构成了国内学术界的研究重点。论及学术管理意义上的教授治学的运行机制，显然应先探讨相关的组织机构设置。但从我国大学的实际情形来看，多数高校较早就设立了学术委员会等学术机构，有些高校甚至还出台了教授委员会的运行细则等。可见，教授群体参与学术事务管理和决策的相关组织机构的设置，并不存在任何实质性的体制或操作上的困难，关键在于这些已设置或新设置的学术管理机构，如何切实有效地运作起来，发挥其应有的作用。基于这种考虑，笔者拟在此将探讨的重心置于教授治学的运行机制上，不再在相关组织机构设置的问题上着墨过多。参照国外大学的通行做法，结合我国大学的实际及改革走向，在实现我国大学教授治学的权力运行机制方面应当强调以下五点。

6.2.2.1　学术文化整合机制

"海纳百川，有容乃大"。通常大学被认为是一个具有高度包容性的组织，这种组织的另一重意涵是：大学还是一个高度异质化的组织。正因为如此，大学组织更应该成为蔡元培先生所倡导的"循思想自由原则，取兼容并包主义"的包容理念。相反，大学的异质性则表现为：现代大学本身已发展成为一个学术—行政共同体，大学是一个学术组织，但又不仅仅是学术组织（谢维和，2013）。在大学，既有作为其主体的学术单位，也有不可或缺的行政单位。在大学的学术单位中，更是按照学科不同分为自然科学、社会科学和人文科学等不同的学科门类，甚至在各个学科大类内部又分为更多更细的学科类型。不同的学科，既意味着大学内部存在不同的学科文化，也预示着大学内部存在不同的利益中心。所以，大学的复杂性之一集中表现为其高度异质性。在教授治学的运作方面，大学的异质性同样会带来复杂的影响。譬如，学术与行政两方面的权力和利益如何平衡，不同学科之间的文化差异如何弥合，不同学科实体之间的利益诉求如何平衡，等等。为整合大学内部不同的力量、文化和利益，科层机制、市场机制（利益机制）都被先后引进来，但大学的管理实践证明，这两种整合机制固然有其适用的特定空间和实际效能，但并不能解决大学管理中深刻的利益矛盾和文化冲突。显然，最适合大学的整合机制是，以文化整合机制为主，有机结合科层机制和利益机制。文化整合机制的引入，就教授治学的实践而言，无疑意味着须努力建设和弘扬科学—人文主义的学术文化，以此来克服教授治学实践中可能引发的学术与行政之间的权力或利益冲突，以及各学科之间的文化与利益冲突。学术文化在大学中的主流地位与深刻影响，意味着大学整体上将采取学术本位、行政服务的基本价值立场，在各学科之间则采取平等对待、相互包容的价值立场。文化是一种黏合剂，它能有效化解大学内部不同单元之间的利益差异与文化差异，因而能有益于教授治学的开展。

6.2.2.2 学院层次的（教授）主导学术决策机制

教授作为大学里学术研究的主体，理所当然应参与大学中的学术事务决策和管理。同时，"术业有专攻"，教授尽管是学、是知识的化身，但也存在学科专业的局限。这意味着，教授对学术事务的参与，首先应体现在学院（学科）这一层级。在大学组织中，学科主要分布于大学的基层，通常和大学里的学系、学院等正式建制相对应，这样就形成了大学特有的"底部沉重"的组织特性。相应地，隶属于不同学科的教授们，首先应在自己所属的学科所对应的正式建制（学系或学院）中发挥自身参与学术决策与管理的作用。事实上，西方国家大学中，教授对学术事务的参与首先也是体现在学院层面的，因为学院是大学中最基本的办学实体，学院层面所汇集的事务通常以学术事务为主。借助学院教授会的形式，教授们可以以学院为"主阵地"，依靠自身的专业优势充分行使治学权，以促进学院学术事务的正确处置，同时保障自身合理的学术权益诉求。在近期的大学"教改"试验中，不少高校尝试了学院教授会的学术权力组织形式，并取得了阶段性的成效，但也出现了一些争议，如学院教授会是否应享有正式的决策权，学院教授会是否拥有对学院院长人选遴选的正式决定权或否决权，等等。研究者认为，这些问题不妨因校制宜，灵活处理。例如，对于研究型大学，不妨将学院层级的教授委员会权力设定得更大一些，包括对学院院长人选的提名权或否决权；对于教学研究型大学，相应的治学权重与边界可以相对收缩，但教授至少应在学院层级的学术事务决策中享有实质性的参与权。

6.2.2.3　学校层面的参与学术决策机制

学校层面的事务中也有相当一部分属于学术事务，这部分学术事务客观上也存在教授参与决策的需求和空间。不过，不同于学院层次的学术事务决策，学校层次的学术事务决策需要考虑教授的代表性问题，换言之，需要确保各学科都有相应的教授代表参与其中。因此，在学校层面，仍然可以由学术委员会来发挥对学术事务决策的参与作用，但应妥善处理学术委员会成员的遴选问题，其努力方向是既保证成员来自不同的学科（体现一种代表性和公平性），又保证成员的来源能体现本校的学科结构和学科实力差异。此外，研究型大学学院层级的教授委员会可以享有对学术事务的主导性决策权，但校级学术委员会对学术事务的主导性决策权恐怕只能局限于少数纯学术性事务。在更多的学术性事务决策上，学术委员会更适合享有一种参与决策权，其后还应由校长办公室、校务委员会等决策机构最后定夺。

6.2.2.4　教授参与的院长遴选机制

学科是构成大学的基本单元，在组织层面，它通常和大学里的学系、学院等正式建制相对应。与学科相对应的学系、学院则构成大学的基层学术单元。因此，从角色的性质和内涵来讲，二级学院院长首先所代表的应该是整个学院的学术群体，其次他才是大学科层结构中的一个节点。从这个角度来看，院长职务似乎具有两重性：既是基层学术单位的代表，又是校长领衔的科层体系中的节点。鉴于此，院长人选的遴选一般是基层学术单位和大学校长双方协商产生，两者分别掌握院长的提名权和决定权。这样的院长遴选与产生机制比较契合院长角色的双重性质及特殊的责任取向。既然基层学术单位掌握着院长的提名权，学院的教授自然就在院长的提名问题上具有相当的话语权和决定权，这也是教授治学的重要内容和表现。

6.2.2.5　校内的民主管理机制

大学是教育与学术机构，大学教育需要培养具有民主素养的高级人才，大学的学术在运行中也需要讲究学术民主，而且大学本身的多元利益相关者的组织属性也要求大学在管理的过程中要遵循民主管理原则。其核心思想在于，师生在大学事务的决策过程中具有充分的参与、表达及监督权力。作为大学组织的核心成员，教授更应该获得并充分发挥民主管理权利。在这种权利的实现机制方面，一般有提出意见或建议、参加民主座谈会、就特定问题召开意见征求会、借助教职工代表大会参与学校重大校务管理等形式和渠道。显然，大学管理中的民主参与机制也是教授治学的重要实现机制。

6.3 突出大学权力协同运行制度保障：基于教授配权及决策的视角

大学多元共治的实现，无论是行政主体的管理职责发挥，还是确保教授静心治学，乃至保障学术权力健康运行，都需要一定的前提，如法律规章、人才资源、组织机构以及环境营造等，这些共同构成了大学权力运行的要素基础。考虑到教授群体是大学组织中的重要"中坚力量"：一是其承载着教书育人、科学研究、社会服务以及文化传承等大学职能的重任，二是其在大学校务决策权分配乃至校务治理过程中又是不可或缺的重要角色。因此，教授是勾连大学行政权力、学术权力的最直接主体，而教授治学的程度如何，从某种程度上也反映了大学决策权的配置状况。

不仅如此，传统上，学术界习惯于从科层式的管理角度来阐释教授治学的内涵，按照这个逻辑，让教授参与学术管理事务合情合理，但让教授参与其他校务尤其是行政性校务的管理，似乎就有些"喧宾夺主"了。但是，在现代大学日渐走向多元共治的时代，教授治学的概念也许更应从治理的层面来理解。从这个角度来理解，教授治学既包括教授群体对学术治理的主导，又包括对其他校务治理的参与。所以，在大学共治时代，思考教授治学的制度保障，有必要从大学多元共治这个基本框架出发，来考虑教授治学的组织与制度层面的保障。在这个视角之下，从现代大学共同治理的层面来看，教授治学视野中的大学权力运行的制度保障应包含以下七个方面：

6.3.1 构建大学内部"底部沉重"的分级分权管理体制

以教授治学为例，其既涉及大学组织内部的权力配置，又牵涉大学内部的组织运行。教授治学权的分布，主要集中于基层学术单位——学系或学院一级，也存在于学校一级（主要限于参与学术事务的决策）。换言之，教授治学实现的前提条件是学系或学院具有相应的学术事务管理权，以及大学层次学术管理机构具有名副其实的学术管理权；否则，就像当下国内不少大学的实际生态一样，大学里权力高度集中：纵向上权力高度集中于学校一级，学院和学系不过是学校各种指令的被动执行单位；横向上权力高度集中于行政系统，学术系统沦为行政权力的附庸。在这种组织生态下，实质意义上的教授治学权既无存在的必要，又无发挥的空间。可见，若要推行教授治学（尤其是学术管理意义上的教授治学），就必须在大学内部推行校—院二级管理体制（规模较大的大学，还可以根据实际推行学校—学院—学系三级管理体制）；同时，推动分权管理，即大学的管理要实现学术管理和行政管理的相对分离，不能以行政权力和行政系统来取代学术权力、学术系统发挥作用的空间，这是推行教授治学的先决条件。

大学的分级管理体制实际上是要尊重大学"底部沉重"的组织特性和大学学术发展的客观要求（大学的学术功能主要是依靠基层的学系、学院等学术实体来承担的），将大学所掌握的责、权、利在大学的不同层级之间做合理的分配和有效的平衡，借以既保障大学组织的统整性，又发挥大学基层的积极性；而大学的分权管理，也是要遵循大学多元利益相关者的组织属性，充分尊重大学里学术和行政两种不同组织单元的文化特性和利益诉求，实现学术管理和行政管理的必要分工，以发挥两者的不同功能（学术管理的专业性和行政管理的效率性），赋予大学组织管理以最大的实际效能。在分级管理的问题上，学术界已基本达成校（决策中心）、院（管理中心）、系（质量中心）"三个中心"的共识[①]。在这种思路的分级管理中，学校应将相应的责、权、利下放至各个学院，使学院成为拥有较大管理自主权，集教学、科研、人事、财务等权力及搞好教学、从事研究和开展社会服务等责、权、利的集合体[②]，并基于教学科研和管理的制度

---

① 张月铭. 高校管理重心下移后的行政权力和学术权力 [J]. 辽宁教育研究, 2002 (9): 22.
② 毕宪顺. 高校内部权力的科学配置及其运行机制研究 [J]. 国家教育行政学院学报, 2010 (8): 16.

和政策设计，成为分布于大学下层的名副其实的"管理中心"；学院则应在接受学校下放的各种责、权、利的基础上，顺应基层教学与科研单位（指学系）发展的客观需要，将部分责、权、利实行二次下放，以激励基层的学术单元在既有动力又有压力的制度条件下搞好自身的教学和研究，督促学系发展成为教育与学术活动的"质量中心"；学校层面则负责贯彻国家的教育方针政策，以宏观决策和统筹协调来发挥自身"决策中心"的作用①。

6.3.2 建立利于教授参与决策事务的权力运行组织机制

不同于学术研究意义上的教授治学，组织化形态的、参与校务治理意义上的教授治学在治理对象、治学过程和治学条件等方面都迥然不同：学术研究意义上的教授治学，就对象而言是教授个人或团队所感兴趣的学术领域或学术问题，治学过程基本上是按个人或团队的偏好"自由发挥"，治学条件不过是个人或团队感兴趣、时间精力充裕、硬件条件合格即可；而组织化的教授治学，治学对象是学院或学校的重大学术事务，治学过程是由多位教授代表来共同行使对学术事务的评判权、决策权和处置权，并通过相应的民主参与机制来参与对其他重大校务的决策，治学条件则是学院或学校须建立起具有正式学术权力的组织机构，构建出一套较为完善的学术权力机构运行的规则体系，同时建立足以保障教授民主参与校务治理的参与机制。

在当前高度行政化的大学中，学术权力之所以较之行政权虚弱，关键因素之一即在于学术权力所依托的组织机构体系不够健全，所需掌控的物质资源严重缺乏，所需借助的规则程序体系还未构建起来。在教授连学术事务都只能是形式化地参与而不能实质性地主导的情况下，教授们实质性地参与其他重大校务显然就更谈不上了。所以，组织化的教授治学，其所依赖的恰恰是这种天然的当为学者所享有和行使的正式的学术权力和教授作为大学内部核心治理主体所应享有的民主参与权利。当下大学学术权力在实际运行中的窘境，无疑直接决定了组织化的教授治学在实践层面的困境。因此，建立保障学术权力正常运行的组织机构体系，以及教授作为核心治理主体对重大校务的参与治理机制，是实现组织化的教授治学的基本条件。

---

① 陈金圣. 脱耦机制与信心逻辑：大学内部管理去行政化的新制度主义策略 [J]. 当代教育科学，2011 (21)：1-5.

6.3.3 赋予享有对大学校长等行政群体的推荐考评权力

在教授权力的制度设计上，我国历史上既有教授治校的制度安排，又有教授治学的制度实践。并且，和教授治校或教授治学相对称的，还有校长治校一说。可见，无论是教授治学还是教授治校，事实上都是在校长的领导之下实现的。在民国时期大学的历史上，北京大学、清华大学等主流名校有过教授治校的辉煌，但即便是当时的教授们也不得不承认：这种教授治校的实现，很大程度上是以校长的开明和对教授的尊重为先决条件的。从学理上说，教授的治学权很大程度上是从属于校长对学校的领导和管理权的，是从其学校领导和管理权中派生出来的。所以，若校长是一种独断专行式的人物，教授治学自然就难以施行。即便校长本身并非独断专行的人，倘若大学的领导管理体制是一种一元化且高度集权的制度，教授治学实现起来也有相当的困难。就当下中国大学而言，其领导与管理体制的行政化色彩仍相当浓厚，这是制约教授治学的阻滞因素。在此情形下，若要推动教授治学的实践，就必须通过制度来保证校长能够对教授们予以相当的尊重和授权。那么，如何实现这一点呢？显然需从校长的遴选机制和考评机制入手。

对于权力的责任取向，政治学的基本论断是：权力的责任取向很大程度上取决于其产生方式。这个理论套用在大学校长的遴选与考评问题上，其中的关系是：大学校长是由哪一方来遴选、任用和考核的，校长就会对哪一方负责。就我国大学现行的校长遴选、任用和考核方式而言，其主流仍是上级党政组织部门的行政任命制。相应地，大学校长的责任取向往往是"对上面负责"，而不一定非得"对下负责"、对全校师生负责。鉴于此，为从制度上实现校长对教授的尊重和必要的向下授权，有必要在校长人选的遴选、任用和考核制度上做出相应改进：让以教授为代表的学术人员能在校长人员的推荐、遴选、任用和考核等不同的环节上享有话语权和决定权。有了这种制度改进后，相信大学校长对教授的尊重和向下的授权都会有明显的进步，这也是我国大学实行教授治学的一个制度保障。

6.3.4 提升学术资源配置在相关事务决策中的影响效应

学术资源的科学配置，既是教授群体学术研究的基础性条件和物质保障，又会直接影响到大学的学术风气、学术权力的刚性和教授治学的实际效能。因此，在推进教授治学试验时，必须从制度上思考大学学术资源的配置体制问题。事实上，不仅如此，政府对大学的教育学术资源配置问题也与此类似。当下中国大学高度行政化的原因之一，即在于大学获得的许多资源，事实上多数靠大学的行政权力和行政系统"对外运作"而来（而非靠学校的教育质量与学术绩效竞争而来）。这样，从组织资源获取的角度看，大学行政权力较之学术权力就明显占据上风，教授群体在大学中的话语权甚至实际地位都无法同大学的行政管理层相提并论，因为权力在本质上是一种影响力，这种影响力的大小同其所掌握的资源多寡存在密切的正相关关系。换言之，政府对大学资源的行政化分配体制，相当程度上从源头上就注定了大学里行政权力对学术权力的强势和优势地位。不仅如此，在大学行政系统通过"运作"等方式从外部为大学争取到相应的教育学术资源之后，这些资源在大学内部进行再分配时，行政权力依然会占据绝对优势的主导地位，其结果是大学内部的资源配置主要由行政权力说了算，学术权力在资源配置问题上的话语权相当微弱。可见，中国大学教授治学的难点之一，就在于作为治学者的教授难以掌控大学教育学术资源的配置权。

鉴于此，要在中国大学中推行教授治学，必须考虑大学资源的配置体制改革。比较适宜的改革方向是：在大学外部，可以考虑通过法治化的路径改革长期的"行政级别导向"的拨款标准，并转向以"学术业绩导向"的拨款方式，并委托专门的社会中介机构来负责，以确保公开性、公正性；在大学内部，有必要在大学章程中明确规定学校预决算编制与执行的基本原则、操作主体、审议程序和监督机制，以此确保学术权力在财务预算议决过程中的主导性话语权，对行政权力的遏制和对学术权力的提升才能获得根本性的物质支撑①。

6.3.5 推动大学行政领导及职员职业化的人事行政制度

在西方国家大学中，学术本位、行政服务本是大学运行的基本规则，但在中国大学中，却是行政权力过于强势、学术权力过于羸弱的另一番景象。学术权力疲软、羸弱，外在表现就是教授的治学权式微，教授治学难以充分实现。这种强行政权、弱学术权的权力格局，当然是高度行政化的

---

① 陈金圣. 大学学术权力的制度化建构 [D]. 南京：南京农业大学，2012：219.

大学制度结构所致。在这种行政化的制度结构中，人事行政制度是其重要的内容之一。联系到人事制度，我们同样能发现中西方大学的区别：西方大学中，资深学术人员往往都拥有了终身教职制度的保障；而其大学校长则是公开遴选产生，在这种公开操作、择优任用的遴选过程中，以教授为代表的学术人员具有相当的话语权和影响力；至于其行政职员，往往是雇员制的居多，其岗位定位就是为师生和学术服务。有了这样的人事制度，教授在大学内部的主体地位就有了根本性的保障，终身教职制度赋予了其职业上的安全性，有助于其静下心来潜心问学，也有助于其坚守学术的标准而从事学校的学术事务管理。可见，从人事制度层面来看，西方国家的教授治学也得到了相关的制度支持与保障。

中西方大学教授治学状况和人事制度的对比表明：教授治学能否充分实现，人事制度至关重要。为此，基于重建中国大学学术本位的组织文化和有效推动大学教授治学的制度化发展，有必要在人事制度方面借鉴西方国家大学的成功做法。具体来讲，其核心思路与举措为：对大学校长，可以考虑实行职业教育家的功能定位与多方参与的选任制；对大学内部管理者与行政职员，可以考虑实行教育职员的定位与基于合同的聘任制；对大学学术人员，可以考虑实行大学主体的定位和终身教职（针对资深教师）与聘任制（针对一般教师）并行的人事任用方式①。这种路向的人事制度改革，将会显著提高大学里学术人员（教授）的地位，遏制行政管理人员的行政权力，强化对大学校长的民意压力和问责机制，督促其从"对上负责"向"对下负责"的责任取向转换，进而为教授治学的充分实现提供制度和组织保障。

6.3.6 增强学术本位组织文化对大学权力谱系的话语权

建立起学术权力的组织机构，只是保障教授集体治学的基本条件而非充要条件。从组织学的角度看，组织机构只是组织的"物质外壳"，组织机构有效运行除必要的"物质外壳"外，还必须要有相应的组织文化做支撑；否则，这种组织机构就难以完全发挥作用，甚至会因组织文化的深层影响发生异化。从我国大学内部的权力谱系来看，尽管近十余年来高校普遍地设立了学术委员会等学术权力机构，但学术权力在大学组织内部的实

① 陈金圣. 用人制度改革：高校"去行政化"的切入点［J］. 教育发展研究，2010 (11)：1-5.

际运行效能并不能让人满意，既不能有效抗衡学术权力的膨胀，又未能有效地保障大学学术的健康发展、学术不端问题都"无能为力"。不仅如此，在强大的行政化制度结构的制约下，大学的学术权力从表面上看似乎是一群教授在行使学术权力，但实际上，这种学术权力已在相当程度上为行政权力所取代。为何有了相应的组织机构却依旧发生了"学术权力的行政化"问题，其深层原因就在于当下大学里缺乏一种学术文化，在大学组织运行中实际发挥作用的主流组织文化是行政文化而非学术文化。组织机构与组织文化之间犹如人之肉体与灵魂的关系，空有学术组织机构之"体"，而无学术本位型组织文化之"魂"。因此，要保障大学学术权力的正常运行，保证教授集体治学的有效性，在建立相应组织机构的同时还必须大力建设学术文化，并将其落到实处，至少应使其在学术管理领域发挥主导作用。如果没有学术文化的深层保障和强力支援，所谓的学术权力机构和教授集体治学，就很难保证不出现行政化的异化。

6.3.7 建立强调以规范教授集体治学权的制度规则体系

不同于个体化的教授治学，集体化的教授治学不仅是通过集体的形式来实现，而且其过程相较于个体化的教授治学要复杂得多。鉴于此，在建立相应组织机构、建设学术本位型组织文化的同时，还必须从教授集体治学的复杂性出发，思考和规范据以保障教授集体治学顺利展开的工作程序和运行规则。我国大学设置了学术委员会却未能充分发挥预期作用的重要原因之一在于相关规则与程序的缺失。例如，若仅有学术委员会的设置，而无科学的学术委员会成员遴选办法与程序，就极有可能造成在校长的行政干预下让担任有行政职务的中层干部构成学术委员会主体的局面。这样，在学术委员会成员"高度行政化"的情形下，学术委员会异化为"院长办公会"也就不足为奇了。同样，设置了学术委员会之后，议题如何提出，议题如何讨论，如何保障各委员能充分地表达自身的意见，各位成员意见不一致时如何实现意见的整合，会议决议形成后如何保障其执行，会议决议在执行过程中如何监督等，都是极其关键的规则或程序问题。

7 "双一流"建设背景下的现代大学创新与社会服务的方向和路径

创新研究的价值在于推动科学与文明社会的发展，它又反过来为人才培养创造了条件。良好的科研条件和高素质的教师，自然会推动高等教育自身的健康发展。从我国经济社会发展的阶段和建设"双一流"的要求来看，科技创新与社会服务的结合是高等教育现代化发展以及建立真正现代大学制度的必由之路。

7.1 "双一流"建设与现代大学创新的定位与目标

提高教学质量、教育品质是教育改革一贯的追求和目标。一个国家科学研究的质量和实力在某种程度上决定着一个国家的教育水平，尤其在我国全面推进"双一流"建设的进程中，高等教育的发展必然朝向品质化、实力化、质量化，也势必更加依赖高校科研的高水平、高层次、高效率，高校科学研究由此成为新形势下促进高等教育发展、提升高等教育品质的重要保障和不竭动力。

7.1.1 现代大学创新在国家创新体系中的定位

20世纪瑞典经济学家伦德瓦尔提出国家创新系统概念，即一个国家内政府、企业和大学之间对科学技术发展进行的相互作用的网络化机制，由具有价值的知识生产、传播、转移、使用和价值实现基础上相互作用的各要素和关系而构成[1]。这是国家创新系统的微观理解。英国经济学家克里斯

---

① 冯晓青. 技术创新与企业知识产权战略 [M]. 北京：知识产权出版社，2015：36.

托夫·弗里曼在 1987 年提出的国家创新系统的概念中，国家创新系统是公营与私营部门组成的有相互作用和相互影响的网络及其对技术创新与扩散的机制。他以第二次世界大战后日本经济腾飞的历史为研究样本，认为技术创新、组织创新、社会创新不是相互分离的，而是应当有机地结合在一起的。他发现第二次世界大战后日本几十年内即成为工业化强国与其实施以技术创新战略为主导，根据形势变化及时进行创新战略和政策调整直接相关。弗里曼在 1987 年出版的《技术政策与经济绩效：日本国家创新系统的经验》一书中，研究了日本的国家创新系统在推动日本经济发展中的作用。后来在理查德·纳尔逊的著作《国家创新系统》中，国家创新系统进一步获得研究和拓展，创新主体、创新动力、创新系统等复杂性问题得到进一步厘清和探讨。

国家创新系统强调通过政府的政策支持和合理引导，推进合理配置企业创新资源和创新机制的形成，以产学研深度融合助推企业技术创新。作为国家创新系统的"动力阀"，政府承担政策供给，政策提供制度保障。国家创新系统涉及技术的创造、分配、传播、扩散、利用直至价值实现等环节，也涉及人、财、物及信息资源等国家创新资源的优化配置、创新型人才建设、创新组织管理与智能保障以及不同层面创新的协调和战略定位等问题，如国家创新基础设施建设、国家创新政策和制度体系、创新活动的运行机制等。建立和完善国家创新系统对于提高一个国家的整体技术能力，特别是核心技术竞争能力有关键作用。无论是区域创新系统还是技术创新系统，都是国家创新系统不可分割的一部分，即便是大学对于区域或企业创新的贡献，也受到国家创新系统中的创新制度与政策、创新组织、创新资源配置、创新人才培养等因素的制约。有学者分析了第二次世界大战后日本和德国经济腾飞的原因，认为不只是企业技术创新的结果，更是国家创新系统适时演变的结果。国外学者纳尔逊曾在 20 世纪 90 年代初进行过针对 15 个国家的研究，得出的结论是一个国家企业获得竞争力的关键性源泉在于其技术能力，而该能力并不是简单地完全属于企业的，而是具有国家意义的，并且可以通过国家行为加以确立[1]。该观点暗示了企业技术创新与国家创新系统的高度融合性。事实上，从前述技术创新的系统性和

① NELSON RICHARD R, WINTER SIDNEY G. In Search of Useful Theory of Innovation [J]. Research Policy, 1993, 22 (2)：108.

过程性特点也可以理解，技术创新远远不限于企业内部的经济行为过程，而是涉及相当复杂的外部支持条件与环境，具有系统结构和内在运行机制，"是一个融合了科技、金融、组织、商业运作在内的综合性、系统性过程"①。这意味着，技术创新不是传统企业的内部业务流程，更暗合与时代同步的开放性、社会性。技术创新过程的演进也反映了技术创新过程的复杂性、网络化、社会化特征。这就要求国家为技术创新提供良好的政治、经济、技术、文化、市场以及法律环境。

国家创新系统是增强国家创新能力的前提和动力源。在国外，国家创新能力这一概念由波特等人在国家竞争优势和国家创新体系等理论的基础上提出，是指由国家公共基础设施、集群特有的治理环境及其两者之间的联系。我国有学者认为它是国家对创新资源的持续开发和优化配置所形成的对知识与技术产品的创造与应用能力。国家创新能力的构成要素包括驱动要素和表征要素，其中前者包括国家政策、体制、基础设施、经费和人员投入，后者包括国家对创新资源运用所产生的知识和技术产品②。

综合上述各家观点，技术创新不仅在国家创新系统中占有重要地位，同时主体范围又囊括企业、院所、大学、社会机构等，其中企业知识创新和应用的主体，即市场上实现技术创新的主体。比较而言，高校等教育培训主体，特别是大学主要从事知识创新和人才培养工作，政府提供制度和政策供给以规范和协调知识的创造、分配、传播和应用直至价值实现。这些创新活动主体发挥的作用各不相同。高校担负着基础研究和原始创新的重大使命。

第一，面向基础研究。高校的基础研究能力始终在国家的科技创新体系中占据重要地位。《国家中长期教育改革和发展规划纲要（2010—2020年）》在大学基础研究方面强调的是通过建设一批世界知名的高水平大学，成为解决国民经济重大科技难题、促进成果转化和技术转移的原始创新主力军，以满足国家建设创新体系的需要。《国家创新驱动发展战略纲要》对大学作为创新主体的功能定位在组建交叉学科团队、形成学科集群和创新基地上来追求卓越，以此提高创新能力，从而推动一批高水平大学

---

① 柳卸林. 21世纪的中国技术创新系统 [M]. 北京：北京大学出版社，2006：7.

② 刘凤朝，冯婷婷. 国家创新能力形成的系统动力模型：以发明专利能力为表征要素 [J]. 管理评论，2011（5）：30-38.

及学科步入世界前列。《统筹推进世界一流大学和一流学科建设总体方案》则强调大学的基础研究要着力解决"原始创新"。通过科研组织模式创新来优化资源配置，在协调创新和健全科研机制中来提升科技创新能力。并通过建立具有世界影响的中国特色新型高校智库和中国风格的哲学社会科学评价体系，来进一步提高决策服务能力，不断营造创新环境和激发创新活力。

第二，聚焦国家战略需求。《统筹推进世界一流大学和一流学科建设总体方案》提出的是原则是"有所为有所不为"，强调加强学科建设的顶层设计来顺应国家重大需求导向。

7.1.2 推动"双一流"建设与现代大学科技创新目标

对高校科技创新理念的寻找不能简单地回归到科技创新本身上，还必须结合现代大学的科学研究职能。这些要素的复合交叉决定了高校科技创新的理念的共同性与独特性。知识是现代大学的基本构成要素，保存、传播与创造知识是大学的基本任务。科技创新在更新旧知、开掘新知、探索未知方面有基础性作用，充当知识更新的"发动机"。

7.1.2.1 现代大学科技（科研）创新理念的演变

18 世纪工业革命时代的到来裹挟着科技发展成为技术难题的理论支撑，科学研究顺理成章备受重视。高等教育在此潮流下逐渐演化成为培养科学研究人才的最理想场所。到了 19 世纪初期，以新人文主义思想为基础创建的柏林大学在洪堡的推动下开始了"以研究推动教学"的尝试，真正将科学研究引入高校。这一思想与他的完人教育理念密不可分。大学要实现完人教育就要通过科学研究进行教学，因为完人的想象力、探索未知的精神与坚强意志可以通过科研进行培养。"大学的真正成绩在于使学生把其个人道德和思想上醉心或献身于不含任何目的科学之中，大学的真谛在于对民族精神和道德文化的服务和支撑。"①显而易见，洪堡教育观点的精神内核是，高校的科学研究与创新是为教育目的服务的。

随着教育与科研相统一在柏林大学的成功，这一理念迅速向世界扩散。在洪堡时代，科学还是小科学、纯科学，是单纯为了知识发现而存在

---

① 周川. 从洪堡到博耶：高校科研观的转变 [J]. 教育研究，2005（6）：26.

的。而在随后的发展中，科学已经发生翻天覆地的变化，成为"大科学"。所谓大科学，除传统的自然科学、工科技术外，还包括一向被其拒之门外的社会科学、人文精神和思维素养。其中，自然科学不仅有前时代的基础理论科学，还有现时代突飞猛进的应用科学、技术科学、工艺科学等。在这一背景下，科学不断地被企业、商业与政府部门俘获，成为实用性科学。

为此，博耶还提出了一个兼容并包的扩展思路。一方面，"对学生的高质量教学是教育培养的基本要求"；另一方面，学术人员的研究和探索是科学的灵魂和世界的瑰宝。尤其是学术研究中的调查，被视为学术生活的核心和学术生命的血液，对它们的保护、培养、传承，正是教师队伍永葆活力的根本，是高等学校永葆生机的源泉①。与其围绕教学与科研孰轻孰重的过时问题进行争论，不如重新认识大学的教育功能与成为学术研究中心的统一性。同时，他认为，高校科研本身并不是高校的问题，也构不成高校的问题。形成问题的是，所有的高校都运用了并不适合在所有高校身上践行的那一套只适合部分院校的研究使命和科学任务，这样"给整个高等教育事业投下了一个阴影"②。也即随着科学内涵式发展与高校类型的多元化，再强调单一的高校科研理念显然已经不合时宜，而且会误导高等教育的发展。

所以，无论是高等教育质量的提高还是人才培养水平的提高，都必须以科学研究为支撑、科研能力为保障。大学科研应该与教育教学紧密结合，为人才培养服务。大学科研首先应该是以自由探索为主导的基础研究与原始创新，因为大学首先是一个文化符号，具有文化传承、文化创新、文化应用的功能。美国大学实施着全国约 60% 以上的基础研究；在所有 OECD 国家，大学都肩负着教育和科学研究的双重功能。其次是应用性研究包括技术创新。从我国国情来看，我们企业的技术开发能力、技术创新能力还不足，因此，大学如何从自身功能定位和优势出发，与企业开展技术合作，最终帮助企业转型、升级，是大学无法推卸的责任。换言之，高

---

① 博耶. 美国大学教育：现状·经验·问题及对策 [M]. 复旦大学高等教育研究所，译. 上海：复旦大学出版社，1988：143.

② 博耶. 关于美国教育改革的演讲 [M]. 涂艳国，方彤，译. 北京：教育科学出版社，2002：74.

等教育的科学研究，必须综合考虑人才培养、自由探索、知识创新多个元素。这是基本定位、基本要求，也是基本思路。

7.1.2.2 大学科技创新理念的分层实施

高校科研的目标是变不可能为可能，通过知识的发现、扩散与保存推动科学的发展与创造未来。科学研究没有止境，高校发现与传播的知识只是沧海一粟。现在认为"不科学"的东西随着科学的发展有可能变成科学知识。不同类型的高校应当侧重不同类型的科研活动，注重将科研活动与教学理念结合起来，分别在知识发现、知识应用等维度实现科教结合理念，培养学生探索未知的勇气与改变"不科学"为科学的勇气和能力。

研究型大学应当瞄准人类未知领域，在全球范围参与科研组织与人力资源配置，通过科学研究培养国际领军型人才。目前，我国已经成为具有重要影响力的科技大国，一些重要领域通过多年来的积累已经步入世界同行前列，甚至是具有领跑的趋势，而这些科研的飞跃与突破已逐步成为提升人才培养质量的"前置性条件"。当然，从纵深角度看，我国还需要从参与、跟随转变为引领，确立有中国特色的前沿议题与热点问题以及如何在我国研究项目中引入国外人才为中国科研服务并利用别人的智力给我们做贡献。这就需要研究型大学提供科技平台与人才高地，形成国际范围的科技资源合力。

应用型高校具有地缘、科技资源等方面的劣势，可以因地制宜地选择对地方的社会、经济、文化发展具有重大影响的应用型项目，促进先进知识的传播与应用。地方高校应当善于从地方社会发展中选择研究课题，在与地方的合作中选择科研方向，整合科研力量，形成科研优势，并以此形成地域性的文化中心、人才培养中心和应用型科技中心。

7.1.2.3 "双一流"建设中的现代大学科技创新目标

（1）面向基础研究的目标

基础研究是"双一流"建设的一个核心目标诉求，主要是倡导前沿技术与社会公益方面的原始创新。其手段则是通过优化大学的创新平台、重点学科及学科带头人、高水平教师队伍等资源配置，创新大学的教育及科技结构和内部管理体制和运行机制，促进大学与企业、大学与科研院所、大学与行业之间的有效协调来助推大学为区域、为国家、为社会的服务提质增效。基于这个过程来构建大学人才培养和创新能力的科学评价机制。

根据新一轮科技革命可能在信息技术、生物技术、新能源技术、新材料技术以及交叉领域孕育产生的预测，集中高校优势力量抓住高技术领域自主创新的主动权，突破关键共性技术，为我国在新一轮科技革命的竞争中提供战略性科技支撑，为我国在全世界抢占高技术领域的前沿阵地。

鼓励高校通过建立联合实验室、科研攻关项目等形式加强校际合作、校所合作、校企合作以及国际交流，争取在国家自然科学基金中继续增加国际合作项目的数量和资金，积极组织国内高校参与国际重大科技合作项目。

推动跨学科基础研究。树立"大学科、大交叉"的理念，鼓励高校建立虚拟或实体跨学科研究机构，开展面向问题解决的跨学科研究；在国家层面增加对跨学科研究的项目经费资助，在学校层面加强个性化探索，切实解决好跨学科人才队伍建设、成果认定、人才培养等问题。加快推进科研组织网络化建设。进一步发挥互联网在高校科技发展中的作用，通过互联网加强国内外科研合作，形成长期持续的网络化科研组织模式；加快提升互联网技术的软、硬件能力，促进科研大数据在国内外科研组织间的共享，增强共同分析和解决问题的能力。

（2）聚焦国家战略需求的目标

进一步提升高校承担国家重大科技计划和重大专项的能力。要进一步发挥高校高智力、多学科、强设备的优势，增强综合研究能力，在国家制订的信息、生物、能源、人民健康、军用国防技术等重大科技计划上承担更多的科学和技术供给责任。

进一步发挥高校在国防科技建设中的作用。增加研究投入，将国防军工科技作为高校科技发展的重要领域，加强与军工科研院所和军工企业的合作，为提升国防科技自主创新能力，推动国防科技工业军民融合深度发展，构建中国特色先进国防科技工业体系做出更大的贡献。

进一步发挥高校科技在国家科技发展中的智库作用。发挥高校科技人才众多的优势，鼓励高校成立科技发展研究中心等科技战略咨询机构，在高校科技发展、学科布局与发展，国家和区域科技创新、产业布局发展等方面开展研究，提供战略咨询建议，为政府部门提供科教政策咨询，增强软科学研究能力。

加强与"一带一路"沿线国家合作。根据"一带一路"倡议，积极推动高校科技"走出去"，在高铁、核电、卫星、建材生产线等中国装备输出过程中提供科技与人才支撑；与"一带一路"沿线国家高校、科研院所在海洋、医药、能源等领域加强合作，共同提升科技创新能力；通过互派学者与留学生等方式扩大与"一带一路"沿线国家高校、科研院所人才与文化交流。

（3）明确科教融合发展的目标

既要发挥科研在高校发展中的支撑与引领作用，努力提升高校创新能力，也要明确教学在高校发展中的核心地位，以高水平科研支撑高质量教育。加快有利于科教融合的考评制度改革。加强引导，提高教学在教师业绩评价、职称晋升中的重要性，将教材、教学成果奖等作为教师考评的重要内容；探索科学评估教学质量的方法，保证教育教学质量；探索教师岗位分类改革，依据对教学、科研的不同侧重，形成不同类型的教师岗位，实行分类管理、分类考核、分类晋升。

加强教育教学改革，实现寓教于研。把科研成果对人才培养的贡献度作为科研工作评价的重要内容，鼓励教师将最新科研成果及时转化为课堂资源、教材，将最新的科研成果融入教学中去。积极鼓励实验室吸纳本科生，特别是高年级本科学生进实验室，将实验室作为重要教学场所；积极开展本科生的科研项目，训练其研究思维，培养其提出问题、解决问题的创新能力，提高本科生的科研兴趣。

根据高校办学目标确定高校科技创新目标。按照我国高校现有发展格局，以教学、科研能力为重要分类指标，进一步明确划分高校类型，确定不同高校的类别和定位，引导不同类型高校特色发展，形成中国特色高等教育系统。根据高校的整体定位和不同学科的发展程度，在基础研究、应用研究、试验发展研究中有所侧重，在研究型人才、应用型人才、技能型人才培养中有所选择。根据高校自身发展目标、特色，以及国家、区域经济社会发展需求，合理分工教学、科研和社会服务职能，加强不同职能间的协调与融合。

7.2 我国大学创新资源配置的问题与优化路径

作为我国高等教育发展和综合国力发展的战略选择，"双一流"建设必将在促进我国经济、科技、文化及社会方面产生综合性的影响。从高等教育综合改革的背景和要求来看，提高创新型的高等教育资源供给能力与水平是"双一流"建设的核心任务，其中，创新资源的配置是制约和影响"双一流"建设的关键因素。通常来看，现代大学的创新资源是以开展大学科技（科研）创新活动为目的而投入的人力、物力、财力等要素。而创新资源配置的目的是通过组织制度安排和管理运作协同提高高等教育资源的效用和"双一流"建设的服务水平。

7.2.1 大学创新的人力资源配置状况及优化

近十多年来，我国科研队伍不断发展壮大，基础研究在全国的主力地位日益牢固。我国高校教学和科研人员从 2009 年的 79.63 万人增加到 2020 年的 126.9 万人（见图 7-1），增长了 59.36%；高校 R&D 全时人员从 2009 年的 27.52 万人增加到 2021 年的 67.2 万人（见图 7-2），但是占全国的比例则从 12.01%降到了 11.8%，说明我国高校 R&D 全时人员的增长速度低于全国平均增速。但是，高校基础研究全时人员占全国的比例则基本稳定在 60%~70%，总量也从 2009 年的 11.27 万人增加到 2021 年的 31.9 万人。党的十八大以来，全国超过 40%的两院院士、近 70%的国家杰出青年科学基金获得者都集聚在高校。这说明，我国大部分基础研究人员聚集在高校，高校仍然是我国基础研究的主力军。

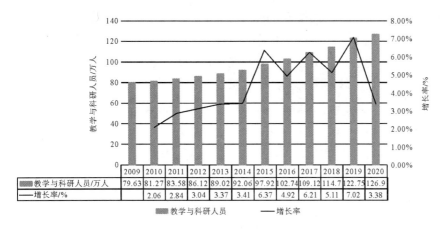

图 7-1 2009—2020 年我国高校教学与科研人员情况

	2009	2010	2011	2012	2013	2014	2015	2016	2017	2018	2019	2020
教学与科研人员/万人	79.63	81.27	83.58	86.12	89.02	92.06	97.92	102.74	109.12	114.7	122.75	126.9
增长率/%		2.06	2.84	3.04	3.37	3.41	6.37	4.92	6.21	5.11	7.02	3.38

教学与科研人员   增长率

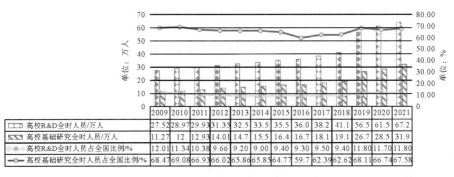

	2009	2010	2011	2012	2013	2014	2015	2016	2017	2018	2019	2020	2021
高校R&D全时人员/万人	27.52	28.97	29.93	31.35	32.5	33.5	35.5	36.0	38.2	41.1	56.5	61.5	67.2
高校基础研究全时人员/万人	11.27	12	12.93	14.01	14.7	15.5	16.4	16.7	18.1	19.1	26.7	28.5	31.9
高校R&D全时人员占全国比例/%	12.01	11.34	10.38	9.66	9.20	9.00	9.40	9.30	9.50	9.40	11.80	11.70	11.80
高校基础研究全时人员占全国比例/%	68.47	69.08	66.93	66.02	65.86	65.85	64.77	59.7	62.39	62.62	68.11	66.74	67.58

高校R&D全时人员   高校基础研究全时人员
高校R&D全时人员占全国比例   高校基础研究全时人员占全国比例

图 7-2 2009—2021 年高校 R&D 全时人员和基础研究全时人员情况

在科技人力资源配置方面，一是从事基础研究的科研人员较少。2020年，我国高校 R&D 全时人员中从事基础研究的全时人员占 47.5%，该部分人员偏少是导致我国基础研究能力较弱的重要原因之一。二是教师缺乏流动性。一方面，教师在学校之间、校企之间、学校与其他单位之间缺乏流动性，是阻碍教师综合能力提升的重要因素之一；另一方面，学校内，教师被固定在某个院系、学科，其职称晋升、考核等都被限制在某个学科，不利于教师开展跨学科研究，进而不利于前沿创新成果的产生。

因此，应当加强科技创新人才激励机制中的政策配套措施建设。例如，在职务发明专利权属的制度设计中，我国侧重单位优先原则，但这很可能会导致多方利益的不均衡。按照美国、日本等国家的奖励举措，是对发明人及单位团队共同奖励的原则，应进一步加大对发明人的权益保障，可以考虑根据对科研人员的业绩认定的考核，加大对其奖励的比例，制定不同性质的奖励规章制度，以提升成果转化的效率和效益。

同时，还应该不断完善科技成果转化中的利益分配制度。科技成果转化中的利益合理公平分配是体现高校、科研人员关系的一个重要指标，这也是影响科研人员凝聚力、责任感以及实现高校长期健康发展的重要维度。可以按照不同地区、不同类型高校来制定具体的规章制度，明确科研人员的奖励报酬和权益，以及应该履行的责任和义务。在这个办法中，可以明确高校和科研人员基于不同项目的利益分配比例或利益分配形式（如合同中具体规定高校和科研人员的物质、入股投资等不同奖励形式），使得科研成果转化收益具有动态性，以更契合利益分配的实际，从而激发高校科技创新的积极性。

7.2.2　大学创新的财力资源配置状况及优化

科研经费持续增加，基础研究经费实现高速增长。我国高校 R&D 经费从 2011 年的 688.8 亿元增加到 2021 年的 2 180.5 亿元（见图 7-3），10 年间增长了 1 491.7 亿元，增长超过 3 倍。高校基础研究经费从 2011 年的 226.7 亿元增加到 2021 年的 904.5 亿元（见表 7-1），增长了约 4 倍，其增长速度明显快于 R&D 总经费的增长速度。这说明，近十多年来，我国对基础研究的重视程度在逐步提高。

实际上，自 1985 年我国科技体制改革以来，我国大部分科研机构的主要经费来源都是采取了竞争性拨款的模式，按照财政部教科文司的统计，中央级科研经费这一项目的比例达到 80%，但是绝大部分公立研究机构的保障性拨款仍然不足，比如，中国中医科学院几乎没有中央财政的常规性资助，其九成左右的经费来自纵向课题。就高校而言，各级财政也基本没有保障性的科研经费支持。通过对部分"985"和"211"工程等重点高校的调研发现，从 2008 年开始实施的中央高校基本科研业务费专项资金计划，是对保障性项目发展的有益探索，但资助额度有限，仅占各高校科研总经费的 2%~5%。而且，在经费的配置上依然存在如下问题：

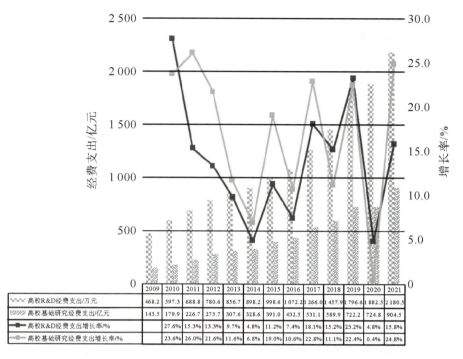

	2009	2010	2011	2012	2013	2014	2015	2016	2017	2018	2019	2020	2021
高校R&D经费支出/万元	468.2	597.3	688.8	780.6	856.7	898.2	998.6	1 072.2	1 266.0	1 457.9	1 796.6	1 882.5	2 180.5
高校基础研究经费支出/亿元	145.5	179.9	226.7	275.7	307.6	328.6	391.0	432.5	531.1	589.9	722.2	724.8	904.5
高校R&D经费支出增长率/%		27.6%	15.3%	13.3%	9.7%	4.8%	11.2%	7.4%	18.1%	15.2%	23.2%	4.8%	15.8%
高校基础研究经费支出增长率/%		23.6%	26.0%	21.6%	11.6%	6.8%	19.0%	10.6%	22.8%	11.1%	22.4%	0.4%	24.8%

图 7-3　2009—2021 年我国高校 R&D 经费及基础研究经费支出情况

表 7-1　2011—2021 年我国高校三类研究活动经费投入　单位：亿元

年份	2011	2012	2013	2014	2015	2016	2017	2018	2019	2020	2021
R&D 经费内部支出	688.8	780.6	856.7	898.2	998.6	1 072.2	1 266.0	1 457.9	1 796.6	1 882.5	2 180.5
基础研究	226.7	275.7	307.6	328.6	391.0	432.5	531.1	589.9	722.2	724.8	904.5
应用研究	372.4	402.7	441.3	476.4	516.3	528.4	623.1	711.5	879.3	964.2	1 054.1
试验发展	89.8	102.2	107.8	93.1	91.3	111.4	111.2	156.5	195.1	193.5	221.9

资料来源：中国主要科技指标数据库。

　　第一，科研经费管理机制不够科学、合理，经费使用效益不高。"十二五"期间，国家已经连续出台多个文件规范中央财政科研经费的使用和管理，我国高校科研经费管理乱象得到了一定缓解，但是仍然存在不合理之处，亟待改进。一是科研项目经费预算编制不科学。目前，我国各级财政科研项目经费预算由财务部门单独制定，财务部门单纯从财务管理角度对科研经费预算编制做出规定，虽然预算编制较为细致、便于管理，但是忽略了科学研究的不确定性，现实中科研人员很难完全根据事先预算完成科研经费的使用①。二是科研项目管理和科研经费管理脱节。目前，我国高校科研项目管理由科研管理部门负责，对科研项目申报、执行过程、结题进行管理，不关注科研经费的使用过程；科研经费管理由财务管理部门负责，根据预算进行收支核算，无法判断科研经费是否依项目预算合理使用②。科研项目管理和经费管理间的脱节与信息不畅通，使得科研项目经费管理的全过程缺乏综合管理和监督，容易造成科研经费支出的无序性、随意性③。三是科研人员项目经费使用不规范，甚至出现违法违纪现象。

第二，目前我国高校科研项目，无论是按照项目来源还是按照项目性质等标准来划分，都没有对竞争性项目与保障性项目进行分类管理。出于历史和观念等原因，政府和高校科研管理部门对保障性项目的重视程度也有所不足。从国际和历史发展视角来看，未来一段时期保障性项目将成为我国高校科研的重要组成部分，高校科技体系局部"计划配置资源"为主与国家科技体系整体"市场配置资源"为主并行不悖，这一格局成为当前高校创新驱动发展战略的关键一环。具体来说，我国缺乏对高校科研竞争性项目与保障性项目进行分类管理；学科结构不合理，学科链断裂；不利于青年科技工作者的培养、发展和脱颖而出；造成高校科研资源的浪费。

首先应当对高校科研竞争性项目与保障性项目进行分类管理。尽快在现行科研管理体制中对保障性项目进行分类管理，国家财政给予支持，制定规划、管理、实施、监督、评估等工作流程和细则，实现保障性项目从弱到强、从小到大的转变。尽快组织相关领域专家、学者、部门负责人和社会各界等进行调研与论证，提供建议，形成对保障性项目的重大战略意义的共识，通过高层决策者的迅速反应，着手出台相关政策法规，制定中长期发展目标等。

其次是采取重点但有区别的资助方式，制定公平有效的资源配置政策。保障科研经费在关键领域、关键行业及重要研究型高校的最优配置。以政策、法律为资源调配工具，通过市场调节机制，有效整合政府、企业、社会组织、高校资源，以市场需求为纽带，建立面向市场与公众的科

---

① 黄忠德，于洋，郝萍，等. 高等学校科学研究经费管理探析 [J]. 中国高校科技，2013 (7)：30-31.

② 刘双清，张铭辉，伍小松. 如何实现科研经费的高效管理 [J]. 中国高校科技，2014 (4)：31-33.

③ 黄忠德，于洋，郝萍，等. 高等学校科学研究经费管理探析 [J]. 中国高校科技，2013 (7)：30-31.

研基金申请制度，制定公平有效的资源配置政策，兼顾公平与区别发展。

再次是加大投入，促进竞争性项目和保障性项目在学科布局和结构的均衡发展。对于以保障性项目为主的科研领域、边缘学科和弱势项目，加大公共财政投入，如提高中央高校基本科研业务费等，确保科研项目配置的多元化、均衡化和公平化。同时，探索构建长期、稳定的科研项目"四位一体"资助模式，引导政府、企业、公共组织和社会各界对保障性项目的投入，并确保研究成果的共享、转化和利益合理分配机制。对以竞争性项目为主的科研领域，适当提高科研项目申请的竞争性，确保产出高质量的科研成果。

最后可以分类扶持，促进竞争性和保障性项目在科研工作者中的均衡布局。加大保障性项目对于青年科研工作者的支持力度，确保青年科研工作者能够在事业起步期获得一定的项目支持，使得他们能够发挥出科研积极性和创新性。对国内优秀的科研团队、领军人才和重点基地（实验室、研究中心等），可以给予持续稳定的经费支持。将科研工作者从项目申请、检查评估、考核评比中的事务性、程序性工作中解脱出来，能够不受干扰潜心研究。

7.2.3 大学创新的物力资源配置状况及优化

改革开放以来，我国整体的科技基础设施和条件建设取得长足进展。自1984年起，我国高校国家重点实验室逐年新增，截至2021年，依托高校的国家重点实验室有182个，75所高校拥有国家重点实验室。其中，技术领域分布状况是：国家研究中心4个、信息领域21个、工程领域42个、材料领域18个、地学领域24个、医学领域18个、生物领域29个、化学领域18个、数理领域8个，除数理科学与工程科学外，其他领域相对比较均衡，占比在10%~16%。工程科学的比例最大，约占到全部的1/4（见图7-4）。

截至2018年年底，教育部重点实验室有450个，其中依托"985工程"高校建设的有209个，占比为46.4%；其他高校教育部重点实验室有241个，占比为53.6%（见图7-5）。"985工程"高校的教育部重点实验室占比相对较少，其他高校在整体上储备了较多的科研资源，在资源整合建设与申报国家重点实验室的过程中，有一定发展潜力，能够在区域创新驱动发展过程中发挥研发优势。

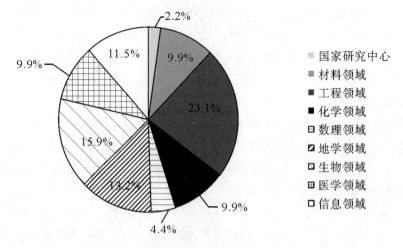

图7-4 高校国家重点实验室学科领域分布

数据来源：教育部科技司综合处提供。

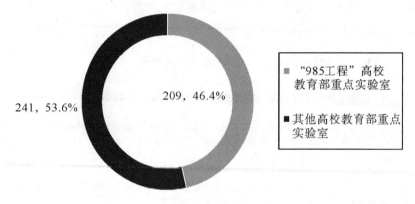

图7-5 不同类型高校教育部重点实验室分布

数据来源：科塔学术。

　　教育部重点实验室的学科分布如下：工程领域49个、地学领域50个、工程领域96个、化学领域18个、生命领域155个、数理领域26个、信息领域56个（见图7-6）。另有大型电池关键材料与系统属于化学与材料的交叉。生命科学类教育部重点实验室占比超过1/3，达到34.4%，说明这个学科的发展程度较好，资源较为丰富。

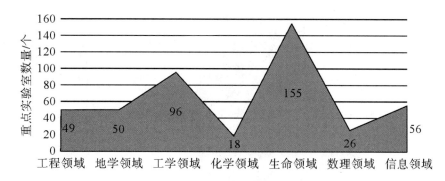

图 7-6　不同学科领域教育部重点实验室数量情况

数据来源：科塔学术。

　　截至 2018 年年底，结合《2016 年国家工程技术研究中心运行报告》和 2017—2018 年科技部公布验收的国家工程技术研究中心数据去重后得到，截至 2018 年我国国家工程技术中心数量共计 374 个，其中依托高校的国家工程技术研究中心共计 101 个，占比为 27%；依托科研院所的国家工程技术研究中心共计 77 个，占比为 21%；依托中央企业的国家工程技术研究中心共计 76 个，占比为 20%（见图 7-7）。从学科视角划分，我国国家工程技术研究中心领域主要聚焦在材料、先进制造、生物技术与人口健康以及信息通信与空间遥感等领域。具体而言，材料国家工程技术研究中心数量有 67 个，占总数比重的 18%；先进制造国家工程技术研究中心数量有 47 个，占总数比重的 13%；生物技术与人口健康国家工程技术研究中心数量有 41 个，占总数比重的 11%；信息通信与空间遥感国家工程技术研究中心数量有 31 个，占总数比重的 8%，彰显了国家工程技术研究的重点研究领域。

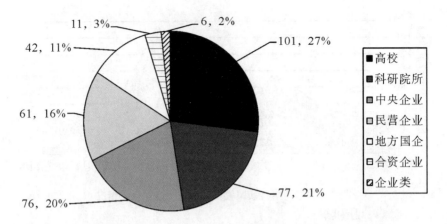

图 7-7　国家级工程技术研究中心依托单位情况（数量/个；占比/%）

数据来源：前瞻产业研究院。

此外，截至 2015 年年底，教育部工程研究中心有 396 个，分布在 14 个领域，分别是新材料 45 个、现代服务业 22 个、公共安全 19 个、轻工纺织 16 个、石油化工 32 个、能源交通 35 个、生物医药 38 个、农林牧渔业 53 个、电子与通信 33 个、网络与计算机应用 15 个、制造业 48 个、资源环境 21 个、医疗卫生 13 个、工程技术 6 个。其中，现代服务业、公共安全、轻工纺织、网络与计算机应用、资源环境、医疗卫生、工程技术等领域的教育部工程研究中心数量较少（见图 7-8）。

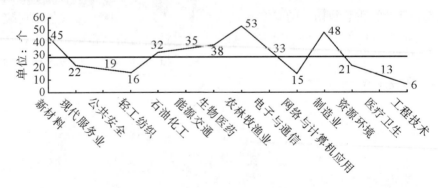

图 7-8　不同技术领域教育部工程中心分布情况

数据来源：教育部科技司综合处。

尽管取得了很多成绩，但大学创新的物力资源配置仍存在如下六个问题：

第一，科技基础设施和条件仍存在重复建设。《2016 年高等学校科技统计资料汇编》显示，高校从事研发的机构数量从 2006 年的 3 249 个增加到 2016 年的 7 885 个。截至 2013 年年底，高校和科研院所中的大型科学仪器设备总量为 54 918 台（套），原值总计 780.2 亿元。但是，国家、各部委与地方政府设立的科技创新平台多达上百种，很多仪器设备在高校和科研院所间多有重复。

第二，科技创新平台及大型、精密仪器与设备缺乏有效的统筹及战略协同，导致中等规模以上的科技创新平台及大型、精密仪器与设备的信息公开程度较差，布局不合理，建设分散浪费，低水平重复，使用效率低，内外部协同与资源互补整合无法开展。如科学仪器，我国拥有的数量比欧盟 15 国的总量还多，很多发达国家仪器使用率高达 170%～200%，而我国这一比例还不到 25%，其中的一个重要原因就是科研设施还不能共享，这变相造成了科技创新资源配置冷暖不均。

第三，科技创新平台产权界定不清，部门化与个人化现象比较突出。由于受资金来源及隶属关系等因素的制约，很多大型科研仪器及平台分属于不同的高校和科研团队，科研资源呈现高度碎片化状况，使用上也多限于或部门及团队群体，不同高校之间、不同区域的高等教育主体间甚至同一高校的不同学科团队之间，在科研资源的共享上都很难形成协同效应。这使得很多高校的平台及大型、精密仪器与设备处于半封闭、半割据甚至闲置的状态，直接影响了科技资源的利用效率和大学的协同创新。

第四，缺乏驱动科技创新的统筹及开放共享机制。在学校层面，缺少对科技基础设施的整合共享。由于目前高校缺乏对具体实验设备的共享政策，而实验设备多由科研经费购置，一般只对团队或院系开放共享，对校内其他单位的共享开放不够[①]。在学校、企业、政府、科研院所之间也缺乏科研设备的共享。科技基础设施共享政策的缺失，使得科研设备的开放程度较低，造成科研设备管理分散、利用率低、浪费严重;[②] 此外，也使得各方之间无法集中科研经费购置大型的科研仪器和设备。同时，缺乏系统的管理规范和制度，专门或者直接对开放共享进行具体规定的文件也很

---

① 杨东占. 从条块分割到统筹发展 重构国家科技计划体系 [J]. 中国高校科技，2014 (11)：18-21.

② 张艳，邓庆德. 树立共享理念 构建大型仪器设备先进管理模式 [J]. 中国高校科技，2014 (9)：24-25.

少。已经颁布的与开放共享有关的单行法律规范，普遍存在结构体系不成熟、内容不齐备、执行监督不到位等问题。开放共享运行需要统一标准与相关管理规范。

第五，专门的实验技术人员参与开放共享的激励机制不健全。根据目前的管理体制，他们面临职称评定与奖酬考核的压力。由于提供开放共享服务尚未纳入考评范畴，降低了其参与的积极性、主动性。

第六，高校科技创新平台及大型、精密仪器与设备缺乏独立的持续性保障经费，后续利用主要依托项目经费，难免会造成部门分割，难以维持开放共享运行。从科技创新平台的投入来看，我国的这项经费大多来自项目投入，而美国的这项经费由政府财政拨款全包干。相反，我国仅有国家实验室有稳定的运行经费支持，在这种情况下，科研人员往往只能依靠短期的竞争性项目经费来维持。这既影响长期进行的基础研究项目以及创新探索型科研项目的进展，又影响到高校科技创新平台及大型、精密仪器与设备的开放共享。

因此，从"双一流"建设对高校科技创新物力资源的要求来看，未来现代大学创新物力资源的优化可以考虑以下几个方向：

第一，加强顶层设计与布局优化。深入贯彻《中共中央 国务院关于深化体制机制改革加快实施创新驱动发展战略的若干意见》《国务院关于改进加强中央财政科研项目和资金管理的若干意见》《关于深化中央财政科技计划（专项、基金等）管理改革方案的通知》等指导精神，紧扣全面实施创新驱动发展与系统推进科技体制改革两条主线，以创新为经、以融合为纬，以内部改革与国际合作双驱动来倒逼高校盘活创新资源的配置。正确处理好政府和市场的关系，运用财政、税收等政策工具发挥政府在基础研究、共性技术研究中的主导作用，充分发挥市场在应用技术、产业化技术配套资源配置中的决定性作用，加强统筹协调，推动科技和经济社会发展深度融合。同时，以贯彻落实《中西部高等教育振兴计划（2012—2020年）》为契机，鼓励地方高校根据区域、自身特色与定位，肩负支撑引领地方经济社会发展、实施创新驱动的使命，积极融入地方的产学研结合体系，统筹协调科技创新条件与资源，建设一批地方科技应用中心。理顺高校科技管理体制，突破高校创新主体间的壁垒，充分释放高校人、财、物等不同创新要素的活力及其配置结构；在政府、高校、社会、市场与相应的条件平台之间建立新型的协同关系，探索法人治理模式，建立长期发展运营机制。

第二，促进高校联盟与地区共享。分层次推进科技创新条件平台共享。重点在增量平台上构建开放程度高、共享效应强的创新网络体系，建立面向企业（特别是中小企业）与行业（相关协会、联盟）的有效开放机制。完善共享规范，明确共享责任与权利。以共享促进大众创业、万众创新，以共享带动条件与资源的充分利用，以共享推进研究团队的深入合作与交流。适时促进不同类型高校在科技创新条件与资源建设方面进行优势互补与分工协作。坚持"成熟一个，发展一个"的原则，在不同区域、不同高校分步搭建高校科技创新条件平台，形成示范带动效应与协同规模。

第三，建立高校与协同单位内部资源和成果共享机制。打破以部门级别划分科技创新条件平台的做法，按照条件与资源性质进行分类管理，识别基础条件与资源。向社会公布不同区域的大学科技创新条件与资源的分布现状，制定进一步发展规划，重点公开不同区域的拟搭建科技创新条件平台、预配置的科技创新资源。对适合共享的条件与资源，包括重大科技基础设施、大型仪器、测试设备等，建立开放共享机制。对不同性质的大学科技创新条件平台，制订不同的运行方案；对产业化技术创新条件平台，要充分发挥市场作用，实行自运转；对公益性、基础性科技创新条件平台，要建立以申请评估制为核心的持续性财政支持机制，鼓励社会资金参与，并以条件资源、人才培训等为对价建立投入回报机制，积极探索多种合作模式。实现实验室信息化，实现部门与部门之间的实验室信息、数据共享，优势互补，并在互联网技术、信息网络支撑下开展交流、合作，从资源、技术、网络、情报、标准、资源等方面提高层次。探索大学的国家重点实验室、工程（技术）研究中心向社会、企业扩大开放的出租管理机制，提供与出租相关的配套服务，包括技术咨询与指导、人员辅助等。

7.3 我国大学社会服务的模式、困境与优化方向

从世界范围的高等教育服务社会趋势来看，大学逐渐从注重基础研究转向基础研究和技术创新以及应用研究并重。特别是在 20 世纪 80 年代以后，很多大学通过设立科技转移办公室、大学科技园、大学创业公司的方式来对接地方或国家的需求，大学对社会的贡献愈发显得重要和紧迫。一

些研究型大学也纷纷思考如何进行"创业转型",耶鲁大学、哈佛大学、斯坦福大学、剑桥大学等把如何发挥社会服务职能作为战略部署和学校发展图景,现代大学制度的功能也不断扩大了内涵。有的学者将大学、政府、企业之间的良性互动定义为"三螺旋",并给予了这些大学新的定义——创业型大学。在国内加快实施创新驱动发展战略的背景下,特别是"双一流"建设的逐步推进,现代大学如何在基于知识"轴心机构"向推动科技创新和服务经济社会发展中释放制度活力,如何更精准有效地服务社会也是彰显我国大学特色的充要条件。

7.3.1 现代大学社会服务与"双一流"建设的关系

7.3.1.1 社会服务是"双一流"建设的应有之义

当前,大学与社会的关系日益紧密,特别是在新一轮科技革命和产业变革即将到来之际,大学从知识创新转向到服务创新,特别是科技助推经济、社会发展的动力和趋势更加明显。大学作为社会结构中的一个组成部分,自然也受到社会强有力的影响。从人才培养目标、方式,科学研究内容的选择等都越来越多考虑社会的需求,其从社会得到的科研经费也越来越多。这些都加深了大学与社会之间的联系。同时,在服务区域的诉求上,现代大学必然要形成开放的组织架构和治理机制,不断厘清政府、社会和大学的多元利益诉求,构建多种利益相关者的责、权、利协同机制,在实践中建立大学与社会间的有效需求,这也是统筹社会服务与"双一流"建设的前提。

7.3.1.2 社会服务是"双一流"建设的助推器

社会服务是大学的重要职能之一。可以预见,在高等教育综合改革的背景下,大学的社会服务职能将日益重要,发挥好大学社会服务职能有助于"双一流"建设的深度推进。从社会培训看,其主要面向在职人员的再教育和再培训,是实现"终身教育、终身学习"理念的重要途径,有利于科学确定人才培养方向和规格,促进培养方式与行业、企业、产业深度融合;从科普来看,通过书本、报纸、杂志、网络等方式向社会公众传播科学知识和常识,从而促进整个社会的现代化;从产学研合作来看,高校参与产学研合作有助于提升学生的实践能力、发现问题的能力等,有助于教师获得更多的研究经费,有助于提升学校的声誉和整体科研实力,因而产学研合作能够有效推进"双一流"建设;从智库咨询来看,通过为政府提供决策咨询，为企业解决发展和技术难题，为经济社会发展提供人才、文化和思想的支撑。

7.3.2 现代大学社会服务的典型模式与面临的困境

7.3.2.1 大学典型的社会服务模式

（1）社会培训

近年来，我国大学社会培训工作发展迅速，为在职人员提高工作技能和能力做出了积极的贡献，同时也为大学发展注入了新的活力。总体来看，目前大学社会培训工作主要呈现出以下三个特点：一是形式日益丰富。目前有的大学可以向在职人员提供从专科到博士的学位课程，授予相关学位。二是办学日益规范。国内高校基本上都设立了远程教育学院、继续教育学院，在管理学院、经济学院、公共管理学院设立了 MBA、EMBA、MPA 等管理中心专门负责在职培训。三是办学规模不断扩大。以全国专业硕士为例（见图 7-9），从 2011 年的在校生数为 328 347 人，到 2021 年在校生数为 1 699 919 人，可以发现，我国专业硕士就读人数实现了爆发式增长，这与政府的推动、企业的鼓励、在职人员自身的职业发展需求都密不可分。

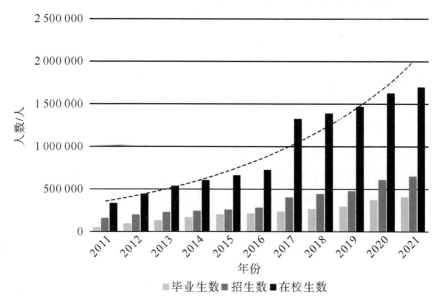

图 7-9　2011—2021 年全国专业硕士在校人数概况

（2）科普

近年来，高等学校在科普中的作用越来越受到重视。《中华人民共和国科学技术普及法》（2002年）明确了科普的任务、对象及其社会公益性[①]。同时也明确了高等院校开展科普的性质。实际上，大学开展科普活动有其自身的特殊优势。一是大学是全社会的知识轴心机构。大学是科学和知识资源最为密集的机构，这些资源为大学开展科普工作提供了最重要的客体。二是大学是科技和实验设施较为集中的机构。大学特别是理工科大学大多配置了较为先进和前沿的实验设备，这些实验设备及其实验室可以成为公众获取科学知识、了解科学知识产生过程的重要场所。而且，大学一般都拥有藏书丰富的图书馆，可以成为周边社区居民提升科学素养的重要基地。三是大学是科技人力资源最为丰富的机构。大学集聚了大量的高层次科技创新人才，这些高层次科技创新人才不仅包括各类教师，还有从本科生到博士生的不同阶段的学生，他们也都掌握了较为丰富和系统的科学知识，在科普活动中可以成为中坚力量。

许多大学组织开展了形式多样的科普活动[②]。一是参与科技活动周等。在国家层面举办的科技活动周和全国科普日等活动中以及地方性的科技活动中经常能看到高校的身影，大学已经成为政府举办的各类科技活动的重要成员之一。二是参与面向社会的科普服务。根据科普内容不同，一般可以将面向社会的科普服务分为两种。一种是提升居民科学素养的科普活动。这类科普活动通过组织科普讲座、发放科普宣传单、讲解科学知识等通俗易懂的方式向居民提供科学知识，提升其科学素养。另一种是解决实际科技问题的科普活动。这类科普活动通常通过组织科技咨询服务团等形式深入企业或农村，为特定对象解决特定的科学或技术问题。三是开放学校设施。向社会开放学校设施是大学科普的重要手段。通过向社会公众开放实验室、实验基地、实训基地、教学楼、研究中心以及图书馆、博物馆等学校科技活动设施，可以帮助社会公众，特别是中小学生了解和知晓科研过程，提升中小学生对科学研究、探索新知的兴趣。总体来看，大学科普已经成为中国科普的一个重要组成部分，并且随着社会对"大学、中小学之间应该增加更多联

---

① 瞿杰全，任福君.大学科普的现状、问题及原因：对大学科普问题的微观经济学分析[J].科技导报，2015（2）：113-119.
② 瞿杰全，任福君.大学科普的动力、优势、途径和价值：对大学科普相关问题的一个经验分析[J].科技导报，2014（32）：78-83.

系"这种共识的逐渐形成，可以预见大学科普活动将更加频繁和活跃。

（3）产学研合作

产学研合作是当前我国高校服务区域经济社会发展的主要形式，特别是创新驱动发展对校校、校地、校企的深度合作要求日益明显，产学研合作成为联通大学和地方科技发展的关键路径而日益受到重视，成为我国国家创新体系中的核心内容。2005年，国家出台了《国家中长期科学和技术发展规划纲要（2006—2020年)》，提出建设中国特色国家创新体系的目标就在于增强国家自主创新能力，并进一步提出了产学研合作在国家创新体系中的重要作用。此后，在2012年国家出台的《关于深化科技体制改革加快国家创新体系建设的意见》中也提出，要通过加强产学研合作提升国家创新体系的整体效能。在科技创新驱动发展的背景下，大学产学研合作发展非常迅速。2015年，国家颁布的《统筹推进世界一流大学和一流学科建设总体方案》中就专门提到产教融合对于高校推进"双一流"建设及提升对产业发展和社会进步的贡献的作用，而且还特别强调了学校、学科、人才、科研与产业之间的要素互动及其转化机制。显然这也是推进"双一流"建设对产学研合作的新要求。就产学研合作的规模而言，以2009—2020年教育部直属高校获得企事业单位委托经费为例（见图7-10），该项科技经费从总量上呈现了稳步增长，说明这些高校整体上在产学研合作方面实现了持续健康发展。

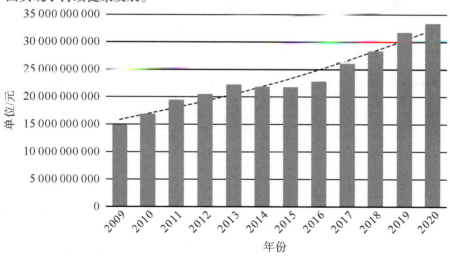

图7-10　教育部直属高校企事业单位委托经费（2009—2020年）

高校产学研合作的快速发展既得益于企业对高科技需求的不断增加，也离不开政府对产学研合作的积极支持和鼓励，特别是近年来在大力推进"大众创业、万众创新"的背景下，高校的科技成果转化活动得到了政府的积极支持。尤其自进入 2015 年以来（见表 7-2），国家先后出台《中共中央 国务院关于深化体制机制改革加快实施创新驱动发展战略的若干意见》《国务院关于大力推进大众创业万众创新若干政策措施的通知》《中华人民共和国促进科技成果转化法》（2015 年修订）等，都提出了促进科技成果转化的政策。随着 2015 年 10 月 1 日《中华人民共和国促进科技成果转化法》（2015 年修订）开始正式施行，科研人员的科技成果转化收益在法律制度设计上不断创新，比如科研人员从科技成果的转让、技术许可等方面的获益可以不低于该项成果 50% 的收益。该修正案解决了困扰高校科技成果转化收益分配比例这一关键瓶颈，将进一步推动高校和教师开展科技成果转化，成为加快实施创新驱动发展战略和大力推进大众创业、万众创新的重要驱动力。

表 7-2　部分国家层面支持高校科技成果转化的相关政策

文件或会议名称	相关激励举措
《中共中央国务院关于深化体制机制改革加快实施创新驱动发展战略的若干意见》（2015 年）	加快下放科技成果使用、处置和收益权。 提高科研人员成果转化收益比例。完善职务发明制度，推动修订专利法、公司法等相关内容，完善科技成果、知识产权归属和利益分享机制，提高骨干团队、主要发明人受益比例。完善奖励报酬制度，健全职务发明的争议仲裁和法律救济制度。 修订相关法律和政策规定，在利用财政资金设立的高等学校和科研院所中，将职务发明成果转让收益在重要贡献人员、所属单位之间合理分配，对用于奖励科研负责人、骨干技术人员等重要贡献人员和团队的收益比例，可以从现行不低于 20% 提高到不低于 50%。 加大科研人员股权激励力度。鼓励各类企业通过股权、期权、分红等激励方式，调动科研人员创新积极性。 建立健全科研人才双向流动机制。改进科研人员薪酬和岗位管理制度，破除人才流动的体制机制障碍，促进科研人员在事业单位和企业间合理流动
《国务院办公厅关于深化高等学校创新创业教育改革的实施意见》（2015 年）	加快完善高校科技成果处置和收益分配机制，支持教师以对外转让、合作转化、作价入股、自主创业等形式将科技成果产业化，并鼓励带领学生创新创业

表7-2（续）

文件或会议名称	相关激励举措
《国务院关于大力推进大众创业万众创新若干政策措施的通知》（2015年）	支持科研人员创业。加快落实高校、科研院所等专业技术人员离岗创业政策，对经同意离岗的可在3年内保留人事关系，建立健全科研人员双向流动机制。 加快完善高校科技成果处置和收益分配机制，支持教师以对外转让、合作转化、作价入股、自主创业等形式将科技成果产业化，并鼓励带领学生创新创业
《中华人民共和国促进科技成果转化法》（2015年修订）	国家鼓励研究开发机构、高等院校采取转让、许可或者作价投资等方式，向企业或者其他组织转移科技成果； 将该项职务科技成果转让、许可给他人实施的，从该项科技成果转让净收入或者许可净收入中提取不低于50%的比例； 利用该项职务科技成果作价投资的，从该项科技成果形成的股份或者出资比例中提取不低于50%的比例；将该项职务科技成果自行实施或者与他人合作实施的，应当在实施转化成功投产后连续3~5年，每年从实施该项科技成果的营业利润中提取不低于5%的比例
2015年4月21日国务院常务会议	支持高校、科研院所等专业技术人员在职和离岗创业，对经同意离岗的可在3年内保留人事关系
2016年2月17日国务院常务会议	自主决定转移其持有的科技成果，原则上不需审批或备案。成果转移收入全部留归单位，主要用于奖励科技人员和开展科研、成果转化等工作； 通过转让或许可取得的净收入及作价投资获得的股份或出资比例，应提取不低于50%用于奖励，对研发和成果转化作出主要贡献人员的奖励份额不低于奖励总额的50%； 科技人员可以按照规定在完成本职工作的情况下到企业兼职从事科技成果转化活动，或在3年内保留人事关系离岗创业，开展成果转化。鼓励企业采取股权奖励、股票期权、项目收益分红等方式，激励科技人员实施成果转化； 将科技成果转化情况纳入研发机构和高校绩效考评，加快向全国推广国家自主创新示范区试点税收优惠政策，探索完善支持单位和个人科技成果转化的财税措施

总体来看，近年来，这些高校产学研合作发展呈现出以下两个重要的趋势：

第一，大学开展产学研合作的组织机构日益完善。从20世纪八九十年代高校建立"教学、科研、生产联合体"开始，高校内部开始设立一些组织管理机构专门负责高校产学研合作事务。目前，多数高校都设置了技术转移中心、产学研合作办公室等机构，且大多属于校内的科研管理机构，如科学技术研究院、科技技术发展研究院等。而对于产学研合作开展较好或者特别注重产学研合作的高校，则设置了相对更多的相关机构来管理产学研合作。地方合作处、工业技术研究院、先进技术研究院、产业合作处等处级行政机构或直属机构是校内常设性机构，以有效推进校地合作、校企合作等（见图7-11）。

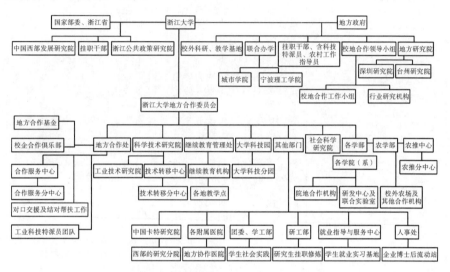

图7-11　浙江大学地方合作工作网络架构

资料来源：《浙江大学社会服务工作体系和体制机制研究报告》。

第二，产学研合作的形式日益丰富。随着国内产学研合作实践的日益深入，其开展形式也更为多样和丰富。从学校层面看，开展产学研合作的形式主要包括校地合作和校企合作。校地合作的一般形式是高校到当地建立产学研合作基地、技术转移中心、地方研究院等，从而建立与当地政府和企业的联系，如清华大学长三角研究院、清华大学深圳研究院、浙江大学苏州工业研究院等。校企合作的一般形式是在企业、高校或者第三地设立联合实验或联合研究中心，共同开展相关研究。从教师个体层面看，产学研合作的形式则更为丰富。依照教师参与产学研合作形式商业化程度的差异，一般可以将教师个体参与产学研合作的21种方式分为四类（见表7-3）。按产学研合作形式商业化程度由高到低依次为学术商业化、新技术研发、技术服务和人才流动、学术交流四类。从学校实际签订产学研合同类型看，技术咨询、技术开发、技术合作、技术转让，即所谓的"四技合同"仍然是目前高校开展产学研合作签订的主要类型，技术开发和技术合作又是其中主要的合作类型。

表 7-3　高校教师个体参与产学研合作的方式

方式归类	具体方式
学术商业化	利用自己研发的技术（所有权是学校的）创办公司（自己创办，或与科研团队、校外人员共同创办）
	专利实施许可
	与企业联合申请专利或其他知识产权
	专利权转让
	技术入股
新技术研发	联合或合作研究（由企业提供经费）
	联合申报课题，共同研究政府资助项目
	技术委托开发
	与企业创办研究实体，如联合实验室、合作研究中心等
	共建产业技术联盟
技术服务和人才流动	技术咨询
	技术服务
	派遣博士生、硕士生到企业实习
	企业研究人员来学校学习或共同研发
	培训公司员工（通过课程或个人交流）
	在公司兼职或担任顾问
	非正式地指导企业的研发和生产（没有合同约束，或称"帮助"）
学术交流	合作公开发表学术论文
	向产业界发表演讲
	参加由产业界举办或者有产业界代表参加的学术会议或学术论坛
	由自己和企业联合指导硕士生或博士生

（4）高端智库

2010 年的《纲要》中就明确指出高校要积极参与政策决策，发挥智囊团、思想库作用；2011 年的《高等学校哲学社会科学繁荣计划（2011—2020 年）》也强调高校要建设一批达到世界水平、享有国际声誉的学术高地和咨询智库①。随着世界普遍范围的智库建设趋势，2015年党中央、国务院印发了《关于加强中国特色新型智库建设的意见》，认为新型智库是党和政府科学民主决策的重要支撑、国家治理体系和治理能力现代化的重要内容，并提出要统筹推进党政机构、企事业单位、社会团体打造一批特色鲜明、布局合理且具有较大影响力的中国特色高端智库，并建设一支政治方向明确、德才兼备、富有创新的政策研究和决策咨询队伍。总体而言，近年来，我国高校的智库建设迎来了黄金发展期，这对于助推具有中国特色的新型高校智库制度的意义重大。

从制度优化和政策设计角度来看，高校建设新型智库尤其是自身的独特优势具体体现在以下三个方面：一是大学是哲学社会科学新知识新观念的发源地，其理论思想对政府实际决策可以起到重要的理论指导作用。二是大学与政府之间是"若即若离"的关系。一方面，中国的大学特别是人文社会科学学科的办学经费来自政府，大学理应承担起为政府提供相关决策咨询的角色；另一方面，大学又与政府独立，可以作为独立的第三方机构为政府提供相对客观的决策咨询。大学集聚了全社会的高端人才，是天然的思想库。

虽然高校智库建设是近些年才出现的名词，但是中国高校的智库功能早已有之。自科学研究重新成为中国大学的职能之后，大学的很多研究，特别是人文社会科学研究都围绕社会热点问题展开，进行理论剖析、问题探源，从而提出相应的对策建议，这本身就是一种"智库"行为。国内高校在学科层面成立的各类形形色色的研究中心、研究所、研究院等都承担着一定的智库功能。徐业青、曾建军认为，可以将目前我国大学智库分为三类：第一类是研究全国性、世界性、战略性、全局性问题的研究机构，这类机构多数建立在著名高校的强势研究领域；第二类是研究地缘特殊性问题的研究机构，这类机构一般建立在处于特殊区位的高校，如厦门大学的台湾研究所等；第三类机构是服务本地区发展需要的研究机构②。这些智库机构为国家、地方政府进行相关决策提供了重要的咨询建议，做出了积极的贡献。但是，总体来看，我国大学的智库水平仍然较低。例如，2015年，上海社会科学院智库研究中心发布的《中国智库报告》中排名前

---

① 范惠明. 高校教师参与产学合作的机理研究 [D]. 杭州：浙江大学，2014.
② 徐维英. 论中国大学智库建设之策略 [J]. 苏州大学学报，2015（6）：27-31.

10 的智库机构中只有 4 个机构来自高校,在国际影响力方面更为有限①。

7.3.2.2　大学社会服务面临的困境

(1) 大学社会服务体制机制不健全

近些年,我国大学社会服务职能的发挥离不开大学相关体制机制的跟进和建设,但是随着社会对大学的要求提高,现有的大学社会服务体制机制已经不能继续推动大学发挥该项职能。一是缺乏相应的社会服务机构。目前,国内高校几乎没有设立科普机构和科普管理机构,这与高校忽视自身的科普功能具有密切的关系。此外,虽然国内高校成立了许多类似智库的研究机构,但是这些机构基本上都由院系管理,缺乏学校层面整合与统筹的智库管理机构,既不利于资源的有效使用,也不利于进行跨学科方面的咨询研究。二是社会服务机构职能重叠与职能空缺并存。这主要体现在社会培训和产学研合作方面。就社会培训而言,目前高校一般都设有远程教育学院和继续教育学院。这两个机构存在一定的雷同性,在争取校外学生资源和校内教师资源上存在竞争性,容易形成矛盾和冲突。就产学研合作而言,目前国内高校已经成立诸多机构来推进该项工作,但是由于在实践中这些机构基本上面临相同的校内外服务对象,容易形成"来钱快的事争着做,来钱慢的事没人做"的局面,形成了产学研合作相关职能的空缺。这些都不利于学校社会服务职能的进一步发挥。

(2) 大学社会服务对象偏窄

从社会培训、科普、产学研合作、智库咨询的职能看,目前我国高校社会服务的对象主要包括政府、企业、在职人员、社会公众等,可以说已经覆盖较广的社会服务对象。但是,具体来看,其社会服务的对象仍然较为狭窄。一是由于科普职能尚未真正履行,原本通过科普获得知识的社会公众还未成为大学社会服务的对象。从国外高校看,通过书本、广播、图画等方式向大众普及科学、工程等方面的知识是大学履行社会责任的重要方面和重要途径,特别是在发生自然灾害或人为灾害时,更需要科学工作者向公众做出科学的解释等。由于我国高校普遍在科普上缺乏动力和推动机制,科普职能的履行极为滞后,社会服务的对象也变得越加狭窄。二是目前高校普遍缺乏与中小学教育衔接的机制,使得大学向中小学服务的职

---

① 徐亚清,曾建军. 我国大学智库建设的若干思考 [J]. 河北师范大学学报,2015 (5):99-103.

能缺失。目前，我国大学教育与中小学教育之间是完全脱节的，在理念、课程、教育内容、管理等方面都存在一定的矛盾，这对科学培养人才会产生消极的影响。从美国经验看，在 STEM 教育领域，就考虑了 K-12 教育和大学教育的整合与协同。从学生整个学习阶段来设计 STEM 教学内容和课程，有利于高效达成学习效果。

（3）政府政策保障还不够细化

从产学研合作的政府保障方面看，尽管近年来从法律到政策层面加大了对产学研合作，特别是科技成果转化的激励和支持力度，但是在职务发明国家所有的大前提下，科技成果转化仍然极为艰难。例如，高校专利技术转让价值达到 500 万元以上要报教育部审批、达到 800 万元以上则要报财政部审批，其中将耗费 1～1.5 年的时间，在科技创新瞬息万变的今天，即使专利技术得到审批并同意转让，也将成为落后的技术。而且，从税收政策方面看，目前高校专利技术入股需要在技术入股，即还未获得相关实际收益的第一年就要缴纳企业所得税，如果高校将部分股权收益奖励给发明人，则该发明人还需缴纳个人所得税。诸如此类的规定让技术转让、技术入股极为困难，从而造成多数高校和教师都以技术开发或技术咨询合同形式而行"技术转让或入股"之实，这实际上并不利于学校科技成果转化工作的开展，而且不利于保障教师的切实利益。

在智库建设方面，可以发现国家仍然缺少对智库稳定的财政性投入。而一个高端智库要真正发挥其职能和作用，必须要有稳定的经费收入的保障，这些经费既用来保障研究人员的收入，也用来保障各类研究项目的开展。而目前在缺乏固定财政收入的情况下，智库就容易沦为一般的"争经费"的机构，使得智库依然要为自我生存而开展"应付性"研究，这对发展智库、提升智库的研究能力都是极为不利的。

7.3.3 "双一流"建设背景下优化大学社会服务的路径

7.3.3.1 更新大学社会服务中的协同育人理念

从全球看，大学社会服务职能虽然已经产生一个多世纪，也为社会和经济发展做出了一定的贡献，但是与教学与科研两大更为传统的职能相比，社会服务职能仍然未受到高度重视，特别是在"双一流"建设的要求下需要不断更新社会服务理念。大学要从学校整体层面重视社会服务的职能，将社会服务作为大学教学、科研职能的自然延伸，这就必须要认识到现代化的大学必然要适应经济社会发展的需要，也必然要正确认识社会服务与人才培养、科学研究之间的关系。社会发展的多元化需要大学形成开放办学的协同育人机制，使得大学不仅是社会服务的动力站，也需要通过社会服务来优化人才培养和人力资源供给。这也正是"双一流"建设的重要抓手，如大学与行业、院所、地方的协同，在全流程育人的过程中强化产教融合可以使教学更加贴近实际、贴近行业和产业发展的真实需求。再者，比如行业型的大学强化多主体之间的协同创新，从适应社会需求中的支撑服务行业发展转变为引领驱动，主动思考、谋划和设计未来行业领域发展方向，通过创新人才培养模式、加强基础研究和应用创新的深度融合，推进行业转型升级，实现创新共赢发展。

7.3.3.2 释放大学社会服务体制机制的活力

现代大学的功能在扩大，势必要求多种要素的融合及其有效互动，特别是一流大学和一流学科的建设已经远远突破政府、高校自身的范畴，如何借助社会中的"一流"要素反哺高校，显得尤为重要。反过来说，"双一流"建设要求下的大学社会服务是释放相应体制机制活力的过程。一是要不断创新社会服务机构。针对目前高校科普及管理机构缺失的状况，应该在学校层面成立相应的科普及其管理机构，负责学校层面的科普管理工作，并积极组织各类科普活动、积极组织学校教师参与到科普活动当中来。针对学校层面智库管理机构缺失的状况，应该在学校层面成立类似"智库管理中心"的机构，全面协调和统筹发展学校的各类研究机构，特别是人文社科研究机构，形成合力。二是要整合协调已有的产学研合作管理机构，针对目前产学研合作管理机构多、散、杂、乱的局面，要进行机构和职能的重新调整和整合，可以借鉴国外隶属于高校的技术转移中心模式或独立于高校的技术转移公司模式来进行管理，从而将所有有关产学研合作的管理和服务工作纳入同一个部门中，有利于在单个部门中统筹协调。当然，考虑到我国的特殊情况，这一部门要与学校资产经营性的公司或部门做好配合协调工作。三是要改进教师考核机制。从现实情况看，针对社会服务的考核机制的欠缺是大学社会服务较难深入开展的关键原因。目前，国内高校对教师考核主要是科学研究，其次是教学，最后才是社会服务。因而，在各种利益和指标的驱动下，高校教师普遍对社会服务不太重视。因而，结合"双一流"建设中的"全要素"融合要求，要真正发挥大学的社会服务职能，必须改进考核机制，将社会服务的相关指标列入教师考评、职称晋升中，如产学研合作的成果、科普的成效、智库咨询的影响等。

7.3.3.3　深化中外合作办学助推大学与社会的深度互动

在建设现代大学的过程中，借鉴国外一流大学的先进经验非常重要，而通过中外合作办学的形式，中国的大学可以更直接、有效地引进国外一流大学先进的教学、管理经验，完善治理结构，提高办学质量，凸显办学特色。宁波诺丁汉大学、西交利物浦大学、上海纽约大学和昆山杜克大学是我国采取中外合作办学的重要试点学校，它们整合国内外知名大学、企业集团、政府官员等多方力量共同参与到大学的建设和管理中，在办学模式、管理运作方式、教学和研究等方面都取得了很大的成绩（见表7-4）。此外，如何更好地把社会力量以及国家优质教育资源引入高校发展中来，也是我国推进"双一流"建设过程中对接"世界一流"与寻找"中国现代大学特色"的必要路径。

表7-4　部分中外合作办学的典型案例

大学	成立时间、地点	办学目标和宗旨	合作双方	治理结构	办学成绩与特色
宁波诺丁汉大学	2004年，宁波市大学园区	办学目标是成为特色鲜明的高水准的中外合作大学以"一流学术成就一流国际化人才"为办学宗旨	英国诺丁汉大学与浙江万里教育集团合作创办，浙江万里教育集团出资建设	（1）理事会为最高决策机构，研究决定发展规划、制定预算、筹措资金等；（2）校务委员会负责执行理事会决议、制订教学计划、安排教学活动、做好教学质量评估和教师管理工作；（3）授权英国诺丁汉大学遴选执行校长；按照高效精干的原则设置党委	（1）中国第一所中外合作大学；（2）学校实行全英文教学；（3）教材及课程设置、师资、教学资源、教学质量评估和保障体系、校园管理条例均采用英制；（4）核心教师来自英国诺丁汉大学，其他教职员工则全球招聘；（5）小班化教学、项目化研究性创新教学

表7-4(续)

大学	成立时间、地点	办学目标和宗旨	合作双方	治理结构	办学成绩与特色
西交利物浦大学	2006年，苏州市	建设成研究导向、独具特色、世界认可的中国大学和中国土地上的国际大学	由西安交通大学和英国利物浦大学合办	（1）实行董事会领导下的校长负责制，两所学校选派代表共同组成董事会；（2）网络式管理结构：中心是董事会和高管团队，外围是保障教学和科研的四大服务中心如学术事务中心、行政事务中心等；（3）董事会负责战略性决策，包括领导任命、办学思路和方向、投资决策、资源配置等；（4）执行校长领导高管团队负责战略决策的实施和日常运作	（1）拥有中国学士学位授予权和英国利物浦大学学位授予权的中外合作大学；（2）除基础课外均采用全英文授课；（3）引入不低于利物浦大学标准的教学质量监控体系、接受QAA教学质量认证评估；（4）按照世界知名大学的标准选聘师资；（5）创造了"五星育人模式"、全覆盖的导师制度和学生发展体系
上海纽约大学	2011年，上海浦东新区陆家嘴金融贸易区	紧紧依托陆家嘴金融城，建设成一所一流的国际性城市大学、研究型大学	由美国纽约大学和华东师范大学联合办学	组建董事会及管理团队，分别负责战略性决策工作、执行和日常工作	（1）世界一流大学与中国重点大学合作创建的第一所具有独立法人资格的中美合作大学；（2）师资按照纽约大学的标准来选择；（3）实行全面的文理通识（博雅）教育

表7-4(续)

大学	成立时间、地点	办学目标和宗旨	合作双方	治理结构	办学成绩与特色
昆山杜克大学	2012年,昆山市	开创一所通识博雅教育和研究并重的综合型大学	由美国杜克大学、昆山市政府、武汉大学合办	实行独立理事会领导下的校长负责制,治校原则与世界一流大学通行的原则相一致。学校的行政运营由校长和常务副校长领导的团队负责	(1)采用跨学科的课程设计及教学方法,鼓励学生研究解决实际问题以及加强团队合作,并为其提供探索个人发展道路以及增强其学术能力的机会;(2)课程设置基于通识博雅教育与跨学科学习理念,致力于培养学生成为相关领域的专家,并成为改变世界的世界公民

资料来源:根据各校官网信息及相关材料整理而成。

进一步来看,特别是在经济全球化和高等教育国际化的背景下,中外合作办学作为我国教育对外交流与合作的重要形式,是引进国外知名大学先进的办学理念、课程设置及教学管理模式的有效途径,同时也为提高国内大学办学水平、完善中国特色现代大学制度提供了有益的启发和借鉴。

第一,董(理)事会是完善现代大学治理结构中不可或缺的重要一环。在学校管理方面,宁波诺丁汉大学采取理事会领导下的校长负责制,西交利物浦大学采取董事会领导下的校长负责制。理事会或董事会作为学校的最高决策机构,拥有制定学校发展战略、任免学校领导及其他管理团队成员等权力,集中整合了大学内外的多方力量,充分吸纳了大学利益相关者的意见和建议,有效减少和抑制了政府直接的行政干预,形成了决策和执行的明确分工机制和高效管理体制。

第二,多层次的财务支持体系是促进现代大学发展的重要保障。现代高水平教育的发展需要大量的经费来推进学校的软、硬件建设,保障教学、科研等各项工作的顺利进行。在现代大学的发展中,不能仅靠国家财政拨款,还要建立学校教育基金,广泛吸纳社会各界的捐资,发挥大学在知识、技术、人才等社会服务方面的职能获得多元化的办学支持。

第三，完善现代大学制度，需要有明确的目标定位、严格科学合理的教学科研评估机制。实行中外办学的宁波诺丁汉大学、西交利物浦大学和上海纽约大学等，立足高远，追求世界一流的教学水平，都采用了国外学校的课程标准和教学评估体制，都按照国外大学的标准在全球范围招聘教职人员，为有效提高学校的办学水平提供了重要保障，这也是当下我国推进"双一流"建设所寻求的制度变革的方向和路径。

7.3.3.4 强化政府在大学社会服务中的"统筹协调"

"双一流"建设中的"统筹建设"重要一环在于政府推动，其核心要点强调的是"双一流"建设中政府要充分发挥统筹职能。从政府就大学社会服务的统筹而言，可以考虑以下三个方面：一是体现在政府的顶层设计上。政府要从法律、政策，特别是影响社会服务的核心环节上形成明确的建议、意见或办法，从而实质性推动大学社会服务的开展。比如，在产学研合作方面，对技术入股的税收政策、技术转让的审批权限等方面应该加大鼓励力度，通过税收减免或审批权限下放等方式鼓励高校开展技术转让，因为从这个社会系统来看，有利于整个社会的进步和经济水平的提高，不应该囿于一些诸如国有资产方面的规定而失去先进技术产业化的机会。此外，对于技术转让与否的决策方面要引入免责，以免在学校领导层面发生"为避免承担责任而不同意技术转让"的情况发生。二是体现在政府的持续稳定的财政资助上。社会服务同教学、科学研究一样，是一项公益性职能，政府应该像对待学校的教学、科研一样对待社会服务，最直接的体现就是要向大学提供稳定的财政支持来支持大学开展各类社会服务，特别是在科普和智库建设中要提供更多的财政支持。三是体现在推动各方合作上。一方面，推动不同层级、不同地区政府之间在资金、人才、国际交流等要素配置方面促进大学开展社会服务上的深度合作和政策支持。比如可以借鉴"协同创新中心"的建设模式，在全国搭建其他性质的平台等；另一方面，逐步打破社会服务的制度藩篱，如突破部属高校和省属高校的"条块分割"的壁垒，强化"统筹发展"的制度设计特征。那么，在这个过程中也可以深入探索推动大学与企业及第三方机构之间的跨区域合作，形成社会服务的合力。

8 中国特色现代大学制度若干具体设计的思考

8.1 治理架构层面

8.1.1 完善党委领导下的校长负责制及履责机制

党委领导下的校长负责制既是我国促进高等教育发展的宝贵经验，也是建设中国特色现代大学制度的框架基础。但是，在实际操作中，对于党政职责的权限界定、党政协调配合、运行保障等问题还不够细化，比如哪些问题由党委决策、哪些属于重大问题等。一些政策界限很容易拿捏不准，极易导致"负责的不领导""集体负责等于无人负责"等错位和越位现象或不良倾向。鉴于此，可以考虑通过以下六个方面的制度设计来进一步完善党委领导下的校长负责制：

第一，优化党委成员的遴选方式。在上级党组织选定考察高校党委成员的基础上，采用试点方式扩大高校党委成员的民主选举范围。进一步提高校长工作报告的监督质询的民主参与度，强化党委领导班子履职的责任制。

第二，确保党政沟通常态化。《关于坚持和完善普通高等学校党委领导下的校长负责制的实施意见》指出，要建立党委书记和校长定期沟通机制，核心在于党委会和校长办公会在确定重大事项决策前必须要进行党政会议议题的提前沟通，加强党委书记、校长以及领导班子成员的定期谈心、交换意见，以确保营造和谐共事的氛围。

第三，进一步推动党委决策透明化。以校务公开为契机，强调党委决策中的"事中控制"，在一定条件或一定事项允许的前提下，充分吸纳教职工参与党委决策过程（非参与表决），特别是有关教职工切身利益的重要事项，应广泛听取意见和建议。有效监督过程，及时公开决策，形成全过程公开、透明、民主的党委决策模式。

第四，强化对党委成员的民主考评。通常党委成员既以职务分工方式来履行职责，也以此来参加党委的集体决策。因此，可以考虑增加教职员工对党委成员述职报告的民主考评过程，比如建立教职员工以个人的批评性意见或建议权为基础的问责机制，形成对党委成员的舆论压力，从而增加对党委成员履职的问责机制。

第五，完善和强化党委代表大会的党委工作报告审议机制和教职工代表大会的校级领导干部评议机制。按照设置和要求，高校党委领导集体必须在党委代表大会上做工作报告，由大会对党委集体的工作报告进行审议。因此，一旦启动审议，意味着大会对党委领导集体年度工作的评判，本质上也是对可能存在问题的追责。同理，在教师代表大会享有的权利中，同样规定着对学校领导开展评议的要求①。这种评议，本身就是对党委干部履责的问责与追究。

第六，建立校外舆论监督与问责机制。在信息网络化，网络监督化，监督透明化的今天，大学很难不成为各方关注的焦点。当然，也会成为监督的焦点。这意味着，只要引导得当，运用合理，多角度、全方位的社会舆论必将成为监督高校党委履责的重要载体。通过业绩报道、民生回应、问题曝光等渠道和方式，在对高校进行关注的同时，形成对高校党委履责的社会舆论问责机制。

8.1.2 健全二级学院党政联席会议制度

伴随高校规模扩大以及管理重心的下移，二级学院逐渐成为高校资源配置中心和办学的"实体"。新形势下，如何明确二级学院党政定位及其关系、理顺党政间的工作机制等，已经成为优化大学二级学院治理的重要课题。其中，如何创新二级学院党政联席会议制度成为完善中国特色现代大学制度的题中应有之义。为此，笔者认为可以从以下五个方面进行探讨。

第一，建立规范指导的顶层设计制度。首先是从国家层面对现代大学制度下的二级学院党政联席会议制度及其运行进行具体谋划。对学校党委

---

① 孙霄兵. 中国特色现代大学制度建设研究 [M]. 北京：教育科学出版社，2012：124.

层面就执行二级学院党政联席会议制度的情况进行督促检查，以提高学校层面对制度执行的自觉性和有效性。

第二，确保党政班子成员选配合理化。特别是在对于一些新设立的二级学院，在配备党政一把手时，在专业、经历、年龄、性别等考察的基础上，还应尽量考虑定期轮岗或交叉任职，既选拔政治过硬、业务精良的主要领导及班子成员，又要确保班子成员党政同心、分工协作，使得党政联席会议上的重大问题能得到充分交流和科学决策。

第三，合理界定议事范围。有必要根据学校的层次、类型及发展需要，对二级学院有关学科专业建设、高层次人才引进与考核、教学科研管理、学生日常教育及就业引导、财务预算及重大经费开支等重要事项进行逐一梳理，合理确定纳入二级学院党政联席会议的议题范围。

第四，严格会议议事程序。一般情况下，参加二级学院党政联席会议的成员为院领导班子成员（主要包括正副书记、正副院长等），会前应充分沟通、相互交换意见，党政负责人还应会前确定相关列席人员。若为联席会议，成员超过 2/3 出席即视为有效。其中，"个别酝酿、民主集中、集体决策"是议事程序和原则，会上成员充分讨论，决定通常尊重多数人的意见，也可按票决方式来执行。如果联席会议中持不同意见的人较多可待进一步调查研究后再做决定，若在规定时间内还不能形成一致意见，可报学校党委研判，以提高联席会议的决策效率。

第五，严格执行议事规则。从学校党委层面来看，应定期对二级学院党政联席会议的情况进行检查，学校党委成员每年全程参加一次二级学院的党政联席会议并做具体指导。将党政联席会议制度的执行情况纳入二级学院党政领导班子的年度考核事项，从学校层面确保党政联席会议的落实与常态化。二级学院党政联席会议在重大事项变更、调整或议会执行与落实等方面都需具备实施细则，并在会议记录及存档中有相应规定。

8.2 内部管理层面

8.2.1 完善高校人员总量管理制度

2017 年 4 月，教育部等五部委联合印发《关于深化高等教育领域简政放权放管结合优化服务改革的若干意见》（以下简称《意见》）。其中一项内容是探索实行高校人员总量管理的制度，核心在于对纳入总量管理的人员而言享有相应待遇和保障，这是我国首次明确试点高校人员总量实行动态调整，也为改革现行高校人员编制管理的方式提供了政策依据和改革通道。应该说，这是推动政府简政放权、增强高校自主权以及激发人员活力的具体体现。但是，长期以来，高校人员控制总量的性质未定以及配套政策还不完善等，使得对《意见》的理解和执行还需要一定的时间。基于此，对于如何完善高校人员总量管理制度，可以有以下六个方面的考虑：

第一，明确总量管理的含义。应该说，西方国家也有公立高校，但其总量控制也非常严格，其私立院校是完全放开的。换句话说，总量控制的实质在于通过一种"稳住存量"与"激活增量"的改革办法，如允许高校根据自身的定位、类型特点来自主拟定校内教学、科研及教辅机构的设置方案，以确定人员控制的总量，并向相关部门报备，从而达到全面实行人员控制总量备案管理的目的。

第二，完善总量管理的程序。对于财政供养范畴的在编人员或自主聘用人员，财政部门对人员总量进行核拨经费，编制部门则对高校在总量内资助聘用的人员进行认证手续；对于非财政供养范畴的人员，高校可以全面推行聘用制和岗位管理制，从身份管理向岗位管理转变，工资、福利等根据合同考核结果由高校自己统筹安排。

第三，科学厘定员额标准。其核心要领在于要考虑高校人员配备的重要关联因素。比如岗位职责、工作量大小、编制使用状况以及当地财政实力等，科学设定指标体系及计算方法，坚持编制为经济社会发展服务的原则，并基于特殊情况进行动态调整，以确保人员总量控制合理有效。

第四，制定编外人员管理办法。实行人员总量管理后，高校又多了一类人员。对政府编制部门来说，必须会同相关部门制定编外人员的管理办法；对高校来说，要制定编内人员和编外人员同工同酬的管理办法，确保编外人员的基本权益，使编内人员和编外人员能进能出、互相补充。对于一些高校后勤、特殊技能等岗位，编外人员也应在人员控制总量的限额范围。

第五，探索实行"经费包干制"。逐步推动人员控制总量与人员经费脱钩的管理模式，鼓励高校采用编制内聘用、占编不入编的方式来解决人员不足问题，考虑实行"经费包干模式下的购买服务"方式，来加强人员的合同制管理，从长远上形成自我约束的人事管理体制。

第六，完善相关配套政策。高校编制改革不仅仅是政府编制部门或高校自身的事，其还涉及人力资源、社会保障、组织、财政等部门在人事管理、工资福利、职称评审、人才流动等相关事项上的有效协同。因此，推进高校人员总量管理，必须建立起多部门之间的沟通协调机制，特别是要加强涉及编制管理的财政经费、户籍管理、住房补贴、养老保险等有关政策的配合与完善。

8.2.3 优化大学财务内控制度

高校作为非公益机构主要体现在其非营利性质上，但近年来高校从边缘走向中心，与经济社会的联系日趋紧密，其职能也呈现出多元化发展的趋势，这就相应增加了大学内部控制的难度与风险。例如，有的高校财务会计、资产管理、后勤服务等制度没有健全，存在漏洞业务且容易引发滥权风险，这也成为滋生腐败的高发区。鉴于此，为了有效规避高校的财务风险，有必要考虑进一步优化大学的财务内控制度：

第一，从政府层面重视高校内控责任建设。例如，需要对高校校长作为法定代表人在经营管理学校上做出明确规定，制定具体的在经营管理学校创新与风险防控方面的奖惩条例，并对其任期业绩进行严格考核。

第二，加强高校财务内控体系建设。可以考虑设计内控的组织与内控的业务建设两个范畴（见图8-1）。例如，在组织架构上涉及各业务职能部门与各院系间的衔接以及下属单位的管控，而在业务范畴上则涉及预算、资产、采购、收入、绩效的细化等。必须建立起相应的配套制度保障他们能够有效运行。

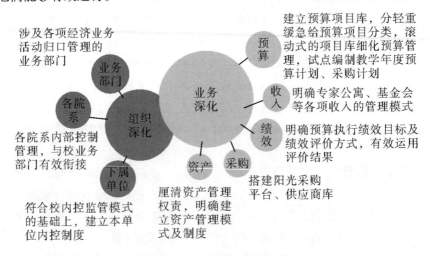

图 8-1 高校财务内控体系

第三，制定与现代大学制度相适应的高校内部控制管理手册。在该手册中，应明确学校经济活动内部控制管理和运行的基本原则、程序和控制要求。其内容主要包括内部控制目标和原则、风险评估和控制方法、单位层面内部控制、业务层面内部控制、内部控制评价监督等（见表 8-1）。

表 8-1　高校内部控制监督考虑设定的主要内容

含义	具体内容	内部控制的建立和执行是否有效	
	建立有效性	为实现控制目标所必需的内部控制要素都存在并且得到了恰当的体现	
	执行的有效性	现有的内部控制按照规定的程序和标准得到了正确执行	
内部监督检查的具体内容	一、单位层面内部控制建立和执行情况	1. 决策机制	1.1 学校经济活动的决策、执行和监督是否实现有效分离
			1.2 权责是否对等
			1.3 议事决策机制是否建立
			1.4 重大经济事项的认定标准是否确定而且一贯地执行
		2. 内部管理制度	2.1 是否符合国家有关规定尤其是国家明确的标准、范围和程序
			2.2 是否符合学校实际情况
		3. 授权审批情况	3.1 授权审批的权限范围、审批程序和相关责任是否明确
			3.2 授权审批手续是否健全
			3.3 是否存在未经授权审批就办理业务的情形
			3.4 是否存在越权审批、随意审批情形
		4. 岗位责任制	4.1 岗位责任制是否建立并得到落实
			4.2 关键岗位轮岗制度是否建立，是否存在不相容岗位未分离的现象
		5. 内控关键岗位	5.1 内部控制关键岗位人员是否具备与其工作岗位相适应的资格和能力
		6. 现代科技手段	6.1 现代科学技术手段的运用和管理情况

表8-1(续)

内部监督检查的具体内容	二、业务层面内部控制建立和执行情况	1. 预算业务重要控制点	1.1 预算编制、预算执行、资产管理、基建管理、采购管理等部门之间的沟通协调机制是否建立并得到有效执行
			1.2 预算执行分析机制是否建立并得到有效执行
			1.3 预算与决算相互反映、相互促进的机制是否建立并得到有效执行
			1.4 全过程的预算绩效管理机制是否建立并得到有效执行
		2. 收支业务重要控制点	2.1 收支是否实施归口管理并得到有效执行
			2.2 印章和票据的使用、保管是否存在漏洞
			2.3 相关凭据的审核是否符合要求
			2.4 定期核查的机制是否建立并得到有效执行
		3. 采购重要控制点	3.1 采购活动是否实施归口管理并得到有效执行
			3.2 采购部门与财会、资产管理等部门之间是否建立沟通协调机制并得到有效执行
			3.3 采购申请的审核是否严格
			3.4 验收制度是否建立并得到有效执行
			3.5 是否妥善保管采购业务相关资料
		4. 资产管理重要控制点	4.1 各类资产是否实施归口管理并得到有效执行
			4.2 是否按规定建立资产记录、实物保管、定期盘点和账实核对等财产保护控制措施并得到有效执行
		5. 建设项目重要控制点	5.1 与建设项目相关的议事决策机制和审核机制是否建立并得到有效执行
			5.2 是否对项目投资实施有效控制
			5.3 项目设计变更是否履行相应的审批程序
			5.4 工程款项的支付是否符合有关要求
			5.5 是否按规定办理竣工决算、组织竣工决算审计
			5.6 相关资产是否及时入账

表8-1(续)

内部监督检查的具体内容	二、业务层面内部控制建立和执行情况	6. 合同管理重要控制点	6.1 是否对合同实施归口管理并得到有效执行
			6.2 合同订立的范围和条件是否明确
			6.3 对合同履行情况是否实施有效监控
			6.4 合同登记制度是否建立并得到有效执行
			6.5 合同纠纷协调机制是否建立并得到有效执行

第四，要强化高校风险评估与管理。伴随现代大学从单一发展走向多元趋势，特别是在规模扩大和办学建设方面应注重内部风险控制。其核心内容在于通过对学校单位层面的组织、机制、制度、岗位、信息系统和业务层面的各项业务流程进行全面梳理（以高校基建业务的风险控制为例，可以设计相应的风险防控评估表，具体见表8-2），识别、辨析、查明风险、漏洞和隐患，以便制定应对策略。

表8-2　高校基建业务风险防控表

事项流程一	项目立项
风险防控点1	基建项目立项严谨性风险
风险表现	基建项目立项前期未进行严格的立项论证及可行性研究，立项过于盲目
控制措施	学校建设部门对各部门报送的基建项目需在前期进行严格的论证，若学校建设部门技术力量无法满足论证需要，可以邀请外部专业机构进行论证。明确规定项目立项需提供经审批的立项报告、可行性研究报告等相关资料
控制主体	学校建设部门
控制证据	立项报告、可行性报告
风险防控点2	基建项目合同条款修订风险
风险表现	基建项目无标准合同范本，相关部门对合同条款中的专门条款修订不专业，导致合同签订后不利于基建项目的开展
控制措施	方案一：中标供应商提供的合同范本应由学校建设部门对应的科室（岗位人员）根据基建项目建设中存在的现实问题对合同条款进行修改； 方案二：由学校建设部门牵头组织财务处、审计处、采购办等部门订立基建项目的标准化合同，形成学校基建项目合同（范本）、补充条款（范本）、廉政风险合同（范本）

表8-2(续)

控制主体	学校建设部门
控制证据	基建项目合同、基建项目合同条款修改会议纪要
事项流程二	项目建设
风险防控点1	基建项目采购材料验收风险
风险表现	项目监理单位、学校建设部门工地代表未对由施工单位采购的项目材料进行验收，而直接将材料入库，对进场材料是否合格无法进行把关，存在因材料不合格导致工程质量问题
控制措施	对由施工方提供的材料，首先由材料供应商提供产品质量合格检测报告，在入库前要再经过学校（甲方）工地代表和监理方工地工程师双重检验并签字确认后方可入库。若使用未经甲方工地代表和监理方签字确认的材料进行施工造成质量问题的，由施工方负责赔偿
控制主体	工地代表、监理方工地工程师
控制证据	材料验收合格单
风险防控点2	为赶工期未按施工方案实施的风险
风险表现	基建项目施工过程中存在不确定性因素，施工方未能按时完工，存在为赶工期而忽视质量安全问题，造成施工质量不符合建设质量要求的情况
控制措施	监理方工地工程师、甲方工地代表要严格要求施工单位按照工程建设工期、周期施工，工地代表要加强工地的质量巡视，发现问题及时处理
控制主体	工地代表、监理方工地工程师
控制证据	工程日志
事项流程三	项目资料
风险防控点	基建项目资料收集不全的风险
风险表现	由于没有明确的档案管理规定及工程周期较长，存在工程施工过程中档案管理不善导致施工单位、监理单位无法提供基建项目完整项目资料，影响基建项目工程结算审计的情况
控制措施	建立完整的施工材料档案保管制度，对施工单位、监理单位、学校各个部门在各个节点的基建资料进行管理，同时建设处档案管理员定期对应当在各个节点由对应部门提供的资料进行及时整理归档，并检查资料是否完整，确保项目竣工结算资料的完整性
控制主体	学校建设部门资料管理员
控制证据	基建项目档案管理办法

表8-2(续)

事项流程四	基建项目形成固定资产入账
风险防控点	基建项目竣工结算完成后，财务处未及时进行资产财务决算的风险
风险表现	基建项目竣工结算完成后财务处未及时进行基建项目竣工财务决算，导致项目竣工决算资料丢失，无法进行基建项目竣工财务决算，最终无法将竣工基建项目纳入固定资产账务
控制措施	学校财务处在审核完成项目工程结算付款后，应及时与建设处、审计处等部门沟通，要求建设处等部门按时提供基建项目决算材料，由财务处根据各部门提供的决算材料编制决算报告
控制主体	学校财务处
控制证据	基建项目结算（决算）资料清单

8.3 社会互动层面

8.3.1 建立健全大学科技成果转化的知识产权制度

大学一直是科技创新的重要力量。2015 年，国家知识产权局公布的我国发明专利统计显示，国内授权量为 26.3 万件，其中高校占比为 11.4%，达 2.99 万件。2017 年 3 月，教育部科技发展中心发布的 2016 年高校有效发明统计报告显示，占据榜单前 50 强的高校的有效发明专利总量达 11.62万件。应该说，近年来，我国高校发明专利的数量在剧增，但科研成果的有效转移转化仍然比较低。高校的高价值专利除了在机制、平台、渠道等方面存在短板外，目前的知识产权制度关于高校、科研机构与科研人员、教师及学生的关系规定也是牵制技术转移和成果转化的重要因素。尤其是其中利益分割失衡和协调机制的缺位，使得一方面部分科研成果无法获得制度、法律的保护，另一方面又无法得到组织、机构的利用，最终导致大学知识产权在非正式、非官方的渠道流失。

当前，在国家创新驱动发展战略以及"大众创业、万众创新"的宏观政策背景下，高等学校纷纷抓住机会，设置了灵活、开放的方式进行权力让渡，一方面保证学校的利益满足，另一方面在知识产权保护形式下鼓励学校科研人员扩大成果转化的可能，帮助他们获取科技利益，从而调动科研人员的积极性、主动性和创造性。同时，国家公共财政的相关项目，包括高校科研和纵向项目，实现财政科技投入与产出，转变为社会科技创新的原始动力，通过大学机构形成技术创新的良性循环，并建立现代大学科技成果转化的知识产权制度。具体而言，可以有以下四个方面的考虑：

第一，充分重视大学知识产权战略规划及部署。科技是第一生产力。当前的科技竞争是知识产权的竞争，确切地说是知识产权政策和战略的竞争。观察美、日等发达国家的部署，它们早已将各自高等学校的科学研究和技术创新纳入其部署的全球政治、经济、科技战略。鉴于此，同样建议我们国家在知识产权战略的制定和实施中，可充分借鉴日本《知识产权战略纲要》，调整我国知识产权战略内容，重置并凸显高等学校知识产权的创造、保护、利用和管理。在具体实施上，充分发挥我国部门联动的优势，由教育部、科技部和国家知识产权局成立联合行动小组，结合我国高等教育学科优势和多学科交叉特点，共同制订行动方案，调整战略布局，特别是对有可能产生基础专利的基础研究重点进行国内和国际知识产权规划与布局，以占据世界新兴产业发展的知识产权竞争制高点。

第二，加强对大学知识产权保护的统计、分析和研究工作。及时跟进国外发展动向，加强对高校知识产权的科学规划和有效指导，建议相关领导部门定期开展对高校知识产权的统计、梳理和分析工作，对统计分析发现的大学知识产权活动及其管理存在的问题进行深入的研究。同时，要密切关注发达国家大学知识产权活动及管理的最新动向，以及时调整我国大学知识产权活动的方向、策略和行为，以利于上级宏观决策部门的部署、管理和监督。

第三，明确大学科技成果的权利归属及利益分配机制。我国高校的科研经费历来由政府主导。为激发高校技术创新特别是原始创新的潜力，建议由省一级人大专门成立立法小组，紧密结合《党中央国务院关于深化体制机制改革加快实施创新驱动发展战略的若干意见》《实施〈中华人民共和国促进科技成果转化法〉若干规定》《关于实行以增加知识价值为导向分配政策的若干意见》《教育部 科技部关于加强高等学校科技成果转移转化工作的若干意见》等文件精神，分门别类制定具有可操作的针对从中央地方到部委资助的各级高校科研项目知识产权权利归属、许可转让和利益分配的条文和细则，明确高校作为项目承担人的权利、义务、利益和规范（见专栏 8-1），其中也应包含对大学的发明专利必须进行转让和利用方面的要求，以调动高校科研人员的积极性、主动性和创造性。对于技术评估后未获得学校方面给予专利申请的，学校应鼓励科研人员在不违反国家法律和学校规定的范围，自主申请专利，以保护科研人员的知识财产安全。

专栏 8-1　高校职务发明知识产权收益权改革

高校院所职务发明知识产权转化转移收益，全部留归单位，纳入单位预算，实行统一管理，不再上缴财政。高校院所职务发明知识产权转化转移收益应首先用于对发明人或转化转移重要贡献人员的奖励和报酬，其余部分统筹用于教学、科研、知识产权管理及转化转移等相关工作。单位与发明人共享的职务发明知识产权，通过转让、许可、作价入股等方式获得的收益或股份等，发明人按照所占的知识产权份额取得收益，单位所获收益部分发明人不再参与分配。单位与发明人就可就对转化转移重要贡献人员的奖励进行约定，可从转化转移收益中支出，也可给予产权激励或现金奖励。

单位对发明人的奖励及报酬，单位与其有约定的，从其约定；没有约定的，可按照以下规定执行：以转让、许可方式实施转化的，应当从取得的净收入中提取不低于70%的比例用于奖酬；以作价投资方式实施转化的，奖酬不应低于净收入的70%；以作价投资方式实施转化的，奖酬不低于取得股份或出资比例的70%；自行实施或者与他人合作实施转化的，在取得经济效益后五年内，可每年从营业利润中提取不低于10%的比例用于奖酬。

（资料来源：摘自四川省知识产权局《关于支持高校院所职务发明知识产权归属和利益分享制度改革试点的十五条措施》）

大学的重要使命之一是文化传承和创新，大学领导的重要职责之一是大学科研成果的创造和转化。在此意义下，为实现目标，可以考虑将知识创造、成果转化、专利申请与教师评价、考核、晋升、福利、权益相结合，在现有考量论文、科研项目的基础上，纳入知识目标，形成完善、合理、具备激励功效的规范制度。通过政策协调大学科技成果转移及产业发展中政府与学校、企业之间的关系，学校与教师之间的关系，学校与教师之间的关系，学校与学生的关系，教师与学生的关系，学校与企业之间的关系。

第四，加强大学科技成果转移机构专业化建设，形成大学科技成果转化的综合政策体系。西方发达国家的经验昭示，知识产权的有效转化一定与知识产权的有力保护和有效管理相关。通常情况下，必要的鼓励和支持政策不可或缺，因为它们是推动知识产权转化的重要保障。现阶段，申请阶段技术评估薄弱，管理环节服务水平滞后，领导部门缺乏战略布局思维，技术部门申请率低、通过率低，转化方面难以成行是几个突出的症结。在这种情况下，应鼓励在研究型大学、专利技术优势突出的大学成立管理机构，同时对大学专利活动的管理成本进行补偿。建立完善的大学科技成果转移产权机制、风险防范机制、政府服务机制、权益保障机制、内部管理运行机制。建议教育部、科技部和国家知识产权局联合下发有关在研究型大学成立知识产权管理和技术转让办公室的政策性文件，对其业务工作制定考核标准，达到业绩要求的大学知识产权管理机构，从发明公开到技术评估、专利申请、市场促销等各环节给予全面行政费用补偿、部分补贴，更可以按照业绩榜单进行有效奖励，以激励各大学特别是研究型大学建立健全大学知识产权保护和管理体系（见图8-2）。

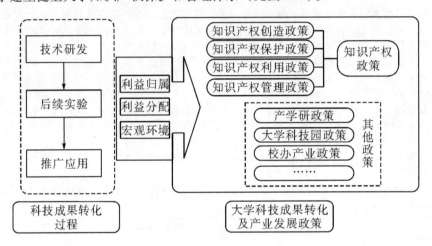

图 8-2　基于科技成果转化过程的知识产权制度及其政策体系

同时，由于我国高校科研能力水平参差不齐，知识产权的创造能力落差较大，管理需求明显不同，这无疑对分类管理提出了要求。研究能力强、知识产权创造量大的研究型大学，可考虑成立知识产权管理和技术转让办公室，或已经分别成立知识产权管理办公室和技术转让办公室的，要鼓励将两个单位合并，增强大学知识产权创造、专利申请与技术许可转让工作的衔接，实现知识产权的有效管理、合理保护和技术转让。对不具备设立知识产权管理和技术转让办公室的大学，鼓励第三方参与和合作，高校可引入知识产权管理机构或律师事务所，分担高校落实知识产权政策、公开发明专利、申请专利保护、进行技术评估、实现成果转化的职能，让高校和高校教师、学生腾出手来集中精力专门进行科学研究和发明创造。同时，作为制度安排，高校应在机构设置、人事安排、内部评价、利益分配、风险防控等方面提供安排，促进大学科技成果转化及产业发展。

8.3.2 大学决策咨询制度建构：新型高校智库设计

长期以来，大学的决策咨询部门在管理体制上多与学校的科研管理部门"共同办公"，资金分配及智力支持方面较为匮乏，咨询项目泛于形式化，难以形成品牌效应。此外，在运行机制上，由于科研评价的机制还比较单一，致使决策咨询研究者的积极性不高，且缺乏与政府沟通的长效渠道，决策咨询成果的转化率也处于较为尴尬的境地。特别是在党和政府对公共决策和公共治理需求上，高校的有效决策咨询供给仍显不足。为此，2015 年发布的《关于加强中国特色新型智库建设的意见》明确指出："深入推进具有中国特色的高校智库建设，整体提升高校智力服务能力，……着力打造一批党和政府信得过、用得上的新型智库。"这为建设中国特色的现代大学新型智库提供了坚实的政策基础。当然，鉴于我国大学的智库建设尚处在起步阶段，如何在这个过程中既吸纳国外的经验又突出中国特色，可以从以下五个方面进行不断探索。

第一，从顶层设计上构建新型大学智库体系。从国际上而言，主要有两种典型的智库管理体系：一种是美国的以项目独立和自主研究为代表的智库模式，另一种是俄罗斯的以为国家安全及公共服务的智库模式①。从我国高校的历史和职能来看，应兼顾上述两种模式，既要强调独立自主性，又能为国家利益服务。以此为目标建立项目运行、人才支持、有效科研评价在内的组织管理体制与基于成果的长效沟通机制，以此构建我国高校新型智库创新运行体系（见图 8-3）。

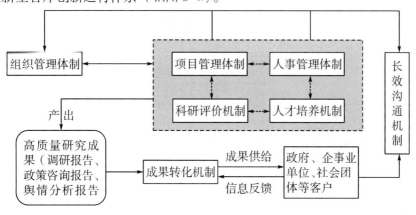

图 8-3 我国高校新型智库创新运行体系

---

① 孙洪敏. 论中国新型智库管理模式的创新方向 [J]. 南京社会科学，2016（2）：8.

第二，建立理事会领导下的智库主任负责制。以往的高校智库或决策咨询机构多是依赖于学校的相关部门，缺乏独立性和自主性，这在某种程度上也影响了智库研究成果的多样性和研究质量。因此，可以考虑把智库提高至与二级学院平行的地位，成为学校直属部门，从组织架构上保证其独立性（见图8-4）。通过成立智库主任负责制，形成智库主任向学校理事会负责，学校理事会向学校负责的管理脉络。高校智库理事会的成员可以从学校、二级学院的领导成员，资深教授，政界及社会精英的群体中来挑选，其主要任务是负责智库的战略规划、宏观政策制定等；智库中心主任则是具体执行理事会的相关决议，其可以下设若干副主任，负责相关不同的研究项目；在项目资助方式上由大学的智库理事会通过招标方式发布，同时政府决策部门也应不断完善购买大学决策咨询服务的制度。

第三，构建"能进能出、能上能下"的大学智库人事管理体制。这一策略实施的首要条件是区分智库中的研究系列和行政系列。研究人员可以采取弹性的引进方式和柔性的考核机制，对行政服务人员可以采取合同聘任制，实行绩效考核。值得指出的是，聚焦经济发展的多样化、社会发展的多元化、政府及企事业单位决策的科学化，在遴选智库研究成员时应考虑甄别研究经验、学术成果等，支持和鼓励智库的主要成员到政府相关部门挂职锻炼，增加实践经验，同时也可以引进政府人员或退休人员担任智库的顾问或兼职研究人员，以保障政策研究方面的精准性。

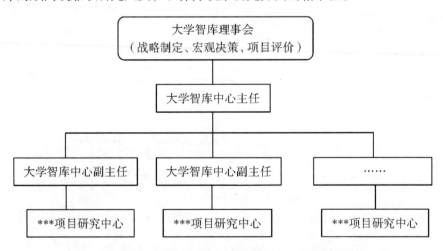

图8-4　大学智库理事会领导下的中心主任负责制机构构架

第四，倡导智库成果分类考核评价。智库研究与传统的高校科研路径既有联系又有区别。前者更侧重调研研究和决策咨询服务。因此，在智库研究业绩的导向上需要改变以往单一的考核评价方式，应将各类资政建言、调研报告、舆情分析等成果的质量和社会效应等纳入对智库研究人员的考核评价体系，并与职称职务晋升、科研奖励等有效衔接，以形成高校内部研究成果的多元化评价机制。

第五，搭建高校与决策部门的对接平台。一是定期发布需求信息并形成制度，是决策部门的重要会商程序和原则，有利于吸纳高校参与公共政策的制定与评估；二是建立政府与高校在决策咨询服务方面的资源和信息共享机制，使智库成果精准体现调研数据和统计信息，确保决策咨询成果的质量；三是要运行各类新媒体新技术，宣传推广智库研究成果，不断完善成果的转化机制；四是统筹各类智库资源，形成综合性的高校新型智库工作机制（见专栏8-2），提高大学决策咨询的综合影响力。

专栏8-2　高校新型智库工作机制构建

（一）学校举办年度智库建设工作会议，定期研讨智库建设工作的问题。

（二）学校相关职能部门要加强协同合作，将智库建设工作作为本部门管理和支持的一项重要工作内容，并为各级各类智库体制机制建设提供相应的政策支持。

（三）视智库机构的需求和论证情况，经校有关工作小组审议后，学校提供相应的经费和人员支持。

（四）学校支持与政府部门共同举办有影响力的国际论坛、专题决策研究研讨会或闭门会议。

（五）学校鼓励智库研究人员到政府实践部门担任顾问或短期挂职，学校同时鼓励聘请在政府实践部门做决策咨询工作并有丰富经验的政府决策研究人员担任智库机构的顾问或兼职研究人员。

（六）学校将加大已有研究成果的转化力度，对了重大问题研究有思想、有深度、有操作性建议的论著，采取后期资助方式，转化为相关专题政策建议，上报相关部门。通过给予适当经费资助的形式，鼓励作者及时改写发表的论著，提交1 500~3 000字的政策建议，上报相关部门。

（七）学校将主办决策研究通讯，作为学校各学科成果转化为政策建议的重要平台，定期编发。

（资料来源：本研究团队参与单位智库研讨会提供的"高校新型智库建设暂行办法"摘选）

参考文献

[1] 爱德华·希尔斯. 学术的秩序：当代大学论文集 [M]. 李家永, 译. 北京：商务印书馆, 2007：217.

[2] 毕宪顺, 赵凤娟, 甘金球. 教授委员会：学术权力主导的高校内部管理体制 [J]. 教育研究, 2011, 32 (9)：46-48.

[3] 毕宪顺. 高校内部权力的科学配置及其运行机制研究 [J]. 国家教育行政学院学报, 2010 (8)：16.

[4] 毕宪顺. 高校学术人员参与管理和决策的调查与研究 [J]. 高等教育研究, 2005 (4)：48-54.

[5] 别敦荣, 徐梅. 论现代大学制度的公正性 [J]. 山东社会科学, 2012 (8)：101-188.

[6] 别敦荣. 我国建设现代大学制度的实践探索与时代使命 [J]. 高等工程教育研究, 2017, 166 (5)：83-89.

[7] 博耶. 关于美国教育改革的演讲 [M]. 涂艳国, 方彤, 译. 北京：教育科学出版社, 2002：74.

[8] 博耶. 美国大学教育：现状·经验·问题及对策 [M]. 复旦大学高等教育研究所, 译. 上海：复旦大学出版社, 1988：143.

[9] 布鲁贝克. 高等教育哲学 [M]. 王承绪, 郑继伟, 张维平, 等译. 杭州：浙江教育出版社, 1998：56.

[10] 蔡元培. 蔡元培全集：第3卷 [M]. 北京：中华书局, 1984：191.

[11] 蔡元培. 在全体学生欢迎会上的演说 [C] //陈平原. 何为大学：蔡孑民先生言行录. 北京：海豚出版社, 2012：119.

[12] 曹唐哲. 基于不同哲学基础的权力理论探析 [J]. 广东行政学院学报, 2009 (2)：33.

[13] 曾雄军. 论政府的权力边界与现代大学制度的建构 [J]. 中国高教研究, 2011 (10)：11-15.

[14] 陈昌贵, 季飞. 正确行使自主权与高校内部治理结构调整 [J]. 复旦教育论坛, 2011 (1): 33-36.

[15] 陈金圣, 张晓明, 谢凌凌. 大学学术权力的运行现状及教师体认: 基于六所高校的调查分析 [J]. 大学教育科学, 2013 (2): 68-76.

[16] 陈金圣. 大学学术权力的制度化建构 [D]. 南京: 南京农业大学, 2012: 219.

[17] 陈金圣. 关于高校党委领导权责及其实现问题的思考 [J]. 复旦教育论坛, 2015 (5): 12-13.

[18] 陈金圣. 教授治校与教授治学的兼容性及其现实意义 [J]. 复旦教育论坛, 2014 (2): 61-66.

[19] 陈金圣. 脱耦机制与信心逻辑: 大学内部管理去行政化的新制度主义策略 [J]. 当代教育科学, 2011 (21): 1-5.

[20] 陈金圣. 用人制度改革: 高校 "去行政化" 的切入点 [J]. 教育发展研究, 2010 (11): 1-5.

[21] 陈金圣. 重塑大学治理体系: 大学治理能力现代化的实现路径 [J]. 教育发展研究, 2014, 34 (9): 20-26.

[22] 陈阳. 论新形势下高校科研经费监管 [J]. 教育财会研究, 2014 (1): 19-22.

[23] 储朝晖. 大学章程亟需从纸上走到路上 [N]. 中国教育报, 2014-10-10 (02).

[24] 崔智林. 以学术委员会章程制定为契机着力推进现代大学制度建设 [J]. 高教探索, 2014 (6): 17-19.

[25] 丹尼尔·A. 雷恩. 管理思想的演变 [M]. 赵睿, 译. 北京: 中国社会科学出版社, 2004: 332.

[26] 德里克·博克. 走出象牙塔: 现代大学的社会责任 [M]. 徐小洲, 陈军, 译. 杭州: 浙江教育出版社, 2001.

[27] 邓传淮. 推动中国特色现代大学制度建设 [J]. 中国高教研究, 2020, 318 (2): 6-8.

[28] 邓多文, 申艳婷. 从思想到制度: 党对高校全面领导制度化研究 [J]. 党政研究, 2020, 163 (4): 73-80.

[29] 翟杰全, 任福君. 大学科普的动力、优势、途径和价值: 对大学科普相关问题的一个经验分析 [J]. 科技导报, 2014 (32): 78-83.

[30] 翟杰全，任福君．大学科普的现状、问题及原因：对大学科普问题的微观经济学分析［J］．科技导报，2015（2）：113-119.

[31] 丁笑梅．大学治理结构研究：基于比较的视角［D］．上海：华东师范大学，2014：102.

[32] 董节英．50年代高等教育制度改革的先导：课程改革［J］．首都师范大学学报，2008（6）：78.

[33] 董云川．明确各自社会责任构建理想和谐的现代大学制度［J］．中国高等教育，2006（19）：22-27.

[34] 段存升．现代大学制度下"学习型"大学建设的诉求与要点分析［J］．教育探索，2012（6）：5-7.

[35] 范惠明．高校教师参与产学合作的机理研究［D］．杭州：浙江大学，2014.

[36] 冯晓青．技术创新与企业知识产权战略［M］．北京：知识产权出版社，2015：36.

[37] 福柯．福柯集［M］．杜小真，译．上海：上海远东出版社，1998：533.

[38] 甘永涛．美国大学共同治理制度的演进［J］．清华大学教育研究，2009（6）：26-27.

[39] 高小平．国家治理体系和治理能力现代化的实现路径［J］．中国行政管理，2014（1）：9.

[40] 龚怡祖．大学学术权力的制度化建构［M］．北京：中国社会科学出版社，2014：序（1-4）.

[41] 龚怡祖．大学治理结构：建立大学变化中的力量平衡：从理论思考到政策行动［J］．高等教育研究，2010，31（12）：49-55，60.

[42] 龚怡祖．大学治理结构：现代大学制度的基石［J］．教育研究，2009（6）：22-26.

[43] 龚怡祖．大学治理结构：真实命题及中国语境［J］．公共管理学报，2008（4）：74.

[44] 龚怡祖．大学治理结构：真实命题与中国语境［J］．公共管理学报，2009（3）：71.

[45] 龚怡祖．我国高校自主权的法律性质探疑［J］．教育研究，2007（9）：50-51.

[46] 顾建民, 刘爱生. 超越大学治理结构: 关于大学实现有效治理的思考 [J]. 高等教育研究, 2011 (9): 25-29.

[47] 郭华桥. 研究型大学智库建设模式与困境突围: 基于"学者"使命的视角 [J]. 中国高教研究, 2014 (5): 50-57.

[48] 郭为禄, 林炊利. 大学运行模式再造 [M]. 上海: 上海教育出版社, 2012: 105.

[49] 郭一凡. 高等教育现代化进程中的现代大学制度建设: 契合点、地位与路径 [J]. 扬州大学学报 (高教研究版), 2021, 25 (6): 10-19.

[50] 国立西南联合大学校务会会议记录 [C] //北京大学, 清华大学, 南开大学, 等. 国立西南联合大学史料 (会议记录卷). 昆明: 云南教育出版社, 1998: 459-463, 465.

[51] 国立西南联合大学校务会议组织大纲 [C] //北京大学, 清华大学, 南开大学, 等. 国立西南联合大学史料 (总览卷). 昆明: 云南教育出版社, 1998: 105.

[52] 韩水法. 世上已无蔡元培 [J]. 读书, 2005: 3-12.

[53] 何爱华. 大学的使命与现代大学制度的价值取向 [J]. 人民论坛, 2010 (8): 268-269.

[54] 何毅. 自由与秩序: 现代大学制度的价值博弈 [J]. 现代教育管理, 2013 (10): 10-14.

[55] 何玉海, 王传金. 现代大学制度: 本质内涵、基本结构与建设路径 [J]. 上海师范大学学报 (哲学社会科学版), 2016, 45 (3): 41-48, 75.

[56] 胡建华. 大学内部治理与外部治理关系分析 [J]. 江苏高教, 2016 (4): 1-5.

[57] 黄达人, 等. 大学的治理[M]. 北京: 商务印书馆, 2013: 348-351.

[58] 黄福涛. 外国高等教育史 [M]. 上海: 上海教育出版社, 2003: 303-304.

[59] 黄延复, 钟秀斌. 一个时代的斯文: 清华校长梅贻琦 [M]. 北京: 九州出版社, 2011: 59.

[60] 黄延复, 钟秀斌. 一个时代的斯文: 清华校长梅贻琦 [M]. 北京: 九州出版社, 2011: 87-88.

[61] 黄泽龙. 高校现行: 我国建立现代大学制度的突破口 [J]. 黑龙江高教研究, 2008 (8): 28-30.

［62］黄忠德，于洋，郝萍，等. 高等学校科学研究经费管理探析 [J]. 中国高校科技，2013（7）：30-31.

［63］霍布斯. 利维坦 [M]. 黎思复，黎廷弼，译. 北京：商务印书馆，1985：130-136.

［64］贾莉莉. 学科视角下的中美研究型大学学院设置比较分析 [J]. 中国高教研究，2009（7）：51-54.

［65］简明大英百科全书：第1卷 [C]. 中文版. 台北：台湾中华书局，1988：56-57.

［66］蒋国河. 论政治结构与高等教育控制 [J]. 高教探索，2005（6）：18-20.

［67］蒋华林. 去行政化就能建成现代大学制度？ [J]. 高教探索，2012（6）：10-15.

［68］科思，诺斯，威廉姆森，等. 制度、契约与组织：从新制度经济学角度的透视 [M]. 刘刚，等译. 北京：经济科学出版社，2003：15.

［69］克拉克·科尔. 高等教育不能回避的历史：21世纪的问题 [M]. 王承绪，译. 杭州：浙江教育出版社，2003.

［70］夸美纽斯. 夸美纽斯教育论著选 [M]. 任钟印，译. 北京：人民出版社，1990：242.

［71］李福华. 大学治理与大学管理[M]. 北京：人民出版社，2012：5.

［72］李福华. 高等学校学生主体性研究 [M]. 合肥：安徽人民出版社，2004：93.

［73］李海萍. 大学学术权力现状研究 [D]. 长沙：湖南师范大学，2010.

［74］李庆刚. 建国以来我国高等教育管理体制改革演变略论 [J]. 当代中国史研究，2001（3）：55-63.

［75］李少华. 大学理念与现代大学制度 [J]. 北京大学教育评论，2005：18-20.

［76］林志杨. 论企业组织中的权力运用 [J]. 厦门大学学报（哲学社会科学版），2003（1）：36-40.

［77］刘凤朝，冯婷婷. 国家创新能力形成的系统动力模型：以发明专利能力为表征要素 [J]. 管理评论，2011（5）：30-38.

［78］刘少雪. 中国大学教育史 [M]. 太原：山西教育出版社，2007：61.

[79] 刘绍怀, 等. 现代大学制度理论与实践研究 [M]. 北京: 高等教育出版社, 2013: 128.

[80] 刘双清, 张铭辉, 伍小松, 等. 如何实现科研经费的高效管理 [J]. 中国高校科技, 2014 (4): 31-33.

[81] 刘献君. 高等学校决策的特点、问题与改进 [J]. 高等教育研究, 2014 (6): 20-22.

[82] 刘献君. 现代大学制度建设的哲学思考 [J]. 中国高教研究, 2011 (10): 7-11.

[83] 刘尧. 中国大学的十大缺失 [J]. 当代教育论坛, 2006 (13): 21-25.

[84] 柳卸林. 21世纪的中国技术创新系统 [M]. 北京: 北京大学出版社, 2006: 7.

[85] 柳友荣. 新时代中国特色现代大学制度的学理阐释与实践理路 [J]. 复旦教育论坛, 2018, 16 (4): 17-23.

[86] 卢荻秋. "民选校长" 是大学去行政化的突破口 [N]. 中国青年报, 2010-03-16.

[87] 罗伯特·伯恩鲍姆. 大学运行模式 [M]. 别敦荣, 译. 青岛: 中国海洋大学出版社, 2003: 68-71.

[88] 罗纳德·G. 埃伦伯格. 美国的大学治理 [M]. 张婷姝, 沈文钦, 等译. 北京: 北京大学出版社, 2010: 9.

[89] 罗纳德·巴尼特. 高等教育理念 [M]. 蓝劲松, 译. 北京: 北京大学出版社, 2012: 69.

[90] 洛克. 政府论[M]. 刘晓根, 译. 北京: 北京出版社, 2007: 112.

[91] 马德益. 新时代中国特色现代大学制度价值机理阐释 [J]. 重庆交通大学学报 (社会科学版), 2021, 21 (6): 70-76.

[92] 马陆亭. 从高等教育体制改革到现代大学制度建设 [J]. 中国高等教育, 2013 (21): 19-22.

[93] 马陆亭. 现代大学制度建设与创新人才培养 [J]. 中国高等教育, 2010 (5): 22-24.

[94] 马钦荣, 刘志远, 应望江. 中国特色现代大学制度探索与实践 [J]. 上海: 华东师范大学出版社, 2012: 76.

[95] 马廷奇. 高等教育市场竞争及其规制 [J]. 大学教育科学,

2016, 160（6）：29-34.

［96］马廷奇. 现代大学制度：理念支撑与实践建构［J］. 中国高教研究，2008（6）：6-8.

［97］梅贻琦. 就职演说［C］//陈平原，谢泳. 民国大学：遥想大学当年. 北京：东方出版社，2012：35.

［98］孟德斯鸠. 论法的精神（上册）［M］. 张雁深，译. 北京：商务印书馆，1995：154.

［99］孟德斯鸠. 论法的精神［M］. 欧启明，译. 北京：商务印书馆，1982：180-183.

［100］孟丽菊. 关于"现代大学"内涵的整合性思考［J］. 教育科学，2005（6）：37-39.

［101］米歇尔·福柯. 规训与惩罚［M］. 刘北成，杨远婴，译. 北京：生活·读书·新知三联书店，2003：340-353.

［102］缪榕楠. 学术组织中的人［M］. 南京：南京师范大学出版社，2008：36-37.

［103］纽曼. 大学的理想［M］. 徐辉，顾建新，何曙荣，译. 杭州：浙江教育出版社，2001：2-4.

［104］帕金斯. 现代社会的结构与过程［M］. 梁向阳，译. 北京：光明日报出版社，1988：34.

［105］潘懋元，王琪. 从高等教育分类看我国特色型大学发展［J］. 中国高等教育，2010（5）：17-19.

［106］潘懋元. 走向社会中心的需要建设现代大学制度［J］. 国家行政学院学报，2001（2）：5-7.

［107］钱颖一. 谈大学学科布局［J］. 清华大学教育研究，2003（6）：9-13.

［108］切斯特·巴纳德. 权力理论［J］. 中国人才，2003（1）：27-29.

［109］秦秋田. 从利益相关者需求论现代大学制度及其构建策略［J］. 商业时代，2012（6）：114-115.

［110］清华学校组织大纲［C］//张国有. 大学章程：第1卷. 北京：北京大学出版社，2011：57.

［111］全林，赵俊和，马磊. 大学自主与学校自主招生［J］. 西南民族大学学报，2010（12）：11-15.

[112] 尚洪波. 高校内部治理结构改革：改革开放四十年来的回顾与展望 [J]. 国家教育行政学院学报, 2018, 251 (11)：23-28, 86.

[113] 沈尹默. 我和北大 [C] //陈平原, 谢泳. 民国大学：遥想大学当年. 北京：东方出版社, 2012：90.

[114] 斯宾诺莎. 神学政治论 [M]. 温锡增, 译. 北京：商务印书馆, 1963：218-219.

[115] 眭依凡. 大学庸俗化批判 [J]. 北京大学教育评论, 2003 (3)：32-38.

[116] 孙和义. 克服行政化倾向推进现代教学制度建设 [J]. 中国高等教育, 2012 (1). 15-16.

[117] 孙洪敏. 论中国新型智库管理模式的创新方向 [J]. 南京社会科学, 2016 (2)：8.

[118] 孙霄兵. 探索完善中国特色现代大学制度 [J]. 北京：高等教育出版社, 2012：56-62.

[119] 唐·荷尔瑞格. 组织行为学 [M]. 胡英坤, 等译. 大连：东北财经大学出版社, 2001：234-244.

[120] 唐世纲. 现代大学制度的两重属性及其中国境遇 [J]. 国家教育行政学院学报, 2019, 255 (3)：33-40.

[121] 唐世纲. 现代大学制度建设的价值意蕴 [J]. 当代教育科学, 2015 (1)：31-33.

[122] 涂又光. 中国高等教育史论 [M]. 武汉：华中科技大学出版社, 2014：234.

[123] 王宝义, 方晨晨, 徐明波. 去行政化背景下现代大学制度的创新研究 [J]. 黑龙江高教研究, 2019, 37 (12)：24-28.

[124] 王保星. 德国现代大学制度的发轫及其意义映射：基于哈勒大学和哥廷根大学创校实践的解析 [J]. 中国高教研究, 2018, 301 (9)：41-46.

[125] 王浩. 行业企业举办的高职院校现代大学制度建设的逻辑思考 [J]. 职教论坛, 2017, 688 (36)：29-32.

[126] 王洪斌, 杨晓宁. 现代大学制度的建立及其社会功能探析 [J]. 辽宁教育研究, 2006 (12)：12-14.

[127] 王洪才, 刘隽颖. 学术自由：现代大学制度的奠基石 [J]. 复旦教育论坛, 2016, 14 (1)：50-57.

[128] 王洪才，张继明. 高等教育强国与现代大学制度建设 [J]. 厦门大学学报（哲学社会科学版），2011（6）：119-126

[129] 王洪才，赵琳琳. 现代大学制度：缘起、界定与突破 [J]. 江苏高教，2012（3）：31-33.

[130] 王洪才. 论现代大学制度的雏形 [J]. 中国高等教育，2007（13/14）：33-35.

[131] 王洪才. 现代大学制度：世纪的话题 [J]. 复旦教育论坛，2011，9（2）：24-34.

[132] 王冀生. 现代大学制度的基本特征 [J]. 高教探索，2002（1）：13-18.

[133] 王英杰. 大学危机：不容忽视的难题 [J]. 探索与争鸣，2005（3）：35-36.

[134] 王英杰. 学术神圣：大学制度构建的基石 [J]. 探索与争鸣，2010（3）：13-14.

[135] 王英杰. 治理结构：现代大学制度的基石 [J]. 比较教育研究，2012（2）：85-87.

[136] 王绽蕊. 中国特色现代大学制度建设：愿景、任务与路径 [J]. 复旦教育论坛，2018，16（4）：5-10.

[137] 邬大光. 论建立有中国特色的现代大学制度 [J]. 中国高等教育，2006（19）：13-15.

[138] 吴晓琴，孙大永. 现代大学制度视域下高校学生组织的创新发展 [J]. 思想政治教育研究，2017，33（1）：98-101.

[139] 西南联大教授会组织大纲 [C] //北京大学，清华大学，南开大学，等. 国立西南联合大学史料（总览卷）. 昆明：云南教育出版社，1998：111.

[140] 谢凌凌. 大学学术权力行政化及其治理：基于权力要素的视角 [J]. 高等教育研究，2015（3）：41-45

[141] 新华网. 中共中央、国务院关于加强高等学校统一领导、分级管理的决定（试行草案）[EB/OL].（2014-08-21）[2023-05-03].http://news.xinhuanet.com/ziliao/2005-01/27/content_2515737.htm.

[142] 新华网. 中共中央、国务院关于教育工作的指示[EB/OL].（2014-08-21）[2023-05-03].http://news.xinhuanet.com/ziliao/2005-01/

05/content_2419375. htm.

[143] 新制度理论与教育研究 [J]. 北京大学教育评论, 2007 (1): 1.

[144] 徐少华, 张兢. 中国特色现代大学制度的内涵与要素 [J]. 大学教育科学, 2011 (1): 13-17.

[145] 徐维英. 论中国大学智库建设之策略 [J]. 苏州大学学报, 2015 (6): 27-31.

[146] 徐亚清, 曾建军. 我国大学智库建设的若干思考 [J]. 河北师范大学学报, 2015 (5): 99-103.

[147] 许杰. 规范行政权力: 我国现代大学制度建设的基本逻辑 [J]. 国家教育行政学院学报, 2013 (12): 19-24.

[148] 薛澜, 刘军仪. 建立现代大学制度改革高校人才培养体制与机制 [J]. 清华大学教育研究, 2011 (10): 1-8.

[149] 荀渊. 治理的缘起与大学治理的历史逻辑 [J]. 全球教育展望, 2014 (5): 97-104.

[150] 荀振芳, 汪庆华. 国家主义下中国现代大学制度的建构逻辑及审思 [J]. 清华大学教育研究, 2015, 36 (2): 37-44.

[151] 雅基·西蒙, 热拉尔·拉萨热. 法国国民教育的组织与管理 [M]. 安延, 译. 北京: 教育科学出版社, 2007: 192.

[152] 雅斯贝尔斯. 大学之理念 [M]. 邱立波, 译. 上海: 上海世纪出版集团, 2007: 57.

[153] 晏成步. 现代大学制度的经济学分析 [J]. 国家教育行政学院学报, 2012 (2): 16-20.

[154] 杨东平. 现代大学制度的精神特质 [J]. 中国高等教育, 2003 (23): 15-16.

[155] 杨东占. 从条块分割到统筹发展重构国家科技计划体系 [J]. 中国高校科技, 2014 (11): 18-21.

[156] 杨科正. 论现代大学制度的现代性 [J]. 教育评论, 2012 (1): 15-17.

[157] 杨岭. 中国特色现代大学制度的构建: 基于自由与秩序平衡的视角 [J]. 高教发展与评估, 2020, 36 (2): 1-12, 109.

[158] 易娟, 杨强. 我国现代大学制度的价值取向 [J]. 教育学术月刊, 2013 (7): 54-56.

［159］袁贵仁. 建立现代大学制度推进高教改革和发展［J］. 中国高等教育, 2000 (3): 21-23.

［160］约翰·布鲁贝克. 高等教育哲学［M］. 王承绪, 等译, 杭州: 浙江教育出版社, 2002: 32.

［161］约翰·布鲁贝克. 高等教育哲学［M］. 王承绪, 郑继伟, 张维平, 等译. 杭州: 浙江教育出版社, 1987: 27.

［162］张德祥. 高等学校的学术权力与行政权力［M］. 南京: 南京师范大学出版社, 2002: 78-81.

［163］张定安. 关于深化"放管服"改革工作的几点思考［J］. 行政管理改革, 2016 (7): 30-35.

［164］张广济, 许亚萍. 社会学权力理论内在进路述评［J］. 社会科学战线, 2011 (1): 219-222.

［165］张慧洁. 监督、问责: 评估与现代大学制度［J］. 清华教育研究, 2005, 26 (5): 42-47.

［166］张继明. 学术本位: 现代大学制度的基本意蕴［J］. 大学教育科学, 2013, 1 (1): 11-15.

［167］张江琳, 徐伶俐. 现代大学制度: 学术权力回归的必然逻辑［J］. 教育学术月刊, 2021 (12): 31-36.

［168］张俊宗. 现代大学制度: 高等教育改革与发展的时代回应［J］. 北京: 中国社会科学出版社, 2004: 219.

［169］张珂. 民国公立大学与政府关系研究 (1912—1937)［D］. 重庆: 西南大学, 2016: 38.

［170］张茂聪. "双一流"建设中的现代大学内部管理制度［J］. 山东师范大学学报 (人文社会科学版), 2019, 64 (3): 90-96.

［171］张蕖. 学术自由与世界一流大学建设［J］. 江苏高教, 2016, 189 (5): 28-31.

［172］张艳, 邓庆德. 树立共享理念构建大型仪器设备先进管理模式［J］. 中国高校科技, 2014 (9): 24-25.

［173］张应强, 蒋华林. 关于中国特色现代大学制度的理论认识［J］. 教育研究, 2013 (11): 35-43.

［174］张应强. 关于我国建设现代大学制度的思考［A］. 高校治理及国际比较高级研讨会会议发言稿汇编, 2010: 4-8.

[175] 张应强. 现代大学精神的批评与重建：为刘亚敏《大学精神探论》而作 [J]. 高等教育研究，2006（7）：11-26.

[176] 张月铭. 高校管理重心下移后的行政权力和学术权力 [J]. 辽宁教育研究，2002（9）：22.

[177] 张振华. 高校办学自主权及其落实问题研究 [D]. 南京：南京农业大学，2012.

[178] 赵俊芳. 现代大学制度的内在冲突及路径选择 [J]. 高等教育研究，2011（9）：30-36.

[179] 赵庆年，祁晓. 高等学校分类管理：内涵与具体内容 [J]. 教育研究，2013（8）：48-56.

[180] 赵世奎，卢晓斌. 教授治学：自下而上配置学术权力 [J]. 中国高等教育，2016，558（2）：55-57.

[181] 赵祥辉，刘强. 一流大学建设视域下现代大学制度的诠释与建构 [J]. 黑龙江高教研究，2018，36（11）：1-5.

[182] 郑婧，贺建峰. 组织中的权力及其运行分析 [J]. 学术交流，2008（5）：22-25.

[183] 中共中央. 关于高等学校和中等技术学校下放问题的意见[EB/OL].（2014-08-20）[2023-05-03].http://www.china.com.cn/chinese/zhuan-ti/rcbg/901591.htm.

[184] 中华人民共和国学科分类与代码国家标准（GB/T 13745-2009）[EB/OL].（2009-05-06）[2023-05-03].http://www.zwbk.org/MyLemma Show.aspx？lid=117222 html.

[185] 钟秉林，赵应生，洪煜. 中国特色现代大学制度建设：目标、特征、内容及推进策略 [J]. 北京师范大学学报（社会科学版），2011（4）：5-12.

[186] 周川. 从洪堡到博耶：高校科研观的转变 [J]. 教育研究，2005（6）：26.

[187] 周川. 现代大学制度及其改革路径问题 [J]. 江苏高教，2014（6）：22-26.

[188] 周谷平，张雁. 我国创新型大学建设中的理念引领：兼论经典大学理念与现代大学理念间的张力 [J]. 教育研究，2006（11）：29-34.

[189] 周光礼. 我国现代大学制度构建的法律视界 [J]. 中国高等教

育, 2007 (20): 26-28.

[190] 周员凡. 作为战略管理工具的财务预算的特点及应用启示: 以加州大学财务运营预算为例 [J]. 财会月刊, 2017 (7): 79-85.

[191] 周作宇. 现代大学制度的实践逻辑 [J]. 国家教育行政学院学报, 2011 (12): 7-15

[192] 朱其训, 谬榕楠. 高等教育研究的新制度主义视角 [J]. 高教探索, 2007 (4): 33-37.

[193] 左惟. 加拿大现代大学制度及其启示 [J]. 江苏高教, 2009 (2): 139-141.

[194] ANTHONY GIDDENS. Central problems in social theory [M]. London: Macmillan Press, 1986: 29.

[195] GAYLE, DENNIS JOHN. Governance in the twenty-first-century university [M]. San Francisco: Wiley Periodicals, 2003: 56.

[196] HAROLD PERKIN, HISTORY OF UNIVERSITY, IN PHILIP G. Altabach, International higher education[J]. An Encyclopedia, 1991, 1: 169.

[197] HAROLD W DODDS. The academic president-education or caretaker? [M]. New York: McGraw-Hill Book Co., 1962: 2-21.

[198] JAMES APERKINS. University as an organization [M]. New York: Mc Graw Hill, 1973: 3-14.

[199] JAMES L FISHER. Power of the presidency [M]. New York: American Council on Education/Macmillan Publishing Co., 1984: 57-59.

[200] JOHN BRUBACHER WILLIS RUDY. Higher education in transition: a history of american college and university, 1636—1968 (4thedition) [M]. New Brunswick: Transaction Publishers, 1997: 32.

[201] MICHAEL D. COHEN, TAMES G. March, and johan P. olsen. a garbage can model of organization choice [J]. Administrative Science (Quarterly), 1972, 17 (1): 1-25.

[202] NELSON RICHARD R, WINTER SIDNEY G. In search of useful theory of innovation [J]. ResearchPolicy, 1993, 22 (2): 108.

[203] STEVENB, KRISTOPHER P. Declining academic fields in US four-year colleges and universities, 1970—2006 [J]. The journal of higher education, 2007 (4): 582-613.